Das Arbeitsfeld Werbung
Berufe - Ausbildung - Einsatz

W0245055

Europäische Hochschulschriften

Publications Universitaires Européennes
European University Studies

Reihe V
Volks- und Betriebswirtschaft

Série V   Series V
Sciences économiques, gestion d'entreprise
Economics and Management

Bd./Vol. 817

PETER LANG

Frankfurt am Main · Berlin · Bern · New York · Paris · Wien

Lothar Weeser-Krell / Manfred Ploetz

Das Arbeitsfeld Werbung

Berufe - Ausbildung - Einsatz

PETER LANG
Europäischer Verlag der Wissenschaften

504

Die Deutsche Bibliothek - CIP-Einheitsaufnahme

Weeser-Krell, Lothar M.: G 3 - 0.94 / 3. A / 2.E

Das Arbeitsfeld Werbung : Berufe - Ausbildung - Einsatz /
Lothar M. Weeser-Krell. - 3. aktualisierte und überarbeitete
Aufl. - Frankfurt am Main ; Berlin ; Bern ; New York ; Paris ;
Wien : Lang, 1996
      (Europäische Hochschulschriften : Reihe 5, Volks- und
      Betriebswirtschaft ; Bd. 817)
      ISBN 3-631-48594-8

NE: Ploetz, Manfred; Europäische Hochschulschriften / 05

UB SALZBURG

+DM87330200
ISSN 0531-7339
ISBN 3-631-48594-8

© Peter Lang GmbH
Europäischer Verlag der Wissenschaften
Frankfurt am Main 1996
Alle Rechte vorbehalten.

Printed in Germany 1 2 3 4   6 7

V

Aus dem Vorwort zur 1. Auflage

Die vorliegende Arbeit ist der Versuch einer umfassenden Darstellung der Werbe-Berufe, der Werbe-Ausbildungsstätten und der Werbe-Arbeitsplätze. Ähnlich umfangreiche Ansätze sind bisher nicht bekannt geworden. ...

Diese Analyse bringt erstens eine vollständige Beschreibung der werbefachlichen Berufe und Berufsprofile in allen relevanten Einsatzsektoren, d.h. bei Werbeagenturen, bei werbungtreibenden Unternehmen und bei Zeitungs- und Zeitschriftenverlagen als wichtigsten Vertretern der Medien. Zweitens enthält die Untersuchung das Angebot sämtlicher Institutionen, die sich mit werbefachlicher Ausbildung (nicht Weiterbildung) befassen und drittens wurden durch umfangreiche Marktuntersuchungen die Ausbildungswünsche bzw. Einstiegsvoraussetzungen erfragt, die von den Verantwortlichen in den genannten Teilbereichen der Werbewirtschaft als Qualifikationsmerkmal für Werbefachleute verlangt werden.

Dadurch dient das Buch den Interessenten an werbefachlichen Berufen als ein Informationshandbuch über die Berufe selbst, die dort hinführenden Ausbildungseinrichtungen und die Erwartungen der Praxis. Zum anderen gibt es den Ausbildungseinrichtungen - von der Berufsschule bis zur Universität - Anhaltspunkte über die Wünsche der Werbepraxis an Art. Inhalt und Umfang der Ausbildung. Schließlich können sich die Firmen der Werbewirtschaft bzw. deren Personalchefs ausführlich über alle einschlägigen Berufe und deren Ausbildungswege informieren. ...

Der kleine mir (an der Universität Paderborn) zur Verfügung stehende personelle "Apparat" ... brachte es mit sich, daß die Untersuchung von der Konzeption bis zum Vorliegen dieses Endberichts länger dauerte, als es zunächst abzusehen war. Auch konnte daher nicht alles immer wieder auf den neuesten Stand gebracht werden. Angesichts der Gemächlichkeit, mit der Änderungen im Bildungswesen und in den besprochenen Berufsfeldern stattfinden, ist das jedoch kein Nachteil, der die vorgelegten Ergebnisse abwerten würde. ...

Angesichts der Breite des Themas, das sich zwar mit ein und demselben Zentralbegriff (Werbefachliche Ausbildung), jedoch aus verschiedener Sicht befaßt, (Schulen, Berufsfelder, Arbeitsstätten), waren gewisse inhaltliche Überschneidungen nicht zu vermeiden. Es dürfte aber auch kein Nachteil sein, wenn Angaben zu beispielsweise bestimmten Berufen oder Funktionen nicht nur an einer Stelle erfolgen, sondern in unterschiedlichen Zusammenhängen innerhalb verschiedener thematischer Abschnitte. Wer sich nur für einen Teilbereich interessiert, findet dadurch an dieser Stelle alles Wissenswerte.

Damit entfällt das mühsame Zusammensuchen der Einzelheiten aus verschiedenen Kapiteln. Für denjenigen, der das Buch insgesamt durcharbeitet, kann die mehrfache Schilderung gleicher Sachverhalte eine nützliche Wiederholung sein.

Paderborn, im März 1987 (LWK)

Aus dem Vorwort zur 2. Auflage

...

Die erste Auflage dieses Buchs wurde vor rund drei Jahren vorgelegt. Wegen der Vielfalt und Breite der Themen - besonders der langwierigen Befragungen bei den verschiedenen Zielgruppen - war eine grundlegende Überarbeitung nicht möglich. Sie ist auch gar nicht erforderlich. Die schon im Vorwort zur ersten Auflage ... angesprochene "Gemächlichkeit", mit der Änderungen im Bildungswesen und in den Berufsfeldern der Werbung stattfinden, rechtfertigt den weitgehend unveränderten Nachdruck. ...

Genau so lange wie die Vereinigung der beiden deutschen Staaten gedauert hat, brauchte es bis zur Modernisierung des Berufsbildes Werbekaufmann/ Werbekauffrau. ... Nach jahrzehntelangen Bemühungen der Verbände und Institutionen der Werbewirtschaft hat der Bundesminister für Wirtschaft im Einvernehmen mit dem Bundesminister für Bildung und Wissenschaft am 28. November 1989 eine neue Verordnung erlassen. Diese Verordnung trat am 1. August 1990 in Kraft. Sie zeichnet sich von der zweiundfünfziger Ausgabe durch eine grundlegende Anpassung an das erheblich geänderte Anforderungsprofil des Werbekaufmanns aus, das sich beispielsweise in den Teilbereichen Kommunikationsstrategien oder Mediamöglichkeiten erheblich gewandelt hat. ...

Ob es mit der neuen Regelung aber zu einem grundsätzlichen Wandel in der Ausbildungsmisere der Werbebranche kommt, bezweifelt nach einer Mitteilung des ZAW der Gesamtverband Werbeagenturen. Der GWA befürchte, daß das Lehrpersonal in den Berufsschulen den gewachsenen Fachanforderungen der Werbebranche nicht gerecht werden könne. Es zeichne sich dort jetzt bereits ein beträchtlicher Mangel an Fachunterrichtslehrern und Dozenten ab.

Wie der ZAW weiter mitteilt, seien in der letzten Zeit viele, vor allem große Werbeagenturen dazu übergegangen, ganz auf die Ausbildung Werbekaufmann/Werbekauffrau zu verzichten. Sie suchten vielmehr berufliche Einsteiger mit anderer abgeschlossener Ausbildung (Studium, Werbefachschule), die dann in einem agenturinternen Traineeprogramm weitergebildet würden.

Abschließend ist zum Thema duale Ausbildung zum Werbekaufmann abzuwarten, ob sich ... an mehr als in den sechs ... aufgeführten Standorten eigene Fachklassen Werbung einrichten lassen. Wenn dies nicht geschieht, wird außerhalb des Einzugsbereichs der erwähnten sechs Großstädte, also in der sogenannten Werbeprovinz, ... von einer dualen Werbeausbildung nicht gesprochen werden können. ...

Auf dem Hintergrund einer weitgehend gleichgebliebenen Ausbildungskapazität rechnet die Werbewirtschaft bei zunehmender Aufgabenmenge und -Vielfalt (DDR, EG-Binnenmarkt, Medienrevolution, Wertewandel) mit einem weiteren Anstieg der Nachwuchsproblematik. Für (ausgebildete) Werbefachleute ist das ein Vorteil: Noch die war die Zahl der Stellenangebote für Werbeberufe so hoch wie jetzt.

Paderborn, im August 1990 (LWK)

Vorwort zur 3. Auflage

Um gleich an zwei Äußerungen im Vorwort der vorangehenden Auflage anzuschließen: Die Zahl der Fachklassen Werbung ist stark angestiegen und vor allem auch die Zahl der Städte, in denen es solche gibt. Mit nachgewiesenen 15 Standorten hat sich die Zahl der Schulen /erzweieinhalbfacht. Und die Zahl der Stellenangebote ist ebenfalls weiter angestiegen. Um die Werbeberufe und deren Einsatzmöglichkeiten braucht uns nicht bange zu sein.

Aus diesem Grund haben Verlag und Autor vor dem Abverkauf der 2. Auflage im vergangenen Jahr beschlossen, eine neue Auflage herauszubringen. Da von vornherein feststand, daß es mehr sein müßte als ein weiterer unveränderter Nachdruck, prüften wir, welche Teile dringend einer Neubearbeitung bedurften, die mit vertretbarem Aufwand zu realisieren wäre.

Der Teil 2 "Werbe-Ausbildungsstätten" kam für die Neubearbeitung am ehesten infrage, da sich auf diesem Sektor in den vergangenen Jahren am meisten verändert hat. Dagegen hat sich bei den Werbe-Berufen (Teil 1) und bei den Werbe-Arbeitsplätzen (Teil 3) wenig getan. Die Berufe haben sich kaum verändert, und grundlegend neue Berufe sind auch nicht hinzugekommen. Veränderungen bei den Arbeitsplätzen gab es eigentlich nur durch das Hinzuwachsen der neuen Bundesländer - hauptsächlich eine Frage der Quantität, nämlich der Vergrößerung der Anzahl der Arbeitsplätze.

Bei den Werbe-Ausbildungsstätten haben sich einmal die Berufsschulen bzw. deren Fachklassen Werbung vermehrt, und zum anderen sind in den neuen Bundesländern zahlreiche Hochschulen umgewandelt oder neu errichtet worden, über die es zu erfahren galt, inwieweit sie das Potential an Ausbildung vergrößert haben. Drittens schließlich wußten wir aus verschiedenen Indizien, daß die Ausbildungsstruktur auch in den alten Bundesländern heute nicht mehr die von vor zehn Jahren ist.

Also beschlossen wir, den "Teil 2" durch umfassende Neuerhebungen zu aktualisieren. Da dem Erstautor nach seiner Emeritierung kein universitärer Apparat (personell und materiell) mehr zur Verfügung steht, die notwendigen Arbeiten aber die Kapazität eines Einzelnen übersteigen, mußte er sich nach anderen Ressourcen umsehen. Diese fand er in der Person des Kollegen Manfred Ploetz, den er als Mitautoren gewinnen konnte und zum anderen in dessen Instituten IWT - Institut für Wissenstransfer, Velbert/Deutschland sowie NEC Alapítvany in Szarvas/Ungarn.

Beide Autoren konzipierten die Neuauflagen und führten Totalerhebungen bei allen Bildungseinrichtungen durch, die für werbefachliche Ausbildung im weitesten Sinn geeignet schienen. Da es keine aktuellen und umfassenden Verzeichnisse aller dieser Institutsgruppen gibt, waren wir auf viele eigene Recherchen nach der Delphi-Methode angewiesen. So kamen wir nach und nach, dank der Mithilfe zahlreicher Organisationen (von denen uns etliche leider auch nicht weiterhelfen konnten) zu einer Bruttosumme von Ausbildungsstätten, an die wir uns mit unseren Fragen wenden konnten. Durch knappe Fragestellungen konnten wir erreichen, daß nach bis zu zweimaliger Nachfaßaktion eine Rücklaufquote von durchschnittlich 86 % erzielt wurde (Einzelheiten an entsprechender Stelle im Text).

Diese Knappheit im Informationswunsch hat natürlich Nachteile im Hinblick auf die Breite der Informationen. Es schien uns indessen wichtiger, von möglichst vielen Ausbildungsstätten die wichtigsten Fragen beantwortet zu bekommen als alles Mögliche von nur wenigen.

Noch einige Vorbemerkungen:

Wir sind sicher, daß es Institutionen gibt, die wir nicht erfassen konnten. Bei einer fehlenden offiziellen Zentralstatistik ist das unvermeidbar. Wir hoffen aber, daß wir alle Wichtigen anschreiben konnten. Für das Nicht-Antworten der 14 % Ausfallquote können wir leider selbst aber gar nichts.

In der Werbung sind relativ viele Frauen beschäftigt, jedenfalls wesentlich mehr als im Gesamtdurchschnitt der Wirtschaft. Dennoch haben wir auf die modische Attitüde verzichtet, alle Berufsbezeichnungen usw. immer auch in der weiblichen Form zu bringen. Wir meinen also immer auch die Werberin, die Grafikerin, die Kundenberaterin, wenn vom Werber, vom Grafiker, vom Kundenberater die Rede ist. - Man könnte daran denken, bei einer weiteren Neuauflage einmal nur die weiblichen Formen (der Berufsbezeichnungen) zu verwenden, sozusagen in Erfüllung eines Gleichstellungsanspruchs. -

IX

Ohne die Mithilfe zahlreicher Personen hätten wir das Projekt nicht ausführen können. Bei einigen möchten wir uns ausdrücklich bedanken: Frau Molnarné-Gabor, Eva, Szarvas, (Betreuung der Umfragen), Frau Diplom-Sozialpädagogin Caroline Weeser-Krell, Paderborn, (Lektorat), Frau Designerin Jeannette Weeser-Krell, Paderborn, (Layout-Beratung).

Ferner danken wir den Mitarbeitern der Institute IWT, Velbert und NEC Alapítvany, Szarvas, für ausführende Unterstützung, den Lehrstühlen Produktionswirtschaft und Wirtschaftsinformatik/Operations Research der Universität Paderborn für DP Systems Support sowie der Werbeagentur Erika Weeser-Krell, Paderborn, für die Textverarbeitung des druckfähigen Manuskripts.

Paderborn/D, Velbert/D, Szarvas/H, im Mai 1995

Lothar Weeser-Krell   Manfred Ploetz

Inhaltsverzeichnis

XIII

Abbildungsverzeichnis

TEIL 1: Werbe-Berufe

ERSTER ABSCHNITT

GRUNDLAGEN

A. Einführung in das Thema

In der Bundesrepublik Deutschland hat sich die Werbung für Waren und Dienstleistungen zu einem wichtigen Faktor im Marktgeschehen entwickelt, als Orientierungshilfe für den Konsumenten und als Instrument für Anbieter, um neue Produkte bekanntzumachen, Märkte zu erringen und zu verteidigen.

Das Phänomen Werbung ist aus der heutigen Zeit nicht mehr wegzudenken. Die Werbung hat sich in kulturellen und wirtschaftlichen Bereichen voll etabliert. Jeder Mensch unserer Gesellschaft kommt heute mit ihr in irgendeiner Weise in Berührung.

Die Institution Werbung steht als Mittler zwischen den Marktparteien. Die Werbewirtschaft beschäftigt eine Vielfalt von Werbefachleuten, die durch unterschiedliche Schul- und Berufsausbildung den Weg zur Werbung fanden. Die Werbung stellt heute einen bedeutenden Wirtschaftsbereich dar, in dem viele Menschen einen Arbeitsplatz finden. Die Zahl der in der Werbung unmittelbar beschäftigten Personen wird vom Zentralverband der Deutschen Werbewirtschaft (ZAW) auf knapp 170.000 geschätzt. Addiert man hierzu die Personenzahlen der vor- und nachgeordneten Industriezweige wie z.B. Papierverarbeitung, Zeitungs- und Zeitschriftenverlage, Druckereien, Film- und Fernsehproduktionen usw., so rechnet der ZAW mit einer Gesamtzahl von nahezu 400.000 Personen, die im weitesten Sinn als Arbeitnehmer mit der Werbung in der Bundesrepublik Deutschland zu tun haben. [1]

Die Werbebranche im engeren Sinn unterteilt sich in drei Hauptgruppen:

(1) Unternehmen, die Werbung zur Absatzförderung ihres Angebots einsetzen:

Werbungtreibende Firmen

(2) Unternehmen, die im Auftrag von Dritten Werbung planen, gestalten und durchführen:

Werbeagenturen, Werbeberatungen, Werbemittlungen

(3) Unternehmen, die im Auftrag Werbung an das Publikum verbreiten:

Werbeträger (Medien)

z.B. Zeitungen, Zeitschriften, Fernsehen, Rundfunk.

---

[1] ZAW-Service Nr. 185, Januar 1995

5

Innerhalb der erwähnten drei Teilbereiche ist der Personenanteil, der sich mehr oder weniger ausschließlich mit Werbung befaßt, unterschiedlich groß. Bei den Werbeagenturen kann man nahezu alle Beschäftigten als in der Werbung tätig ansehen.

Die 100 größten Werbeagenturen (diejenigen mit einem Jahresumsatz ab ca. 10 Millionen DM) beschäftigen zusammen ca. 8.000 Mitarbeiter. [2] Agenturen in der erwähnten Größenordnung am unteren Ende der Skala (etwa 10 Millionen Jahresumsatz) haben durchschnittlich 10 - 15 Beschäftigte. Zur Ermittlung der Gesamtzahl der im Agentur- bzw. Beratungsbereich tätigen Werbefachleute ist man auf Schätzungen angewiesen, da es keine Statistik gibt, die alle Werbeagenturen umfaßt. Der ZAW beziffert diese Zahl - auch unter Berücksichtigung der vielen Spezialisten und Einzelberater - mit rund 120.000 Personen. [3]

Bei den werbungtreibenden Firmen ist der Anteil der in der Werbung Tätigen verhältnismäßig klein. Da die größeren unter ihnen, von wenigen Ausnahmen abgesehen, durchweg mit Werbeagenturen zusammenarbeiten, beschäftigen sie teilweise nur relativ wenige Personen in der Werbeabteilung bzw. in Werbefunktionen. Über deren Gesamtzahl gibt es keinerlei zuverlässige Zahlen, da einschlägige Erhebungen nicht durchgeführt werden. Der ZAW schätzt deren Gesamtzahl Anfang 1995 auf 35.000 Personen.

In der Gruppe der Medien ist der Anteil der in reinen Werbefunktionen tätigen Mitarbeiter noch schwerer abzuschätzen. Einerseits gibt es große Zeitschriftenverlage mit vielen Zeitschriftenobjekten, die hundert und mehr Personen in Funktionen beschäftigen, die im weitesten Sinne zur Werbung gerechnet werden können, andererseits haben z.B. Fernsehanstalten bzw. deren Werbefernsehgesellschaften überhaupt keine eigentlichen Werbefachleute unter Vertrag, sondern eher administrative Kräfte, die die eingehenden Werbeaufträge verwalten. Der ZAW spricht in dieser Gruppe von 12.000 beschäftigten Werbern.

Selbst wenn wir die vom ZAW angenommene Zahl von 170.000 Beschäftigten in der Werbung in engeren Sinn zugrundelegen, so müssen wir doch feststellen, daß vom Volumen her die Werbebranche eher unbedeutend ist, verglichen mit Branchen wie dem Einzelhandel, der Automobilproduktion oder dem Gastgewerbe.

[2] Vgl. der Kontakter, 1984, Nr. 6
[3] Alle Zahlenangaben für 1994/95 in diesem Abschnitt lt. ZAW-Service 185/1995, S. 6 - 7 sowie lt. Werbung in Deutschland '95, S. 77 - 84

Auch darin, daß die Medien in Deutschland pro Jahr viele Milliarden für Werbeeinschaltungen einnehmen, kommt die Bedeutung der Werbung zum Ausdruck. [4] Fast sämtliche Arbeitsplätze sind vom Erfolg der Werbeaktivitäten der Unternehmen abhängig.

Die Entwicklung der werblichen Berufe ist eng mit der steigenden Bedeutung der Werbung in der Gesellschaft verbunden. Ständig wachsende Aufgaben verlangen eine immer gründlichere und umfassendere Ausbildung. Die Zeiten, in denen schillernde Karrieren in der Werbebranche üblich waren, sind vorbei. Heute steht der gut ausgebildete und vielseitig orientierte Fachmann im Mittelpunkt.

Es gibt in der Bundesrepublik eine Vielzahl von Institutionen, die werbefachliche Ausbildungen verschiedener Ebenen und verschiedener Spezialisierungen vermitteln. In bezug auf die Ebenen reicht die Spannweite von der beruflichen Unterweisung in Ausbildungsverhältnissen über Werbefachschulen und Akademien bis hin zur Vermittlung von Werbelehre an Hochschulen und Universitäten.

Was die verschiedenen Spezialisierungsbereiche werbefachlicher Unterweisung angeht, so treffen wir neben den werblichen Kernfächern wie Werbeberatung und Werbegestaltung auch auf die Vielzahl der im Rahmen der Werbung eingesetzten Randgebiete - von der Marktforschung über die Psychologie, die Fotografie bis zum Journalismus.

Bei der Ausbildung zum Werbeberater bzw. für entsprechende Berufsqualifikationen in verschiedenen Niveaus dominieren Lehrinhalte, die sich mit der Planung, der Durchführung und der Kontrolle von Werbung bzw. Werbekampagnen befassen. In Hinblick auf die Werbegestaltung (Text, Bild usw.) werden hierbei nur Grundkenntnisse vermittelt, die eine Beurteilung gestalterischer Leistungen im Rahmen der Werbeberatung ermöglichen sollen, ohne daß der Werbeberater derartige Leistungen selbst erbringen müßte.

Werbegestalterische Ausbildung bieten sowohl private Fachschulen und Fernlehrinstitutionen als auch (staatliche) Fachhochschulen und Kunsthochschulen.

Nun zu den aktuellen Ausbildungsmöglichkeiten (Stand 1994/95) der angehenden Werbefachleute im einzelnen:

---

[4] Vgl. ZAW, 1985. S. 11 und ZAW, 1991/1, S. 17

Auf der unteren Ebene besteht die Möglichkeit der dualen Ausbildung im Rahmen einer Lehre bzw. eines Ausbildungsvertrages. Der Lehrling (Azubi) wird in einem Unternehmen ausgebildet und erhält parallel hierzu Berufsschulunterricht in einer "Fachklasse Werbung". Die Eingangsvoraussetzung für eine solche Ausbildung ist der Hauptschulabschluß und ein Ausbildungsvertrag. Die Ausbildung dauert in der Regel drei Jahre. Der Abschluß berechtigt zum Führen der Bezeichnung Werbekaufmann bzw Werbekauffrau; es handelt sich um einen "offiziellen" Abschluß (mit IHK-Prüfung). Zur Zeit ist nach unseren Ermittlungen - verläßliche zentrale oder gar offizielle Statistiken existieren darüber nicht - eine solche Ausbildung in folgenden 15 Städten möglich (Reihenfolge von Nord nach Süd):

Rostock, Hamburg, Oldenburg, Bremen, Berlin, Hannover, Dortmund, Düsseldorf, Gera, Frankfurt/Main, Tauberbischofsheim, Nürnberg, Saarbrücken, Stuttgart, München.

Die Gesamtzahl der diese Ausbildung durchlaufenden jungen Leute beträgt ca. 1.800 Personen.

Auf einer mittleren Ebene haben wir in Deutschland die Möglichkeit der Werbeausbildung an Werbeakademien (die sich früher schlicht Werbefachschulen nannten). Diese privaten Schulen stehen nur solchen Personen offen, die bereits in der Werbung berufstätig sind. Eine weitere Eingangsvoraussetzung ist ein gehobener Schulabschluß und ein Mindestalter von 20 Jahren. Da dieses Bildungsangebot sich an Berufstätige richtet, ist die Form von Abendschulen üblich. Die Ausbildung dauert in der Regel zwei Jahre mit zwei bis vier Unterrichtsabenden pro Woche und einem Volumen von ca. 800 Unterrichtsstunden.

Die Ausbildungsgebühren liegen meist in einem Bereich von 5.000 bis 8.000 DM für den ganzen Lehrgang. In vielen Fällen übernehmen die Arbeitgeberfirmen die Kosten. Die Abschlußprüfung ist meist nicht offiziell, jedoch kann bei einigen Schulen eine IHK-Prüfung abgelegt werden, und andere verleihen einen Titel - dieser lautet übrigens meist "Kommunikationswirt", "Werbeassistent" oder ähnlich - mit dem Zusatz "staatlich geprüft". Die Gesamtzahl der Schüler liegt bei weit über 3.000, die sich auf 16 Werbefachschulen in 13 Städten verteilen:

Hamburg, Bremen, Hannover, Dortmund, Essen, Düsseldorf, Leipzig, Kassel, Köln, Frankfurt, Nürnberg, Stuttgart, München.

Ebenfalls zur mittleren Ebene gehören die Angebote von Fernlehrinstituten für spezielle Teilgebiete der Werbung wie Grafik oder Text. Solche Einrichtungen werden aber nicht nur von Berufsanfängern genutzt. Es handelt sich also nicht um Institutionen der Ausbildung im engeren Sinn, sondern sie werden auch von Personen in Anspruch genommen, die sich als Berufstätige weiterqualifizieren oder beruflich umschulen wollen.

Zur mittleren Ausbildungsebene rechnen wir drittens die Design-Ausbildung an privaten Kunstschulen, deren Leistungsangebot jedoch teilweise dem Niveau (staatlicher) Kunsthochschulen/Fachhochschulen nicht nachsteht.

Es gibt 13 private Kunstschulen in fünf Städten, allein zehn in Hamburg und München, je eine in Berlin, Frankfurt/Main und Mannheim.

Die Ausbildung dauert meist drei bis vier Jahre und kostet rund 20.000 DM. Die Eingangsvoraussetzungen sind ähnlich denen an Werbefachschulen: Mittlerer Schulabschluß, Alter 18 Jahre. Wichtig ist künstlerische Begabung, die durch Vorlage eigener Arbeiten und/oder eine Eingangsprüfung nachzuweisen ist. Neben berufsbegleitenden Abendkursen gibt es auch Vollzeit- oder Tagesstudium. Zur Zeit lernen an den privaten Kunstschulen 1.800 Schüler "Grafik-Design".

Auf einem oberen Niveau ist die Möglichkeit werbefachlicher Wissensaneignung bei vielen Hochschulen und Universitäten gegeben. Hier muß jedoch eine Einschränkung gemacht werden: Nur wenige Hochschulen bieten Studiengänge an, die sich ausdrücklich und ausschließlich mit Werbung befassen. In allen anderen Fällen - das sind rund 90 Hochschulen und Universitäten - ist eine Wissensvermittlung auf dem Gebiet Werbung einerseits in Rahmen des betriebswirtschaftlichen Studiums (genauer gesagt innerhalb eines Spezialisierungsfaches Marketing) möglich - andererseits an Fach- und Kunsthochschulen im Fach Design oder Visuelle Kommunikation.

Die Studiendauer an den Hochschulen beläuft sich auf drei bis fünf Jahre. Die Abschlüsse von Hochschulen sind staatlich (auch die der privaten Hochschulen). Die Titel lauten Diplom-Kaufmann, Diplom-Betriebswirt oder ähnlich bzw. Diplom-Designer.

Angesichts der erwähnten rund 100 Hochschulen ist festzustellen, daß ein solches Studium in fast jeder größeren Stadt möglich ist. Insgesamt sind über 10.000 Studenten in Studiengängen der Betriebswirtschaft mit der Spezialisierung Marketing eingeschrieben, [5] ferner über 8.000 in Fachbereichen Design. Welche Einsatzmöglichkeiten in den einzelnen Werbebereichen und auf welchen Ebenen stehen den Absolventen der verschiedenen Ausbildungseinrichtungen offen?

Der Absolvent einer Lehre wird zumindest in der Anfangsphase seiner Berufslaufbahn sich mit niederen Funktionen begnügen müssen. Bei werbungtreibenden Firmen (Herstellerbetriebe, Handel, Dienstleister) wird er in der Werbeabteilung allenfalls Sachbearbeiterfunktionen einnehmen können.

---

[5] Ca. 2.500 an Fachhochschulen und ca. 7.800 an Universitäten.

Höchstens bei Kleinbetrieben ist es denkbar, daß ein derart ausgebildeter junger Werbefachmann allein für die Werbung verantwortlich ist. Bei Werbeagenturen wird er im Kontakt- oder im Mediabereich ebenfalls nur Anfängerfunktionen ausüben können. Das Gleiche gilt für den Bereich der Werbeträger.

Der Absolvent einer Werbefachschule kommt in der Regel schon aus der Werbung - wir hatten gesehen, daß eine Anstellung in der Werbung Voraussetzung für den Besuch einer Fachschule ist. Wegen der nahezu ausschließlich werbebezogenen Wissensvermittlung während des Studiums kann ein Werbefachschulabsolvent auch bei mittelgroßen Unternehmungen schon auf mittlerer Ebene bis hin zum Abteilungsleiter, z.B. Werbeleiter, eingesetzt werden.

Bei Werbeagenturen und Werbeträgern hat der seit Jahren zu erkennende Trend zur Einstellung von Hochschulabsolventen dazu geführt, daß Werbefachschulabsolventen in der Regel nur für mittlere Positionen in Frage kommen.

Für gehobene und höchste Positionen der Werbung in allen drei erwähnten Einsatzbereichen setzt sich in der Bundesrepublik zunehmend der Hochschul- bzw. Universitätsabsolvent durch. Man verlangt für beratende Berufe ein betriebswirtschaftliches bzw. spezielles Marketingstudium, und die Personalchefs bzw. Firmenleitungen übersehen dabei möglicherweise, daß der Student an tatsächlichem Werbefachwissen nur sehr wenig vermittelt bekommen hat.

Anderen Firmen wieder ist es ausreichend, daß der Kandidat ein (wirtschaftswissenschaftliches) Hochschulstudium absolviert hat, und sie sind der Meinung, daß er sich das nötige Werbefachwissen im Unternehmen aneignen kann.

Die erreichbaren Ebenen für Hochschulabsolventen sind im Sektor werbungtreibender Unternehmungen Abteilungsleiter bis Geschäftsleitung; ebenfalls gilt das für Werbeagenturen. Bei den Werbeträgern dürfte die Karriere eines Werbefachmannes mit der Leitung der jeweiligen Abteilung beendet sein.

Im werbegrafischen Berufsfeld wird ebenfalls immer häufiger (evtl. zusätzlich zu einer einschlägigen Lehre oder zur Fachschule) ein Hochschulabschluß als Diplom-Designer verlangt.

Bis zum ersten Erscheinen dieses Buches 1987 hat es keine zusammenfassende Darstellung der Ausbildungs- und Berufsmöglichkeiten des Arbeitsfeldes Werbung gegeben. Die Vielfalt der werbungtreibenden Institutionen und der Werbeberufe war bis dahin für den Nichtfachmann kaum übersehbar, woran die Werbewirtschaft selbst einen guten Teil Schuld trägt, da sie sich jahrelang mit der eigenen Positionsbestimmung schwer getan hat. [6]

1977 schrieb Ewald Beckmann in einer Untersuchung:

"Die Dringlichkeit einer Erneuerung der Ausbildung auf allen Ebenen und die damit verbundene Frage nach einem entsprechenden Berufsbild für Werbefachleute kommt in zahlreichen Untersuchungen und Befragungen der letzten Jahre zum Ausdruck. Alle diese Umfragen waren jedoch einseitig: Entweder beschränkten sie sich auf Teilgebiete, oder sie waren nicht repräsentativ. Eine Gesamtbetrachtung der werbefachlichen Ausbildung gibt es daher noch immer nicht." [7]

Kapitel B des Dritten Abschnitts der vorliegenden Untersuchung enthält eine Kurzdarstellung der aktuellen werbefachlichen Ausbildungswege. Danach bringt der Vierte Abschnitt die Ergebnisse einer Vollerhebung bei Ausbildungsstätten, die zu werbefachlichen Berufen hinführen. Der Fünfte Abschnitt enthält eine Bedarfsanalyse für Werbefachleute in den relevanten Wirtschaftsbereichen. Ferner zeigt dieser Abschnitt Urteile der Werbewirtschaft über die Ausbildungsmöglichkeiten.

In einen Nachwort werden die wichtigsten Schlußfolgerungen zur werbefachlichen Ausbildung zusammengefaßt.

Zunächst enthält die Untersuchung eine Analyse der Bedeutung der Werbung für die Wirtschaft (ab Kapitel B dieses Abschnitts), eine Darstellung des Arbeitsmarktes Werbung (Kapitel D) und im Zweiten Abschnitt eine ausführliche Beschreibung der Werbeberufe in den bedeutendsten Sektoren des Arbeitsfeldes Werbung.

Bei aller vorgesehenen Vollständigkeit der Untersuchung ist die Arbeit dennoch in mehrfacher Hinsicht eingegrenzt:

---

[6] Vgl. Bockstahler, K., 1973, S. 9
[7] Beckmann, E., 1977, S. 52

Entsprechend dem Thema befassen wir uns nur mit werbefachlicher Ausbildung. Hierunter sei jegliche Art schulischer Ausbildung verstanden, die zu einem werbefachlichen Beruf hinführt. Berufliche Weiterbildung, sei sie überbetrieblich, betrieblich oder personenindividuell, ist nicht Gegenstand der Untersuchung.

Was die einbezogenen werbefachlichen Berufe angeht, so liegt der Schwerpunkt der Untersuchung einerseits auf den beratenden Werbeberufen, andererseits auf den grafischen Werbeberufen. Da sich die Mehrzahl aller werbefachlichen Berufe im weitesten Sinn in diese beiden Hauptgruppen einordnen lassen, ist lediglich der Beruf des Werbetexters in der Untersuchung nicht erfaßt.

Es gibt keine auch nur halbwegs einheitliche schulische Ausbildung für Texter, geschweige denn ein Berufsbild. Daher wird dieser Werbeberuf nur in der Berufsanalyse der werbungtreibenden Wirtschaft berücksichtigt, nicht in der Analyse der Ausbildungsstätten. Ebenfalls nicht untersucht wurde die Ausbildungssituation bei werblichen Spezialberufen, wie dem Schauwerbegestalter (Dekorateur), dem Schilder- und Lichtreklamehersteller und ähnlichen.

B. Die Bedeutung der Werbung für die Wirtschaft

Die Bezeichnung "Werbung" hat in Deutschland zu Anfang des 20. Jahrhunderts den damals allgemein üblichen Ausdruck "Reklame" abgelöst. Dieser Wandel vollzog sich nicht nur in der Änderung der Bezeichnung, sondern stärker noch in der Bedeutung des Inhalts. Schon um die Jahrhundertwende erkannte man, daß der Grundsatz "Wahrheit in der Werbung" für das Erreichen der werblichen Ziele notwendig war, da Übertreibungen und Irreführungen nicht länger von den Umworbenen akzeptiert wurden.

Die Entwicklung der Werbung zu heutigem Umfang und heutiger Bedeutung hat hauptsächlich in der zweiten Hälfte dieses Jahrhunderts stattgefunden. Dafür sind nach Specht drei Faktoren verantwortlich:

(1)   die Fülle des Angebots von Erzeugnissen aus der Massenproduktion

(2)   die immer größere Verbreitung und Weiterentwicklung der Medien als Werbeträger

(3)   das ansteigende Verbraucherbewußtsein und das dadurch verstärkte Informationsbedürfnis der Konsumenten. [8]

Die Werbung erhielt immer mehr die Funktion eines Mittlers zwischen Angebot und Nachfrage. So vollzog sich allmählich eine Strukturierung der Werbebranche zu einen eigenständigen Wirtschaftsbereich mit einer immer stärkeren Spezialisierung. Heute wird Werbung folgendermaßen definiert:

Behrens: "Werbung ist eine absichtliche und zwangfreie Form der Beeinflussung, welche die Menschen zur Erfüllung der Werbeziele veranlassen soll." [9]
Weeser-Krell: "Absatzwerbung ist geplante öffentliche Kommunikation mit den Ziel einer ökonomisch wirksamen Information, Beeinflussung und Verhaltenssteuerung." [10]

In einer Zeit der automatisierten Massenproduktion, in der das Angebot die Nachfrage übersteigt, reicht die informative Werbung nicht mehr aus. Da eine Vielzahl homogener Güter entwickelt wurde, die häufig kaum noch kaufentscheidende Unterschiede aufweisen, und da der Markt in den meisten Bereichen weitgehend gesättigt ist, hat sich das Aufgabenfeld der Werbung erweitert: sie soll zusätzliche Nachfrage schaffen.

---

[8] Vgl. Specht, K., 1973, S. 11 f.
[9] Behrens, K.-Ch., 1975, S. 4
[10] Weeser-Krell, L., 1994, S. 123

Daß dies tatsächlich geschieht, erhellt die Tatsache, daß die Netto-Werbeumsätze für 1995 vom ZAW auf 34 Milliarden DM geschätzt werden. Dieser Betrag umfaßt lediglich die Einschaltkosten der Medien. Nicht berücksichtigt sind dabei die Kosten für die Werbeverwaltung und für die Werbemittelproduktion. Einschließlich der letztgenannten Aufwendungen nennt der ZAW eine Summe von rund 51 Milliarden Mark. [11]

Die schlechte Konjunkturlage der letzten Jahre hat gezeigt, daß sich die Werbewirtschaft vom zyklischen Verhalten abgewendet hat und statt dessen den Werbeetat immer häufiger unabhängig von der Wirtschaftslage bestimmt. Das hat dazu beigetragen, daß dieser Wirtschaftszweig auch in den Rezessionsphase der jüngsten Vergangenheit von der allgemeinen Arbeitslosigkeit verschont blieb. Eine Analyse des ZAW zeigt, daß 1983 in Kernbereich der Werbewirtschaft (Werbeabteilungen, Werbeagenturen, Werbeträger) nur 1,3 % der Fachkräfte ohne Beschäftigung waren. Ende 1994 waren es rund 1,8 Prozent. [12]

Insgesamt hat die Struktur dieses Arbeitsmarktes in den letzten Jahren einen Wandel erfahren. Im Jahre 1978 lagen die Werbeagenturen als Arbeitgeber mit einem Anteil von 43 % an der Spitze. Dieser Satz betrug 1985 nur noch 34 %, während damals die werbungtreibenden Firmen mit 40 % die meisten Arbeitsplätze anboten. 1994 hat sich das Bild wieder gewandelt: Die Agenturen liegen mit 57 % stärker als zuvor in Front, während die Werbungtreibenden nur noch 19 % der Stellenangebote machen. [13]

I. Werbung im Marketing-Mix

Werbung ist ein wichtiger Bestandteil des Marketing-Mix, also einer der Faktoren des absatzpolitischen Instrumentariums eines Unternehmens. Daher darf der Entscheidungsprozeß im Rahmen der Werbung nicht isoliert verlaufen, sondern muß mit den übrigen Marketing-Entscheidungen abgestimmt werden. Bei diesem Abstimmungsprozeß geht es weniger darum, ein Instrument in seiner Wirkung zu maximieren, sondern die Kombination der Marketingmittel zu optimieren.

Jede Marketingplanung basiert auf einer Analyse, die den Ist-Zustand im Unternehmen und im Markt umfaßt. Darauf aufbauend werden die Marketingziele festgelegt.

---

[11] Vgl. Werbung in Deutschland '95, S. 5
[12] Vgl. ZAW, 1984/1, S. 16 und ZAW-Service Nr. 185, Januar 1995, S. 6
[13] Vgl. ZAW, 1986, S. 3 und ZAW-Service Nr. 185, Januar 1995, S. 7

14

Mit dieser Zielplanung ist die Entwicklung einer Marketing-Basisstrategie eng verbunden. Hier geht es um Entscheidungen über die werbliche Zielgruppe. [14]

Auf der Grundlage der Basisstrategie werden Teilstrategien für die Marketing-Subbereiche Produkt-, Preis-, Distributions- und Kommunikationspolitik entwickelt. Dabei fallen die Entscheidungen in den Bereichen nicht unabhängig voneinander, sondern interdependent, d.h. die Planungsentscheidungen im Kommunikationsbereich hängen sowohl von der Basisstrategie als auch von den Strategien für die anderen Marketinginstrumente ab.[15] Damit ist die Basis jedes werblichen Denkens, die Gestaltung der Werbebotschaft, in die übergreifende Marketing-Kommunikationsplanung eingebunden. [16]

Die "Werbung hat eine bedeutende Mittlerstellung auf dem Markt. Ihre Aufgabe ist es, das reibungslose Ineinandergreifen von Angebot und Nachfrage zu ermöglichen und zu gewährleisten." [17]

Dieses Zitat aus der Arbeit von Hannelore Kröter weist auf den interdisziplinären Charakter der Werbung hin. Daß dies nicht immer so gesehen wurde, stellt sich bei der Durchsicht älterer Veröffentlichungen zu diesem Thema heraus. Der ZAW hat sicherlich einen großen Anteil daran, daß die Werbung sich seit Anfang der siebziger Jahre "mit wissenschaftlichen Methoden um Erkenntnisse und Abgrenzungen bemüht." [18]

Seit der Veröffentlichung der Studie von Ludwig Poth 1975 wird der Werbung auch in der Literatur ein höherer Stellenwert im Kommunikations-Mix zugeordnet.[19] Poths Ergebnisse bestätigen, daß die Werbung nicht mehr nur als eine "subjektive, zufällige, kreative Gestaltung und ein Ineinandergreifen von Grafik und Text" gesehen wird [20], sondern als wichtiges Instrument des Kommunikations-Mix, dessen Funktion bei der Durchsetzung der Marketingstrategie unbestritten ist und dessen Einflußnahme auf die anderen Instrumente des Marketing-Mix gesehen wird. [21]

---

[14] Vgl. ZAW, 1986, S. 3
[15] Vgl. Fried, H., 1974, S. 9 ff.
[16] Vgl. Katholisch, J., 1974, S. 75
[17] Kröter, H., 1977, S. 13
[18] Schweickhardt, D., 1973, S. 376
[19] Poth, L.G., 1977
[20] Kröter, H., 1977, S. 23
[21] Vgl. Poth, L.G., 1975/1, S. 82

Eine häufig ungenaue Inhaltsbestimmung der Werbung durch Praktiker zeigt jedoch, daß der Übergang zur Marketing-Kommunikation und die dadurch bedingte Steuerungsfunktion der Werbung sich in der Praxis noch nicht vollzogen hat. "Aus der bisher gesehenen Instrumentalfunktion wird die Steuerungsfunktion noch nicht abgeleitet."[22]

II. Entwicklung der Werbung

Mit der Gründung der ersten "Annoncen-Expedition" 1855 durch den Buchhändler Ferdinant Hasenstein beginnt die Entwicklung der werblichen Berufe in Deutschland.[23] Diese erste werbliche Unternehmung förderte durch ihre Tätigkeit und ihren Erfolg die Entwicklung des Werbewesens so stark, daß schnell weitere Betriebe entstanden. Die einsetzende Industrialisierung und der damit verbundene Übergang vom Handwerks- zum Industriebetrieb mit Massenherstellung verlangten eine breitere Absatzbasis und damit Werbung für die Erzeugnisse. Die Reklame (oder Propaganda, wie die Werbung im dieser Zeit auch genannt wird) bediente sich immer neuer Ausdrucksmöglichkeiten. Zu Zeitungsanzeigen kamen Schauvitrinen und Litfaßsäulen.

Die Werbeleute der ersten Zeit waren noch in der Lage, alle werblichen Aufgaben, von der Gestaltung bis zur Kontrolle der Durchführung, selbst auszuführen.[24] Die größeren Unternehmen bildeten eigene Abteilungen, die sich ausschließlich mit den schnell wachsenden Absatzproblemen beschäftigten.

Nach dem 1. Weltkrieg kam es zu einer stärkeren wissenschaftlichen Auseinandersetzung mit dem Thema Werbung. Die erste umfassende Veröffentlichung ist die "Allgemeine Werbelehre" von Rudolf Seyffert im Jahre 1929.[25] Der Versuch, eine eigene Reklamehochschule zu gründen, scheiterte zwar, aber 1930 hielten bereits einige Universitäten und alle fünf Handelshochschulen Vorlesungen zum Thema Werbung ab.[26]

Nach dieser "Aufbauphase", zu der man die Zeit von der Mitte des 19. Jahrhunderts bis 1930 rechnet, kommt die Zeit der "Spezialisierung" oder "Professionalisierung". In Deutschland wird die Werbung von 1933 bis 1945 erst

---

[22] Poth, L.G., 1976, S. 508

[23] Vgl. Rose, H.K., 1957, S. 14

[24] Vgl. Künzel, R., 1970, S. 29

[25] Vgl. Seyffert, R., 1929, S. 36, zitiert in: Künzel, R., 1970, S. 30

[26] Vgl. Jaspert, F., 1973, S. 296

16

eingeschränkt und später fast völlig durch politische Propaganda ersetzt. [27] Mit dem Übergang zur freien Marktwirtschaft und der Expansion der Unternehmen nach dem 2. Weltkrieg kamen große Anforderungen auf die gesamte Werbewirtschaft zu. Neben der Gründung der ersten Werbefachschulen in Hamburg (1946), München (1948), Hannover (1951) und Köln (1956), die für die praktische Ausbildung zuständig waren, vergrößerte sich das Angebot der Universitäten.

---

[27] Vgl. Künzel, R., 1970, S. 18

C. Werbung, Werbeausbildung, Werbeberufe

I. Der interdisziplinäre Charakter der Werbung

Das Arbeitsfeld Werbung läßt sich nicht auf eine einzige Disziplin zurückführen. Für den Werbefachmann sind die Kenntnisse aus unterschiedlichen Wissensgebieten notwendig. [28] Der Fächer des Wissens ist deshalb so breit, da Werbung als eine "Form der Beeinflussung, welche den Menschen zur Erfüllung der Werbeziele veranlassen soll" [29], auf den unterschiedlichsten Gebieten angewendet wird. Hauptsächlich betrifft dies den Bereich der Wirtschaft. Vom Werbefachmann wird Wissen u.a. aus dem Bereich der Betriebswirtschaftslehre, der Volkswirtschaftslehre, der Statistik, der Mathematik und der Kommunikationslehre verlangt. Darüber hinaus muß er auch über Kenntnisse auf dem Gebiet der Verhaltenswissenschaften (Psychologie, Soziologie) verfügen.

Die Werbemittelherstellung ist abhängig von gutem technischen Know-how. Im politischen und künstlerischen Bereich ist die Erfahrung mit speziellen Disziplinen notwendig. Dazu gehören u.a. die Publizistikwissenschaft, die Gestaltung und das Design. Die Führungsberufe in der Werbung erfordern Wissen auf Gebieten wie der Organisation, der Personalwirtschaft und dem Management.

II. Werbeberufe und werbefachliche Ausbildung

In engem Zusammenhang mit der Entwicklung des Arbeitsfeldes Werbung steht die Erkenntnis der Notwendigkeit einer werbefachlichen Ausbildung.

Bis in die fünfziger Jahre war Werbegestaltung ein eher zufälliges Ineinandergreifen von Grafik und Text. Die ersten Werbefachleute waren gekennzeichnet durch kreative Begabung, die sie verstanden, in Wort, Text und Bild umzusetzen. Das waren oftmals bekannte Künstler wie Maler oder Schriftsteller, die sozusagen "nebenberuflich" für die Werbung tätig waren. Später kamen Werber aus dem Bereich des Handwerks und aus den Reihen der Unternehmer hinzu. [30] Die Werbefachleute jener Zeit besaßen eine umfassende Bildung, nicht aber spezielle werbefachliche Kenntnisse. "Werbung zu machen" war kein Beruf, sondern vielmehr Berufung oder Talent. Jedem, der sich aufgrund seiner angeborenen Neigungen oder Interessen berufen fühlte, stand der Weg in die Werbebranche offen.[31]

---

[28] Vgl. Jaspert, F., 1973, S. 301
[29] Behrens, K.-Ch., 1975, S. 6
[30] Vgl. Märtens, F., 1965, S. 59
[31] Vgl. Künzel, R., 1970, S. 15 - 17

18

Mit Entstehung der ersten Werbeberufe nahm auch die Diskussion um die Fragen der werbefachlichen Ausbildung ihren Anfang. So brachte schon Johannes Weidenmüller (er nannte sich "Werbeanwalt") im Jahre 1917 eine Broschüre mit dem Titel "Der Werbeunterricht in den Fachschulen" heraus. Unter der Überschrift "Zur Frage Werbeunterricht ist bereits geschrieben worden" fügte er eine Literaturübersicht von über vierzig Titeln bei. [32]

Das Bedürfnis nach werbefachlichen Aus- und Weiterbildungsmöglichkeiten führte zu Beginn der dreißiger Jahre zur Gründung der ersten Einrichtungen. [33] Da zu dieser Zeit die vorherrschende Meinung bei Werbetreibenden und Werbedurchführenden war, daß eine systematische Werbeausbildung nicht notwendig, ja sogar überflüssig sei, daß vielmehr Talent und Begabung entscheidend für eine erfolgreiche Tätigkeit als Werbefachmann seien, kam diesen ersten werbefachlichen Ausbildungsstätten allerdings noch wenig Bedeutung zu.

Bedingt durch die außerordentliche Weiterentwicklung des Werbewesens nach dem 2. Weltkrieg wurden auch an die in der Werbung Tätigen immer höhere Anforderungen gestellt. Durch systematische wissenschaftliche Forschung wurden neue Erkenntnisse über Methoden, Wirkungsweisen und deren Zusammenhänge im Bereich der Werbung gewonnen. [34] Es genügte nun nicht mehr, originelle Ideen zu haben, um erfolgreich Werbung betreiben zu können. Qualifiziertes Fachwissen für die in der Werbung vorkommenden Tätigkeiten war notwendig geworden. Durch Differenzierung und Spezialisierung der werblichen Aufgaben entstanden vielfältige Tätigkeitsfelder, die wiederum eine Vielzahl von neuen Werbeberufen hervorbrachten. [35] In dieser Zeit wurden Ausbildungs- und Fortbildungsinstitutionen ausgebaut oder (neu) gegründet.

Bei der Betrachtung der Ausbildung ist die schulische Vorbildung von großer Bedeutung, da sie die Alternativen der Karrieremöglichkeiten bestimmt. Poth stellt in seiner Untersuchung von 1977 fest, daß von 915 befragten Werbefachleuten 7 % angaben, nur die Volksschule besucht zu haben. 52 % hatten die mittlere Reife, und 40 % gaben das Abitur als Abschluß an. In der Konsumgüterindustrie hatten die Werbefachleute im Durchschnitt eine qualifiziertere Schulausbildung als in den übrigen Industriegruppen. [36]

Zur Frage nach der Ausbildung, die in Zukunft für wünschenswert oder notwendig gehalten wird, nannten 81 % das Abitur. Die Auswertung der Ausbildungswege der Befragten jener Untersuchung zeigt folgendes Bild: Der Schwerpunkt liegt auf

---

[32] Vgl. Zankl, H.-L., 1973, S. 31
[33] Vgl. Märtens, F., 1965, S. 60
[34] Vgl. Kjaer-Hansen, M., 1975, S. 25-26
[35] Vgl. Jaspert, F., 1972, S. 296-297
[36] Vgl. Poth, L.G., 1977, S. 88

der mittleren Reife mit Lehre (39 %) und Fachschule (29 %). Erst an dritter Stelle folgt ein Studium mit dem Schwerpunkt Marketing/Absatz (22 %), wobei die Fachhochschulen mit den Universitäten gleich liegen (je 9 %). [37]

Mit 25 % überwiegen die Werber mit einem Studium Marketing/Absatz in Agenturen/Beratung gegenüber Werbungtreibenden mit 19 %. In beiden Sektoren sind die Anteile der Werber mit Fachhochschul- oder Universitätsstudium gleich. [38]

Beim Soll-Ausbildungsweg, der für die Zukunft für notwendig oder wünschenswert gehalten wird, dominierte damals sowohl für den Bereich der Agenturen und Berater (71 %) als auch für den Bereich der Werber in Betrieben (72 %) ein Studium mit dem Schwerpunkt Marketing/Absatz.

Im Gegensatz zum Ist-Zustand überwog im Bereich Agenturen/Beratungen der Wunsch nach universitärer Marketingausbildung mit 32 % gegenüber den Fachhochschulen mit 24 %. Insgesamt hatte ein Studium an Universitäten eine Präferenz von 30 % gegenüber den Fachhochschulen mit 20 %. Auffallend hoch ist die Zahl der Antwortenden, die neben einem Studium mit dem Schwerpunkt Marketing/Absatz zusätzlich eine Lehre für notwendig hielten. 46 % derer, die für ein Studium Marketing/Absatz waren (72 %), forderten auch gleichzeitig eine betriebliche Ausbildung. [39]

Poth leitet aus seiner Untersuchung der Ist- und Soll-Ausbildungswege ab, daß die übliche Ist-Ausbildung nicht ausreicht, um: "... den künftigen Aufgaben gewachsen zu sein." [40]

Die Ergebnisse werden in einer von Bergler durchgeführten Leitstudie eines werbefachlichen Berufsprofils in der Tendenz bestätigt. Er schreibt, daß die Trennung zwischen Marketing und Werbung überholt sei und daß der Beruf des Werbeleiters oder Werbeberaters durch einen Marketing-Mann oder Produkt-Manager abgelöst werde. [41]

---

[37] Vgl. Poth, L.G., 1977, S. 91 und. Künzel, R., 1970, S. 83 ff. Sie kommt in bezug auf Schulausbildung und Berufsausbildung zu ähnlichen Ergebnissen.
[38] Vgl. Poth, L.G., 1977, S. 92
[39] Vgl. Poth, L.G., 1977, S. 196
[40] Ebenda, S. 98
[41] Vgl. Bergler, R., 1972, S. 13 ff.

Bergler skizziert differierende Ausbildungswege, die nach dem Abitur ein Studium vorsehen, jedoch äußert er sich in bezug auf die Lehrinhalte eines Studiums nicht konkret, sondern beschreibt Fächerkombinationen, die für adäquat gehalten werden und teilweise bereits realisiert sind. [42] In dieser Untersuchung spiegelt sich, so Ellenrieder, die aktuelle Mängeldiskussion wider. [43]

Ein konkreter Lösungsweg für eine idealtypische Ausbildung wird in der Studie nicht aufgezeigt. Die Lösungsmöglichkeiten sind nach Ellenrieder "... zu oberflächlich und hypothetisch. [44]

III. Das Berufsbildproblem

Die Vielfalt des notwendigen Wissens und der notwendigen Kenntnisse erschwert die Fixierung eines "amtlichen" Ausbildungsganges für den Werbefachmann. Hinzu kommt die Schwierigkeit der Frage nach der Gewichtung der einzelnen Disziplinen und deren Verknüpfung untereinander. Anerkannte Berufsbilder gibt es bisher nur für den Werbekaufmann und wenige Spezialberufe der Werbung.

1962 hatte sich der BDW um ein umfassendes Berufsbild bemüht. Es sah eine Aufteilung der Werbeberufe in die Berufe der Werbeführung und die Berufe der Werbeausführung vor. Für diese Berufe schlug der BDW sowohl ein Tätigkeitsbild, ein Leistungsbild und ein Persönlichkeitsbild als auch geeignete Ausbildungswege vor, die nach Art der Vorbildung des angehenden Werbefachmannes gestaffelt sind. Dieses Berufsbild bezieht sich aber lediglich auf den Werbeberater und den Werbeassistenten. [45]

Die weiter anhaltende Forderung nach Lösung der Berufsbildprobleme veranlaßte den ZAW aktiv zu werden. In einem Projekt machte er es sich zur Aufgabe, die Ausbildung an den Werbefachschulen zu fördern. Dazu ließ er 1970 von Zielinski einen "Bericht zur gegenwärtigen Lage der Werbefachschulen in der BRD unter pädagogischem Aspekt" erstellen. Grundlage war eine Bestandsaufnahme der Inhalte und Methoden des Unterrichts an den Werbefachschulen. Hieraus ergaben sich Anregungen zur Entwicklung werbefachlicher Lernprogramme. [46]

---

[42] Bergler, R., 1972, S. 40 und 42
    Bergler fordert Marketing-Lehrstühle oder einen werbewirtschaftlichen Fachbereich
[43] Vgl. Ellenrieder, P., 1978, S. 106
[44] Ellenrieder, P., 1978, S. 106
[45] Vgl. Jaspert, F., 1973, S. 57
[46] Vgl. Zielinski, J. ,1970

21

Aber auch die Werbefachschulen selbst haben in Eigeninitiative Grundlagen für die Schaffung eines Berufsbildes erarbeitet. [47] In Diskussionen und in Zusammenarbeit mit ihren Studierenden und Dozenten haben sie sich mit der Zweckmäßigkeit einzelner Stoffteile auseinandergesetzt. Dies hat bereits zur Änderung der Stoffanteile in den Stundenplänen geführt.

Darüber hinaus sind in der Fachliteratur mehrfach Vorschläge zur Berufsbildlösung unterbreitet worden. Das waren einerseits empirische Untersuchungen wie die Arbeiten von Renate Künzel [48] oder von Ursula Stahl,·[49] Daneben gab es Arbeiten, die dazu beigetragen haben, das Tätigkeitsfeld Werbung durch Beschreibungen transparenter zu gestalten. Dazu zählt u.a. die Publikation von Hannelore Kröter von 1977.

1.   Die Vielfalt der Werbeberufe

Die Vielfalt der der Werbung zuzurechnenden Disziplinen hat eine Vielzahl von Berufsbenennungen und Tätigkeitsfeldern entstehen lassen. Nach einer Analyse von Heck sind es mehr als einhundert. [50] Die unterschiedlichen Benennungen sind einmal Ausdruck dafür, in welchem Bereich die Tätigkeit ausgeführt wird. [51] Aber auch gleiche Tätigkeiten in unterschiedlichen Einsatzgebieten tragen in der Regel andere Berufsbezeichnungen. [52]

Je nach den Grad der Organisation einer Werbeagentur kann der Berater hier z.b. heißen: Kontaktassistent, Junior- oder Senior-Kontakter, Beratungsgruppenleiter. Der "Berater" einer unternehmenseigenen Werbeabteilung ist in der Regel der Werbeleiter. Daneben gibt es noch den selbständigen Werbeberater.

Innerhalb eines Betriebes richtet sich die Berufsbezeichnung danach, ob es sich um einen Groß-, Mittel- oder Kleinbetrieb handelt. Oft werden in Klein- oder Mittelbetrieben Tätigkeitsbereiche zusammengefaßt und mit speziellen Berufsbezeichnungen versehen, während in großen Betrieben Tätigkeitsbereiche auf mehrere Stelleninhaber verteilt werden, die wiederum eigene Bezeichnungen tragen. [53]

---

[47] Vgl. Jaspert, F., 1972, S. 293
[48] Vgl. Künzel, R., 1970
[49] Vgl. Stahl, U., 1983
[50] Vgl. Heck, F., 1982, S. 2622
[51] Vgl. Kröter, H., 1977, S. 25 - 122
[52] Vgl. Ebenda
[53] Vgl. Jaspert, F., 1972, S. 303

Auch die Diversifikation der Leistungen der Werbeagenturen läßt unterschiedliche Berufsbenennungen entstehen. Ob sich die Agenturen mit dem Gebiet der Marketingberatung, mit Forschungs-, Planungs- oder Entwicklungsaufgaben in den unterschiedlichen Bereichen befassen, drücken verschiedene Berufsbezeichnungen aus. [54]

2. Die Vielfalt der Ausbildungswege

Für den Interessenten des Berufsfeldes Werbung bieten sich zahlreiche Ausbildungswege an. Bei der Wahl seiner Ausbildungsprogramme ist er aber weitgehend auf sich selbst gestellt. Er kann sich nicht an einem institutionalisierten Ausbildungsprofil orientieren. Das führt zu Unsicherheiten bei dem Berufsinteressenten, das richtige Ausbildungssystem zu wählen. Ein Werber bezeichnete dies einmal als die Schwierigkeit, den "richtigen Winkel der Abschußrampe zu finden, der für eine richtige Umlaufbahn im Beruf sorgt". [55]

IV. Die Entwicklung der Werbeberufe

Die entscheidenden Vorreiter in der Gesamtentwicklung der Wirtschaftswerbung sind ohne Zweifel in den Vereinigten Staaten tätig gewesen, denn hier waren die moralischen Vorbehalte bei Produzenten, Händlern wie Konsumenten in weit geringerem Maße als in den europäischen Ländern ein Hindernis bei der Ausbreitung der Werbeaktivitäten.

Noch bis ins 20. Jahrhundert hinein wurde im Deutschland von der wissenschaftlichen Seite her harte Kritik an der Werbung geübt. Erst die vielleicht stärksten Phasen der industriellen Entwicklung, die beiden Jahrzehnte um die Jahrhundertwende, begannen der Wirtschaftswerbung den Platz einzuräumen, den sie heute einnimmt. Für den neueren und den neuesten Aufschwung sind mehrere Faktoren wesentlich. Es sind zunächst die sich energisch ausbreitenden Erzeugnisse der sogenannten Massenpresse, dann die aufkommenden Medien Film, Rundfunk und Fernsehen sowie das schnell ansteigende Informationsbedürfnis der einzelnen Menschen in ihrer Eigenschaft als Verbraucher. Diese Nachfrage nach Informationen und Orientierungsmöglichkeiten wurde hervorgerufen durch die wachsende Zahl der Produkte und Dienstleistungen, die eine bald kaum noch überschaubare Fülle des Angebots bewirkten.

---

[54] Vgl. Jaspert, F., 1972, S. 303
[55] Jaspert, F., 1973, S. 54

In einer solchen Situation trat die Funktion der Werbung, Mittler zwischen Angebot und Nachfrage zu sein, deutlich hervor. Die quantitativ wie qualitativ steigenden Anforderungen an die Werbeaktivitäten zogen die allmähliche Strukturierung der gesamten Werbung, ihrer Institutionen und Mitarbeiter, zu einem eigenständigen Wirtschaftsbereich mit eigener Dynamik und eigenen Reglementierungen nach sich. [56]

So wie sich der Bereich der Werbung in den letzten Jahren verändert hat, so fand auch eine Entwicklung der Werbeberufe statt. Anfangs waren die Erwartungen der Wirtschaft an den Werbefachmann noch recht undefiniert. Die Pioniere der Werbung kamen aus den unterschiedlichsten Berufen. Ganz allmählich entstanden dann Werbeberufe. Die Anforderungen sowie die Aufgaben der Werbung dehnten sich aus. Mit neuem Spezialwissen entstanden neue Berufspositionen. Der Zugang zu den Berufen wurde von der Erfüllung neuer Anforderungen abhängig. [57]

Eine besondere Bedeutung hat das Berufsbild für den Ausbildungsberuf des Werbekaufmanns, welches bereits seit 1952 besteht. An der Werbung interessierte Jugendliche wählen als Einstieg in den Werbebereich nicht selten diesen Ausbildungsweg. Von 1952 an hatte das bis zum 31. Juli 1990 (!) gültige Berufsbild keinerlei Veränderungen im Sinne einer Anpassung an die sich wandelnden wirtschaftlichen, organisatorischen und technischen Gegebenheiten erfahren, obwohl gerade die Entwicklung der Werbewirtschaft in den zurückliegenden Jahrzehnten mehr als nur einen Anlaß geboten hätte. [58]

Erst am 1. August 1990 trat eine Verordnung des Bundesministers für Wirtschaft im Einvernehmen mit dem Bundesminister für Bildung und Wissenschaft vom 28. November 1989 in Kraft, die sich den gewandelten Bedingungen von Werbung und werbefachlicher Ausbildung angepaßt hat. [59]

---

[56] Vgl. Bockstahler, K.B., 1973, S. 11
[57] Vgl. Jaspert, F., 1972, S. 296
[58] Vgl. Bundesinstitut für Berufsbildungsforschung, 1981, S. 2
[59] Vgl. das Vorwort der 2. Auflage dieses Buches von 1991, S. VIII

D.   Der Arbeitsmarkt für Werbefachleute

Nach einer Zunahme der Stellenangebote im Arbeitsmarkt Werbung von 1983 auf
1984 um 6 % hatten sich die Offerten 1985 nur noch unwesentlich (um 0,4 %) erhöht. Die Gesamtzahl der vom ZAW ermittelten Stellenangebote lag 1985 bei
3,549. [60]

Eine Dekade später aber, 1994, waren diese Stellenofferten auf 4.370 angestiegen,
also um mehr als 800.

Untersucht man die Stellenanzeigen von 1994 nach der Art der potentiellen Arbeitgeber, so liegen die Offerten der Werbeagenturen mit 57 % an der Spitze. 1985
betrug ihr Anteil erst 34 % (nach den Werbungtreibenden, die 40 Prozent der
Nachfrage aufwiesen). An zweiter Stelle folgen 1994 die Medien mit 24 %. Anbieter
von Waren und Dienstleistungen sind auf den dritten Rang zurückgefallen und
bieten 19 % der offenen Stellen an.

Nach einer vorübergehenden Dominanz der Marketing-Experten in den letzten
Jahren hat die Berufsgruppe der Grafiker wieder die Spitze eingenommen: 26 %
aller Stellenangebote galten dieser Teilgruppe. Allerdings folgen die Marketingleute
(wenn man dazu auch Berater, "Werbefachleute" und Marktforscher rechnet) mit
25 % dicht auf. Die ausgesprochenen Media-Experten sind nach einem Hoch im
Jahre 1993 mit 22 % auf den dritten Platz zurückgefallen. Bei den Medien allerdings hat diese Berufsgruppe (verständlicherweise) wie schon seit Jahren einen
Anteil von rund zwei Dritteln (1994 = 68 %).[61]

Abgesehen von kurzfristigen Schwankungen in den Stellenofferten - sowohl nach
der Anzahl insgesamt, nach den Berufen, als auch nach den suchenden
Arbeitgebergruppen - lassen sich zwei Entwicklungen als genereller Trend
ausmachen: Erstens nehmen die Stellenangebote insgesamt zu (in den letzten 10
Jahren um 23 %) und zweitens deuten die Anteile der drei Arbeitgebergruppen an
den Stellenausschreibungen zunehmend darauf hin, "daß Werbeberufe immer
stärker in Werbeagenturen beheimatet sind." [62]

---

[60] Vgl. ZAW, 1986, S. 2
[61] Vgl. ZAW-Service Nr. 185, Januar 1995, S. 7
[62] Vgl. ebenda

Es sei noch darauf hingewiesen, daß die erfaßten Stellenangebote natürlich nur den Teil des Arbeitsmarktes betreffen, der sich selbst des Mittels der Werbung (nämlich der Personalwerbung) bedient. Über den Umfang der freihändig vorgenommenen Stellenwechsel und auch Berufseintritte von Erstbewerbern liegen keine gesicherten Zahlen vor. Unter Einschluß dieser und anderer der Öffentlichkeit nicht bekannt werdenden Stellenbesetzungen (Direktansprache durch Headhunter ohne Medieninanspruchnahme!) läßt sich der gesamte Stellenbedarf pro Jahr mit sicher mehr als 5.000 Werbefachkräften beziffern.

(Vgl. auch S.127!)

Abb. 1   Offene Stellen für Werbeberufe 1994

Stellenangebote 1994 im Berufsbereich	Anzahl	%	Stellenangebote von			
			werbungtreibenden		Werbe-agenturen	Medien
			Hersteller-unternehmen Anzahl	Dienstleistungs-unternehmen Anzahl	Anzahl	Anzahl
Grafiker	1.157	26	38	73	948	98
Mediaexperte	944	22	12	33	192	707
Marketing / Werbung	387	9	176	89	66	56
Kontakter	382	9	3	13	342	24
Texter	342	8	6	11	295	30
Werbefachmann/-frau	286	7	59	35	148	44
Sekretärin/Assistentin	195	4	-	4	179	12
Werbeassistenten	174	4	25	29	96	24
Werbeproduktion	157	4	8	12	123	14
Schauwerber	139	3	13	121	4	1
Werbeleiter	100	2	42	34	7	17
Hilfskräfte	54	1	-	-	48	6
Agentur-Geschäftsführer	44	1	1	3	37	3
Marktforschung	9	0^x)	3	-	-	6
Zusammen	4.370	100	386 \843/ 457		2.485	1.042
In % vom Gesamt		100	9 \19/ 10		57	24

x) = Weniger als 0,5%

ZWEITER ABSCHNITT

ARBEITSFELD WERBUNG

A. Probleme der Entwicklung eines einheitlichen Berufsbildes für Werbefachleute

Trotz vielseitiger Bemühungen der Berufsverbände, des ZAW und einiger Forschungsinstitute ist es bislang nicht gelungen, für die Tätigkeiten der Werbeführung ein einheitliches Berufsbild zu entwickeln. Wer als Werbeleiter, -assistent oder Werbe-Berater tätig sein will, findet schon bei der Wahl des Ausbildungsweges keine allgemeingültigen Entscheidungskriterien vor.

Bis heute existieren lediglich für den Werbekaufmann und den Schauwerbegestalter sowie für einige Berufe, die nur im weiteren Sinne der Werbung zuzurechnen sind, staatlich anerkannte Berufsbilder. Durch Spezialisierung entstanden aus den Berufen des Fotografen, des Grafik-Designers, des Industrial-Designers und des Psychologen Werbeberufe mit den Bezeichnungen "Werbefotograf", "Werbegrafiker" und "Werbepsychologe" ohne klar umgrenzte Berufsbilder. Bei den übrigen Spezialisten, wie den Mediafachleuten oder den Werbetextern, handelt es sich um breit angelegte, z. T. vage Berufsbilder mit durchlässigen Funktionen.

Die Schwierigkeiten bei der Berufsbildfindung im Bereich der Werbeführung lassen sich nach Jaspert durch unterschiedliche Faktoren erklären. [63]

Ein wesentliches Problem ergibt sich aus dem interdisziplinären Charakter der Werbung. Da zahlreiche Wissenschaften wie die Betriebswirtschaftslehre, die Volkswirtschaftslehre, die Psychologie, die Soziologie oder auch die Statistik eine Grundlage für den Einstieg in die Werbeführung bilden können, ergeben sich unterschiedliche fachliche Qualifikationen, die - in ein gemeinsames Schema gepreßt - lediglich ein "Berufswunschbild" erstellen würden.

Insgesamt ist eine Zunahme in der Spezialisierung der Werbeberufe zu erkennen, wobei ihr Grad mit steigender Betriebsgröße wächst. So werden an die leitenden Werbefachleute je nach Tätigkeitsbereich und Betrieb unterschiedliche Anforderungen gestellt. Während der Werbeleiter einer großen Abteilung vorwiegend eine beratende Funktion einnimmt, wird er innerhalb eines begrenzten Teams von Spezialisten auch ausführende Tätigkeiten verrichten müssen. Diese unterschiedlichen Ansprüche und der hohe Grad an Spezialisierung erschweren ebenfalls die Entwicklung eines "typischen" Berufsbildes für Werbefachleute.

Noch komplexer werden diese Zusammenhänge dadurch, daß sich die führenden Werbefachleute durch eine überdurchschnittliche zwischenbetriebliche, aber auch innerbetriebliche Mobilität auszeichnen, da sie hierin eine Möglichkeit sehen, zusätzliche Erfahrungen zu sammeln und dadurch die hohen Anforderungen ihrer

---

[63] Vgl. Jaspert, F., S. 43 ff.

Branche zu erfüllen. So entstehen sehr unterschiedliche Kombinationen von Karrierestufen, die sich nicht als einheitliches Muster in einem Berufsbild schematisieren lassen.

Die geschilderten Schwierigkeiten lassen erkennen, daß der Zugang zu den meisten Werbeberufen nahezu unbeschränkt möglich ist, zumal bis heute weder für die schulische Vorbildung noch für die theoretische und praktische Ausbildung einheitliche Bestimmungen existieren.

In der Vergangenheit wurden schon vielfach Versuche zur Lösung der geschilderten Probleme unternommen, die sich jedoch bisher nur schwer in die Realität umsetzen ließen. So hat Jaspert schon 1973 vorgeschlagen, ein Grundprogramm von einem "Berufskernbild" für den Werbefachmann abzuleiten, das die allgemeinen übergreifenden Funktionen, Leistungen, Kenntnisse und Fähigkeiten zusammenstellt. Hierauf könnten differenzierte, spezialisierte "Fortbildungsberufsbilder" und zum Teil auch "Kombinationsbilder" eng verwandter Berufe aufgebaut werden. Bisher ist dies jedoch noch nicht geschehen.[64]

---

[64] Vgl. Jaspert, F., 1973, S. 57 ff.

B. Einsatzmöglichkeiten für Werbefachleute

Die Einsatzmöglichkeiten für Werbefachleute oder "Kommunikations-Manager" [65], wie eine mögliche zukünftige Berufsbezeichnung lauten könnte, haben sich gewandelt. Das Berufsbild wird sich den Veränderungen der ökonomischen und außerökonomischen Umwelt anpassen müssen. Die Bereiche des Rezipienten der Werbung werden sich durch "neue" Medien wie Kabelfernsehen, lokale Fernsehprogramme, internationales Satellitenfernsehen ausweiten. Analog sind auch auf der Seite der "Produzenten" von Werbung Veränderungen zu erwarten und schon feststellbar. Darauf weist Heck hin und schreibt: "Bereits heute lassen sich in den USA zwei Lager von Fachleuten ausmachen, die eher auf die Druckmedien orientierten Werbefachleute und die im elektronischen Bereich angesiedelten Spezialisten." [66] Ebenso wird der Umbruch im Bereich der Bürokommunikation, bedingt durch die Entwicklung in der Datenverarbeitung und der Mikroprozessortechnik, Veränderungen im Tätigkeitsfeld "Werbung" hervorrufen.[67]

Und auch der Werbefachmann, der nicht mehr mit Pinsel und Farbe, sondern mit Computer und Programmierung arbeitet, existiert bereits seit Jahren.

Unternehmensintern ist neben der Branchen- und der Umsatzgröße die Organisationsform als Determinante des Einsatzbereiches von Werbefachleuten als wesentlich zu nennen. So ist in der Konsumgüterindustrie die Matrixorganisation dominierend. Entsprechend ist die Einbindung der Werbung in die Organisation. Hingegen ist im Bereich der Investitionsgüterindustrie die Werbeabteilung häufiger als Stabsstelle eingerichtet.

---

[65] Vgl. Kotler, P., 1982, S. 517 f. Er schreibt im Zusammenhang mit der Forderung nach integrierten Kommunikationskonzepten, daß eine solche Konzeption die Einrichtung eines Kommunikations-Direktors als eigenständiger Verantwortungsbereich für alle Anstrengungen eines Unternehmens im Bereich der Kommunikation bedeutet.
Vgl. ebenso Heck, F., 1982, S. 2638
[66] Heck, F., 1982, S. 2638
[67] Vgl. Brepohl, K., 1983, S. 433 ff.

Abb. 2 Tätigkeitsfelder der Werbefachleute

Unternehmensintern		Unternehmensextern (Als Serviceleistung)		
Marketing-Abteilung	Werbe-Abteilung	Werbeagentur		Freie Werbe-berufe (Free-Lancer)
Integrierter Funktionsbereich Werbung	Selbständiger Funktionsbereich Werbung	Full-Service-Agentur	Teil-Service-Agentur Mittlungen Hot Shops usw.	Berater Gestalter Spezialisten

I. Die werbungtreibenden Unternehmen und Institutionen

Zu den Werbungtreibenden zählen Unternehmen wie auch andere Institutionen, z.B. Parteien, Kirchen, Behörden u.a., die Werbebotschaften vermitteln wollen. Für sie ist die Werbung ein Teilbereich ihrer Aktivitäten.

Innerhalb der Gruppe der Werbungtreibenden sind die Unternehmen als wichtigster Faktor anzusehen. Sie sind im Konsumgüter-, Investitionsgüter- oder Dienstleistungsbereich angesiedelt. Ziel ihrer Werbetätigkeit ist es, auf den für sie in Frage kommenden Märkten die Öffentlichkeit planmäßig über die von ihnen angebotenen Waren oder Dienstleistungen zu unterrichten und zugleich das Kaufinteresse zu wecken.

In den werbungtreibenden Unternehmen finden Werbefachleute ihr Tätigkeitsfeld in den Werbeabteilungen, die in den meisten Fällen dem Marketingbereich funktional untergeordnet sind. Je nach Größe des Unternehmens ist eine Werbeabteilung entweder so tief gegliedert, daß Berufsbilder existieren, die denen der Werbeagentur ähneln, oder die Werbeabteilung rekrutiert sich aus wenigen Personen, deren Aktionsradius von administrativen bis hin zu gestalterischen Aufgaben reichen kann.

In aller Regel überwiegen jedoch die koordinierenden, durchführenden und administrativen Tätigkeiten, so daß sowohl Gestaltungsaufgaben als auch Werbemittelstreuung und Teile der Informationsgewinnung und Werbeplanung an unternehmensexterne Organe delegiert werden.

Die Beantwortung der Frage, ob und wie ein Unternehmen eine eigene Werbeabteilung einrichtet, hängt von unterschiedlichen Einflußfaktoren ab, vor allem von der Notwendigkeit ständiger Werbemaßnahmen für bestimmte Produkte. In früheren Untersuchungen wurde bereits herausgefunden, daß Größe und Aufbau der Abteilung von der Unternehmensgröße und vom Geschäftszweig abhängen. [68] Während bei vielen Unternehmen schon ein einziger Fachmann mit einer Schreibkraft die Werbeabteilung repräsentiert, gibt es andere mit einigen hundert Mitarbeitern.

Alle Funktionsbereiche der Werbung zu intensivieren, wird für die meisten Unternehmen zu teuer sein. Auf der anderen Seite bedeutet die vollständige Delegation nach außen eine ständige Abhängigkeit.

Organisatorisch sind die Werbeabteilungen in der Regel entweder direkt der Geschäftsleitung oder der Marketingleitung unterstellt, wobei insbesondere die Markenartikelindustrie in den letzten Jahren zum Organisationsschema der sogenannten "Marketingorganisation" übergegangen ist.

Die Tätigkeit der Werbeabteilung läßt sich grundsätzlich in folgende Phasen gliedern: [69]

- Werbevorbereitung

- Werbegestaltung

- Werbedurchführung

- Werbekontrolle.

Die Erledigung dieser werblichen Aufgaben kann entweder in der eigenen Abteilung erfolgen; sie kann aber auch ganz oder teilweise von einer fremden Institution (= Werbeagentur) übernommen werden.

---

[68] Vgl. Damrow, H., 1973, S. 392
[69] Vgl. Weeser-Krell, L., 1994, S. 135 ff.

33

Abb. 3 Organisatorische Einordnung des Bereichs Werbung im Unternehmen

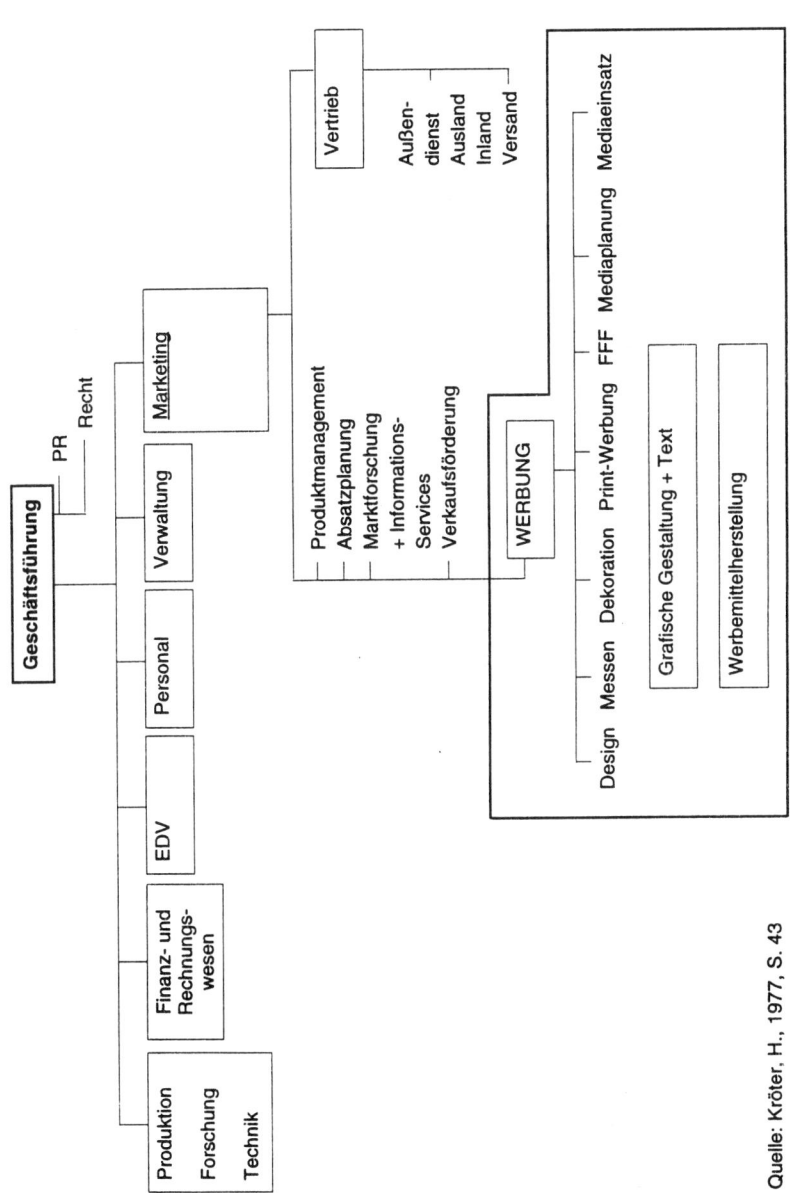

Quelle: Kröter, H., 1977, S. 43

II.   Die Werbeagenturen

In den rund 1.000 in der Bundesrepublik im Handelsregister eingetragenen Werbeagenturen sind ca. 20.000 Personen beschäftigt. Genaue Angaben lassen sich
nicht machen, da für diesen Sektor keine Statistiken vorliegen. [70]

Fest steht jedoch, daß in den 100 größten deutschen Agenturen 1984 insgesamt
7.500 Mitarbeiter tätig waren. [71] Das entspricht ungefähr einem Drittel aller in dieser Branche Beschäftigten und stellt die bedeutende Rolle der großen Agenturen
als Arbeitgeber für werbefachliche Kräfte heraus.

Die Umsatzentwicklung, die mitunter als ein Indikator für die Stabilität der Arbeitsplätze anzusehen ist, zeigt sich im Bereich der Agenturen auf den ersten Blick
mit einem deutlich über der Gesamtwirtschaft liegenden Wachstum.

Dieses Wachstum bestätigt im übrigen die grundsätzliche Bereitschaft der Wirtschaft, auch bei gesamtwirtschaftlich zurückhaltenden Entwicklungen in die Werbung zu investieren und sich bei der Festlegung ihres Werbebudgets weniger an
Kosten- und Umsatzentwicklung zu orientieren, sondern an langfristigen Markt-
notwendigkeiten.

Bei näherer Betrachtung stellt man allerdings fest, daß die Umsatzentwicklungen
mit einem überproportionalen Kostenanstieg einhergingen. Hierzu gehören
maßgeblich die Personalkosten, die zwei Drittel der Gesamtkosten bei
Werbeagenturen ausmachen. [72] Eine Verbesserung der Rentabilität ist daher am
Rationalisierungserfolge geknüpft. Dem sind jedoch enge Grenzen gesetzt, da sich
an der hohen Personalausstattung einer Agentur wenig ändern läßt. Dies führt
dazu, daß bei der Einstellung neuer Arbeitnehmer und der Beschäftigung freier
Mitarbeiter zurückhaltend agiert wird.

Unter die Gruppe Werbeagenturen fallen auch Unternehmen, die sich nur mit
Teilaspekten der Werbung befassen. Hierzu zählen:

(1) Werbungsmittlungen. Das sind Unternehmen, die die Streuung von Werbemitteln planen und durchführen. [73] Zunächst lag ihr Aufgabenbereich als Annoncen-
expedition in der Vermittlung fertiger Anzeigen an die entsprechenden Werbeträger
(z.B. Zeitschriften, Zeitungen).

---

[70] Vgl. Heck, F., 1982, S. 265; Damm, C., 1979, S. 13
[71] Vgl. Der Kontakter, 1984, S. 6
[72] Vgl. ZAW, 1984/1, S. 266, ZAW-Service Nr. 120, 1984, S. 13
[73] Vgl. Kaiser, A., 1980, S. 28

Durch die Erweiterung ihrer Tätigkeit auf andere Medien nennt man sie heute Werbungsmittlungen. Den Werbungtreibenden bringt die Inanspruchnahme einer Werbungsmittlung den Vorteil, nur mit einer Stelle, statt mit einer Vielzahl von Werbeträgern, arbeiten zu müssen.

(2) Werbeberatungen. Hierunter werden kleinere Unternehmen oder Freiberufler erfaßt, die dem Werbungtreibenden bei Problemen in der Werbung, im Vertrieb oder generell im Marketing beratend zur Seite stehen. Oft sind sie auf bestimmte Branchen spezialisiert. Ihre Aufgabe besteht weniger in der ausführenden und kreativen, als vielmehr in der koordinierenden und konzeptionellen Tätigkeit, wie Erarbeitung von (Werbe-)Konzeptionen, Vergabe und Überwachung der bei der Werbedurchführung erforderlichen Tätigkeiten und Überwachung des Werbeerfolges. Sie müssen wissen, auf welchem Stand die Entwicklung in den einzelnen Fachgebieten ist, um nicht nur richtig und gut zu beraten, sondern auch die entsprechenden Spezialisten wie Grafiker, Texter, Fotografen usw. für Einzelleistungen heranzuziehen. [74]

(3) Gestalter und Hersteller von Werbemitteln. Bei der Gestaltung und Herstellung von Werbemitteln können die Dienste einer Vielzahl von Spezialisten in Anspruch genommen werden. Zu dieser Gruppe gehören Grafik-Designer, Texter, Fotografen, Druckereien, Drehbuchautoren, Tonstudios, Filmateliers, Dekorationsbetriebe und Betriebe, die die Gestaltung von Messeständen übernehmen. [75]

1. *Art und Wesen einer Werbeagentur*

Der Begriff Werbeagentur hat seinen Ursprung im amerikanischen "Advertising Agency". Da er in seinem Inhalt weder rechtlich noch tatsächlich fest umrissen ist, finden sich in der einschlägigen Literatur eine Reihe unterschiedlicher Definitionen. [76] "Aufgrund überwiegender Verkehrsauffassung lassen sich Werbeagenturen jedoch als Erwerbsunternehmen definieren, die gegen Entgelt auf Grund ständiger Betrauung andere Unternehmen oder Institutionen (Werbungtreibende) in Fragen der Werbung und Absatzförderung beraten und für diese die einheitliche Planung, Gestaltung Streuung und Kontrolle ihrer Werbung übernehmen."

Zu den Medien stehen die Agenturen in einem eigenen Auftragsverhältnis, da sie die von ihnen gestaltete Werbung im eigenen Namen streuen. [77]

---

[74] Vgl. Hancken, K., 1973/1, S. 130 ff.; Hartwig, H., 1975,
    S. 33 ff.; Weeser-Krell, L., 1977, S. 105
[75] Vgl. Kaiser, A., 1980, S. 28
[76] Vgl. Weger, E.R., 1966, S. 102 ff.; von Rohrscheidt, G., 1975, S. 347
[77] Von Rohrscheidt, G., 1975, S. 347

Wenn Werbeagenturen ein umfassendes Leistungsangebot offerieren, das sich in der Erforschung des Marktes von der Gestaltung der Werbemittel und Überwachung ihrer Produktion bis zur Werbemittelstreuung und Werbeerfolgskontrolle erstreckt, so spricht man von "Full-Service-Agenturen".[78]

Je nach ihrem Einsatzgebiet kann man Werbeagenturen auch in "Universalagenturen" und "Spezialagenturen" unterteilen. Universalagenturen übernehmen Aufgaben aus unterschiedlichsten Bereichen und nehmen zu ihrer Lösung alle relevanten Medien in Anspruch. Spezialagenturen beschränken ihre Werbedienste auf bestimmte Branchen oder Medien.[79]

2. *Die Struktur einer Werbeagentur*

Aufgrund der vielschichtigem Aufgaben, des unterschiedlichen Einsatzbereiches und der Größe einer Werbeagentur gibt es kein festes Organisationsschema einer Agentur. Grundsätzlich findet man in einer Full-Service-Agentur jedoch fünf Hauptabteilungen, deren Funktion hier am Beispiel eines Organisationsschemas dargestellt werden soll, das nach dem Liniensystem strukturiert ist.[80]

a) Die Werbevorbereitung

Zur Abteilung Werbevorbereitung zählt man die Bereiche Dokumentation, Archiv, Bibliothek und Information. Sie sind hauptsächlich damit beschäftigt, sekundärstatistisches Material für die umworbenen Produkte bereitzustellen. In den Bereichen Markt- und Motivforschung werden in der Hauptsache qualitative und quantitative Primäruntersuchungen durchgeführt.

Eine weitere Aufgabe der Werbevorbereitung ist die allgemeine Marketingberatung. Der Kunde wird in bezug auf die Marketingprobleme seines beworbenen Produktes (z.B. bei preis-, produkt- oder absatzpolitischen Problemen) beraten.[81]

[78] Vgl. ebenda, S. 352 f.
[79] Vgl. Weeser-Krell, L., 1994, S. 174 ff.
[80] Vgl. Huth, R./Pflaum, D., 1980, S. 38
[81] Vgl. Huth, R./Pflaum, D., 1980, S. 39 f., Weger, E.R., 1966, S. 153 ff.

b) Die Kundenberatung (Kontakt)

Der Beratungsbereich, auch Kontakt oder Account Service genannt, stellt das Bindeglied dar zwischen dem Kunden und den Hauptabteilungen der Agentur. Eine Etatdirektion besteht aus einem Etatdirektor, dem mehrere Kontakter unterstellt sind.

Der Etatdirektor ist neben der Koordination seiner Arbeitsgruppe häufig auch auf der Ebene der Geschäftsleitung für die Grundsatzfragen mehrerer Auftraggeber zuständig. Der Kontakter wiederum steht mit der Marketingabteilung des Auftraggebers in Verbindung, um mit ihr die einzelnen Stufen der Werbekampagne durchzusprechen.

Intern koordiniert der Kontakter oder Berater die für den Auftrag eingesetzten Spezialgruppen und steuert den Ablauf der einzelnen Arbeitsphasen. Er hat dafür zu sorgen, daß die Kundenwünsche termin- und sachgerecht umgesetzt werden.

c) Die Gestaltung und Produktion

Zu den Hauptaufgaben der Gestaltungsabteilung, auch Creativ-Abteilung oder Creative Service genannt, zählen die Gestaltungsfunktionen (Konzeption und Ausführung) und die Produktionsfunktionen (z.B. Herstellung der konzipierten Werbemittel bis zur Schaltreife). Die konzeptionelle Arbeit wird überwiegend von der Grafik- und Textabteilung erledigt.

Bei der Produktion der Werbemittel werden in der Abteilung "Layout" Texte und Bilder zu fertigen Anzeigen zusammengefügt. Das Typo-Studio ist für die Auswahl der Schrifttypen und deren Größe verantwortlich. Reproduzierfähige, d.h. druckfähige Vorlagen werden, je nach der Aufgabenstellung, vom Fotostudio oder der "Reinzeichnung" geliefert. Die Gestaltung und Produktion von Spots übernimmt die Film, Funk-, Fernsehabteilung, kurz FFF-Abteilung genannt. Sie steht außerdem in engem Kontakt zu Filmproduktionsgesellschaften und zu Tonstudios.

Die Abteilung Art Buying hat die Aufgabe, freiberufliche Gestaltungskräfte (Free Lancer) wie Texter, Grafiker, Fotografen, Models etc., auszuwählen und zu verpflichten.

Die Produktionsabteilung produziert zwar im engeren Sinne nicht selbst, sie ist jedoch nach der Gestaltung der Werbemittel für die anschließende Produktion verantwortlich; d.h. sie wählt die Lieferanten aus, bestellt den Satz für gedruckte Werbemittel, kontrolliert die Qualität von Anzeigen vor und nach dem Erscheinen und prüft schließlich die anfallenden Rechnungen.

38

Abb. 4   Organisation einer Full-Service Agentur

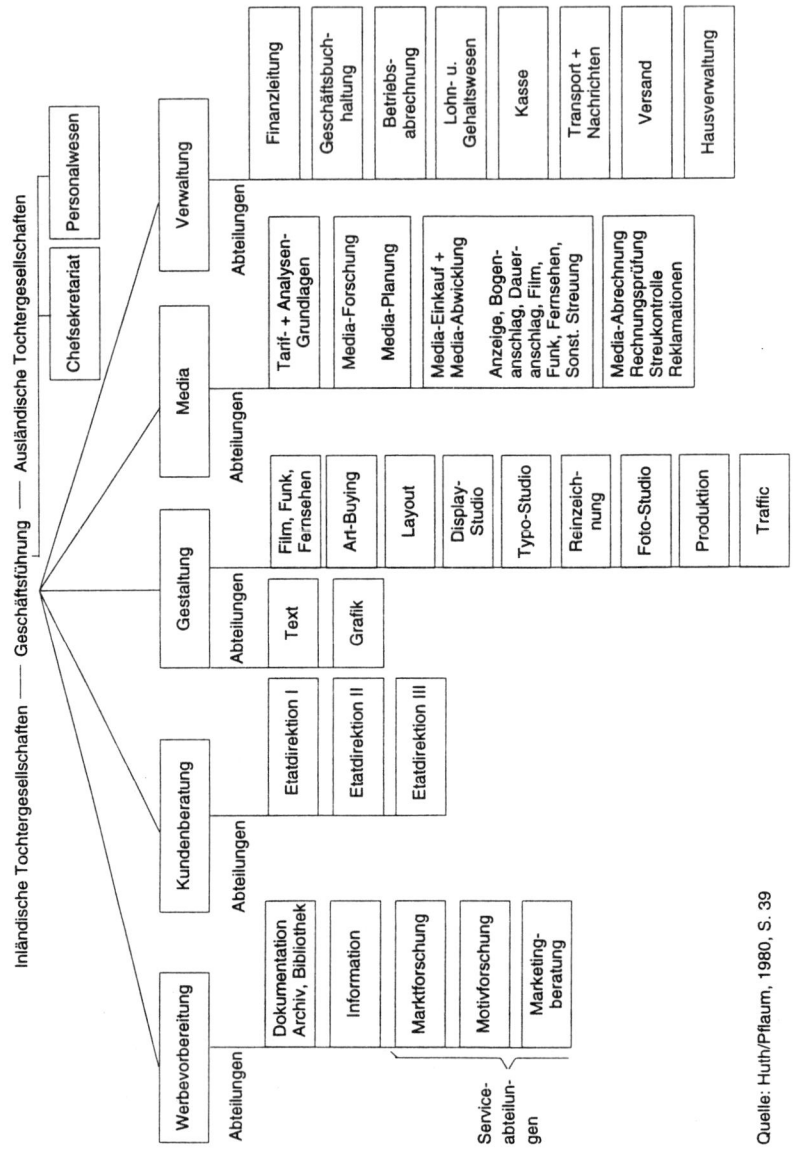

Quelle: Huth/Pflaum, 1980, S. 39

Die Abteilung Traffic hat die Funktion einer Arbeitsablaufs- und Terminkontrolle. Sie sorgt dafür, daß die Termine gegenüber den Kunden und von Seiten der Lieferanten eingehalten werden.

Das Display-Studio ist für den Entwurf von überwiegend dreidimensionalen Werbemitteln zuständig, wie etwa Verkaufsständer, "Stumme Verkäufer" usw. [82]

d) Die Media-Abteilung

Hauptaufgabe der Media-Abteilung ist es, die von der Agentur gestalteten Werbemittel zur richtigen Zeit in den geeigneten Medien erscheinen zu lassen. Zu den wichtigsten Unterabteilungen gehören die Media-Forschung sowie die Media-Planung, in der die Auswahl und Terminierung vorgenommen wird. Weiterhin sind noch der Media-Einkauf und die Media-Abwicklung zu erwähnen, die die kaufmännisch-organisatorischen Tätigkeiten übernehmen.

e) Die Allgemeine Verwaltung

In diesem Bereich sind alle administrativen Arbeiten der Werbeagentur wie in jedem Unternehmen zusammengefaßt.

3. Der Arbeitsablauf in der Werbeagentur

Im folgenden wird eine denkbare Vorgehensweise geschildert. Natürlich gibt es von Agentur zu Agentur Abweichungen. Das Beispiel stellt also keinesfalls das einzig mögliche oder einzig richtige Vorgehen dar, sondern nur eine Variante. [83]

Die Agenturarbeit läßt sich in vier aufeinanderfolgende Phasen gliedern:

(1) die Planungsphase

(2) die Gestaltungsphase

(3) die Durchführungsphase

(4) die Kontrollphase.

---

[82] Vgl. Huth, R./Pflaum, D.,1980, S. 40; Strauf, H., 1959, S. 36 ff.; Weger, E.R., 1966, S. 57; Weeser-Krell. L.,1994, S. 182 ff.
[83] Vgl. Weeser-Krell, L., 1994, S. 185 ff; auch: Heuer, G.--F., 1978, Heymans, D., 1982

a) Planungspase

Die Planungsphase beginnt im Falle eines Neugeschäfts, d.h. wenn es sich um einen Auftrag einer Firma handelt, die bisher nicht Kunde der Agentur war, mit dem Acquisitionsgespräch zwischen Kunde und Agentur; im Falle der Übernahme eines weiteren Etats durch die Agentur neben bereits bestehenden Etats derselben Kundenfirma mit den ersten Vorbesprechungen.

Mit der Auftragserteilung erhält die Agentur alles Wissenswerte über den Markt, die Konkurrenz, die Kundenfirma, das Produkt. Dies bezeichnen wir als Input der Informationen oder Agentur-Briefing.

Auf der Basis dieser Unterlagen beginnen die Bereiche Werbevorbereitung und Beratung parallel und gleichzeitig in ständiger Abstimmung mit der Arbeit. Die Werbevorbereitung analysiert und verwertet die eingegebenen Unterlagen und ergänzt sie durch Erkenntnisse aus eigenen Quellen. In der Kontakt- oder Beratungsgruppe werden währenddessen etwaige werbliche Input-Eingaben des Kunden auf ihre Realisierbarkeit geprüft.

Beide Abteilungen zusammen erarbeiten unter Federführung der zuständigen Beratungsgruppe eine Dreiheit von schriftlich fixierten Unterlagen: Die Marketingplattform, die Werbekonzeption, die Mediastrategie.

In der Marketingplattform - sie fußt häufig auf bereits sehr konkreten Ausführungen des Kunden, die er bei der Auftragsvergabe mitgeteilt hat - wird die gesamte Marktsituation dargestellt und der absatzwirtschaftliche Hintergrund für die geplante Werbung geschildert. Die Marketingplattform enthält alle verfügbaren Angaben über den Konsumenten, die Konkurrenz, die Vertriebswege, die Werbestrategien und Werbekonzeptionen der Konkurrenz, und zwar meist als Übersicht über die jüngere Vergangenheit bis hin zur Darstellung des aktuellen Standes.

Die Werbekonzeption ist aus der Marketingplattform abgeleitet und befaßt sich im engeren Sinne mit dem an die Agentur erteilten Werbeauftrag. Die Werbekonzeption nennt das Werbeziel, sie enthält Angaben darüber, was in der Kampagne gesagt werden muß und wie es gesagt werden kann. Wichtigstes Element der Werbekonzeption ist die kreative Idee, der werbliche Aufhänger.

Die Mediastrategie nennt schließlich die einzuschlagenden Werbewege, um die Konzeption an die Verbraucher, an die Zielgruppe, heranzutragen. Diese Strategie führt die einzusetzenden Werbeträger auf, sie kennzeichnet deren räumliche und zeitliche Inanspruchnahme. Dies wird in grafischen Übersichten detailliert dargestellt.

Abb. 5   Arbeitsablauf in der Agentur (I) Planungsphase

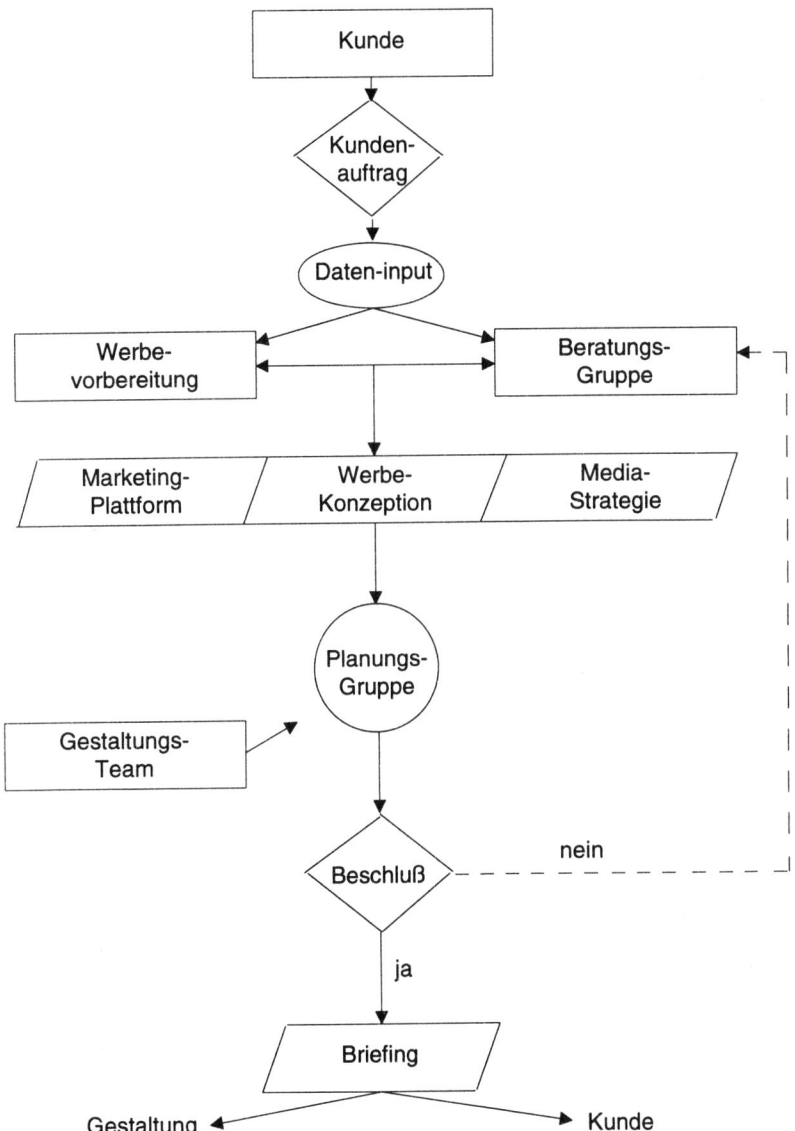

Bei der Besprechung der Werbekonzeptionen werden bereits in diesem Stadium kreative Mitarbeiter herangezogen, die für die Aufgabe eingesetzt werden sollen. Dadurch ist es möglich, gestalterische Sackgassen zu vermeiden.

Die Planungsgruppe beschließt, ob die drei Ausarbeitungen in der vorgelegten Form akzeptiert werden oder nicht. Im letzteren Fall wird die Arbeit an Beratungsgruppe und Werbevorbereitung zur neuerlichen Ausarbeitung zurückgegeben. Ist der Beschluß dagegen positiv, d.h. werden die vorgelegten Papiere akzeptiert, so hat die Beratungsgruppe das "interne Briefing" auszuarbeiten, eine kurzgefaßte Gestaltungsanweisung, die die Grundlage für die gesamte kreative Arbeit darstellt.

b) Gestaltungsphase

Mit der Fertigstellung dieses Briefings beginnt die eigentliche Gestaltungsarbeit in der Agentur. Das Briefing geht an das Gestaltungsteam (Texter und Grafiker). Das Gestaltungsteam erarbeitet nun in enger Zusammenarbeit mit der zuständigen Beratungsgruppe eine Gestaltungskonzeption. Gleichzeitig entwickelt es Ideen für die gestalterische Umsetzung der Konzeption in die einzelnen Werbemittel wie z.B. Anzeigen, Plakate, Fernsehspots, Funkspots, Kinofilme, Verkaufsförderungsmittel, Direktwerbemittel.

Aus der Gesamtheit der Werbemittel entsteht schließlich die Werbekampagne. Sie wird in einer internen Präsentation zur Diskussion gestellt, ehe sie dem Kunden vorgelegt wird. Bei der internen Präsentation entscheidet die Agenturspitze über etwaige Änderungen, die per Beschluß der Beratungsgruppe zur weiteren Veranlassung bekanntgegeben werden. Insoweit beginnt die Gestaltungsarbeit dann wieder von vorn. Wenn der Beschluß positiv ausfällt, wird die Kampagne zur Kundenpräsentation freigegeben.

c) Durchführungsphase

Mit der Präsentation vor den Kunden beginnt die Durchführungsphase der Werbearbeit. Die Kundenberatung vereinbart mit dem Kunden eine Präsentation, die entweder in der Agentur oder im Haus des Kunden stattfindet. Dabei entscheidet das zuständige Gremium, z.B. die Marketingleitung der Kundenfirma, über den Einsatz der Kampagne.

43

Abb. 6   Arbeitsablauf in der Agentur (II) Gestaltungsphase

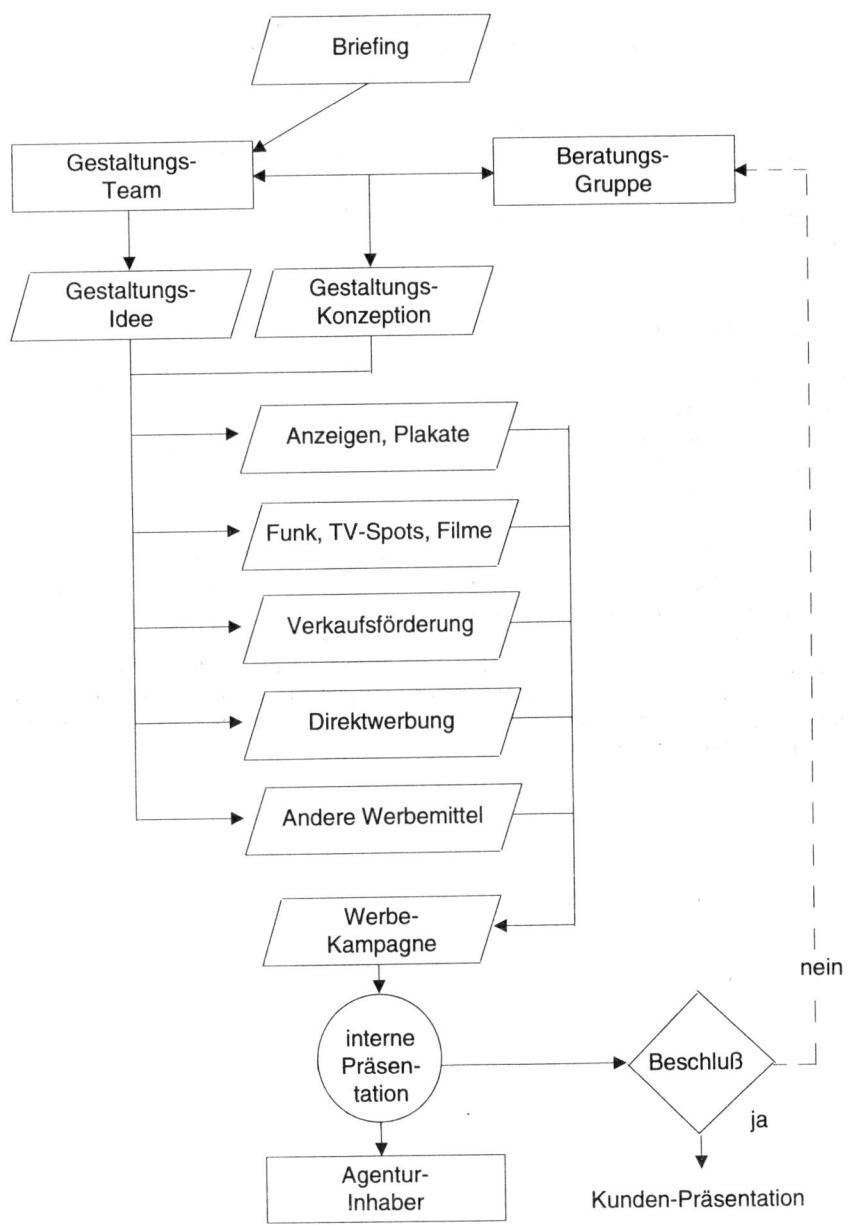

Im negativen Fall wird die Kampagne unter Angabe der nötigen Modifikationen an die Agentur zurückgegeben. Im positiven Fall, wenn keine grundsätzlichen Einwendungen mehr erhoben werden, werden die die Kampagne darstellenden Werbemittel nun in eine reproduktionsreife Form gebracht, d.h. die Kampagne wird produziert.

Unter Federführung der Kundenberatungsabteilung arbeiten Gestaltungsteam und Reinzeichnung sowie Produktion die Werbemittel aus. Die Streuungs- oder Mediaabteilung schließlich sorgt auf der Basis der Mediastrategie für die Streuung der Werbemittel im Markt. Die Kampagne läuft; informationstheoretisch könnte man sagen, der Output setzt ein.

d) Kontrollphase

Wie kann man nun zur Werbekontrolle kommen? Die Reaktion des Marktes bringt auch eine für die Werbung verwertbare Rückkopplung. Das "Feedback" kann bestehen aus Reaktionen des Kaufverhaltens, aus Rückmeldungen des Außendienstes der Kundenfirma und schließlich aus Reaktionen der Verbraucherschaft, ermittelt durch Meinungsumfragen.

Das Feedback führt zu einer Resonanz in Form einer Werbekontrolle. Sofern die Rückäußerungen durchweg positiv sind, werden sie als unmittelbare Erfolgsmeldungen über die Kundenberatung den Kunden zugeleitet. Gibt das Feedback zu Änderungen der Kampagne Anlaß, wird die Kampagne geändert, und die nötigen Modifikationen werden dem Kunden zur Entscheidung vorgelegt. Nach der solcherart veranlaßten Änderung beginnt der Kreislauf wieder von vorne, das Gestaltungsteam arbeitet die Änderungen aus, und schließlich werden die Werbemittel in der neuen Fassung gestreut.

Abb. 7 Arbeitsablauf in der Agentur (III) Durchführungs- und Kontrollphase

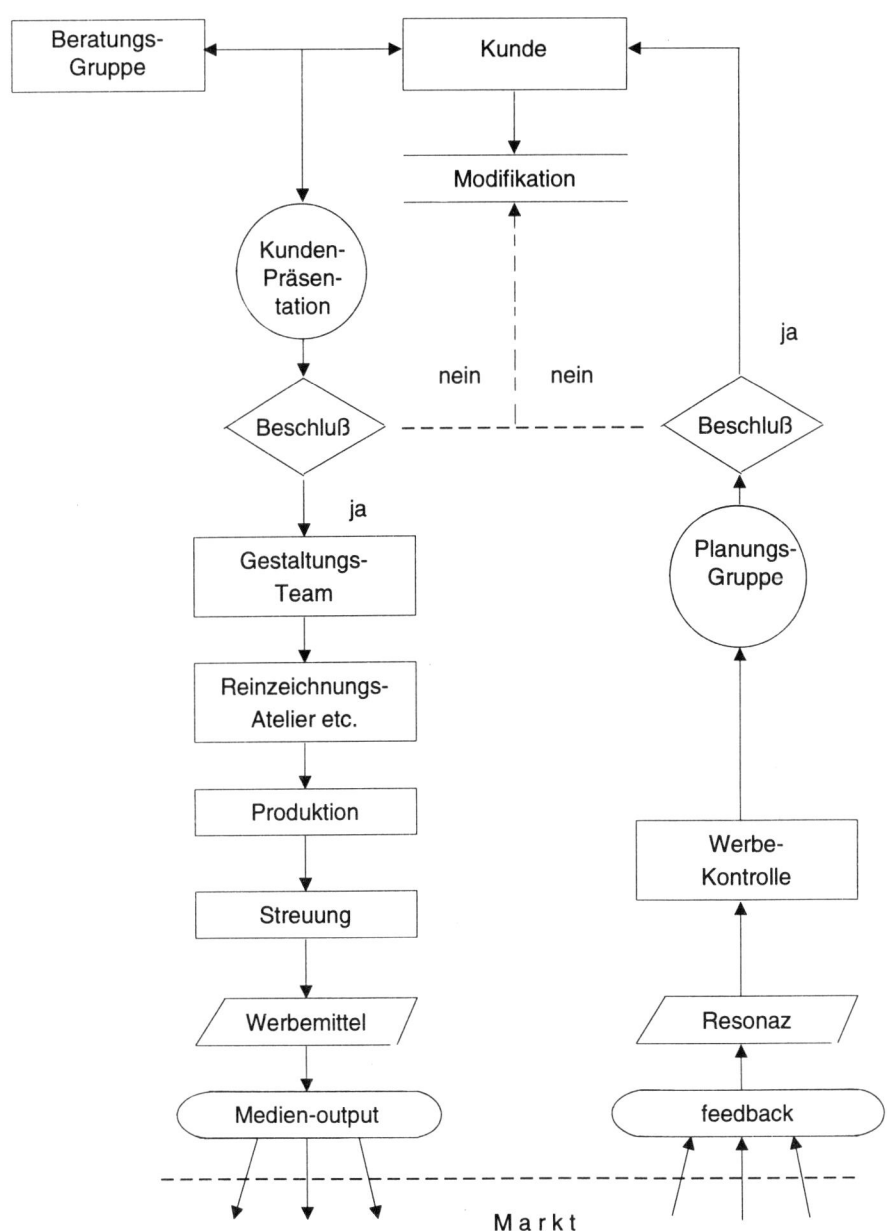

III. Die werbungdurchführenden Unternehmen (Werbeträger)

Zu den Werbeträgern gehören jene Unternehmen, die durch den Einsatz von Werbemitteln und Werbemöglichkeiten jeder Art Werbung für andere durchführen, wie z.B. Zeitungen, Zeitschriften, Rundfunk und Fernsehen. [84]

Die wichtigsten werbungdurchführenden Unternehmen sind, in der Reihenfolge ihres Werbeumsatzes, die Presse (Zeitungen, Zeitschriften), Fernsehwerbung, Direktwerbung (Prospekte, Kataloge). Die Rolle der übrigen Werbeträger (Adreßbuchwerbung, Hörfunkwerbung, Außenwerbung, Filmtheaterwerbung) ist vergleichsweise gering. Abb. 8 verdeutlicht diese Relationen.

1. Zeitungs- und Zeitschriftenverlage als typische Vertreter von Werbeträgern

Angesichts der Tatsache, daß die Zeitungs- und Zeitschriftenverlage die mit Abstand bedeutendste Rolle spielen, schien es gerechtfertigt, die Analyse der Werbeberufe bei den Werbungtreibenden Unternehmen auf die Zeitungs- und Zeitschriftenverlage zu beschränken. Dies war um so eher angebracht, als die Situation bei einigen anderen Werbeträgern ähnlich ist, andererseits bei einer weiteren Gruppe von Werbeträgern dagegen aus strukturellen Gründen sich ein Problembewußtsein zum Thema werbefachliche Ausbildung bzw. Werbeberufe gar nicht erst stellt.

Bei den Verlagen hat die Werbung zwei Zielgruppen: Die erste umworbene Gruppe ist die Bevölkerung als Käufer der Verlagsobjekte. Innerhalb dieser Eigenwerbung der Verlage treten im Prinzip die gleichen akquisitorischen Tätigkeiten auf wie bei allen Werbungtreibenden.

Die zweite, von der Bedeutung her wesentlich wichtigere Zielgruppe, sind die Inserenten und/oder deren werblicher Beistand. Da die Haupteinnahmequelle der Verlage in den Anzeigenerlösen (60 - 90 % aller Einnahmen) besteht, gilt das besondere Interesse dem Anzeigenaufkommen. Die Gruppe der Anzeigenraumverkäufer, d.h. Kundenberater und Repräsentanten spielt hier eine sehr wichtige Rolle. [85] Eine Besonderheit der Werbungdurchführenden liegt in deren Aktivitäten auf dem Gebiet der Markt- und Mediaforschung.

---

[84] Vgl. Kopsch, H., 1975, S. 319
[85] Vgl. Martino, D., 1970, S. 311

Durch Marktinformationen wie Werbestatistiken, Entwicklungsindizes und durch repräsentative Untersuchungen des Mediums (Reichweitenuntersuchungen, Werbewertanalysen) wird versucht, Aufträge zu gewinnen. Bemerkenswert sind auch Serviceleistungen, die sich mit den Märkten der Inserenten befassen.

Abb. 8 Anteile der Medien am Netto-Werbeumsatz 1994

Medien	in %		
Tageszeitungen	31		
Wochen und Sonntagszeitungen, Supplemente, Anzeigenblätter	10		
Publikumszeitschriften	10		
Fachzeitschriften	7		
Presse insgesamt		58	
Fernsehwerbung		16	
Direktwerbung		13	
Adreßbuchwerbung	6		
Hörfunkwerbung	3		
Außenwerbung	3		
Filmtheaterwerbung	1		
Sonstige		13	
Zusammen		100	

Quelle: Nach "Werbung in Deutschland '95", S. 13

2. Werbefachliche Tätigkeiten im Verlagsbereich

Nebeneinander bestehen die Abonnentenwerbeabteilung und die Anzeigenver-
kaufsabteilung. In einigem Verlagen ist die Einrichtung der Werbeabteilung nicht
verlagsintern organisiert. In solchen Fällen übernehmen Werbeagenturen die
werblichen Aufgaben der Zeitungs- und Zeitschriftenverlage.

Werbefachleute aller Disziplinen finden in den Werbeabteilungen der Zeitungs- und
Zeitschriftenverlage - und in der letzten Zeit auch der (privaten) Fernsehsender -
ein umfangreiches Betätigungsfeld.

C.   Werbeberufe in werbungtreibenden Unternehmen

Unter werbungtreibenden Unternehmen versteht man solche, die auf den für sie in Frage kommenden Märkten die Öffentlichkeit planmäßig über die von ihnen angebotenen Waren und Dienstleistungen unterrichten. Alle hierzu gehörenden Hersteller-, Handels- und Dienstleistungsunternehmen bieten dem Werbefachmann ein mehr oder weniger breites Betätigungsfeld. Die Größe einer Werbeabteilung ist nicht nur abhängig von der Größe des Unternehmens und der Branche, sondern sie richtet sich auch nach Art und Umfang der Werbung. Hierbei gibt es folgende Möglichkeiten:

(1)   Ein Unternehmen wirbt viel und umfangreich, wobei fast alles selbst ausgeführt wird. In diesem Fall ist die Abteilung den Aufgaben entsprechend gut ausgebaut. Es handelt sich bei größeren Unternehmen praktisch um eine eigene Agentur.

(2)   Im zweiten Fall ist der Werbeumfang ebenfalls bedeutend. Hier bedient sich das Unternehmen jedoch der Hilfe einer Werbeagentur. Die eigene Abteilung wird klein gehalten, wobei es sich oft sogar nur um eine reine Kontakt- bzw. Kontrollstelle handelt.

(3)   Bei allen Betrieben mit verhältnismäßig wenig werblichen Maßnahmen findet man ebenfalls nur eine geringe personelle Besetzung der Abteilung. Vielfach werden die anfallenden Werbeaufgaben auch von der Geschäftsleitung oder einer anderen Stelle mit erledigt.

Der werbliche Personalbedarf richtet sich also nach verschiedenen Faktoren und schwankt dabei von der Ein-Mann-Abteilung bis zu 100 und mehr Mitarbeitern.

Bei kleinen und mittleren Werbeabteilungen dreht sich alles um den Mann (oder die Frau), der verantwortlich für die gesamte Werbung eines Unternehmens ist, den Werbeleiter. Zur Erleichterung seiner Aufgaben, die vom der Planung über die Durchführung bis zur Kontrolle reichem, hat er meistens einen Werbeassistenten zur Seite. Je nach Art und Umfang der Werbung sind noch technische und gestaltende Kräfte vorhanden. Wer z.B. viel Prospektwerbung macht, braucht Texter und Fotografen. Wer an Messen teilnimmt, hat eine Ausstellungsgruppe. Allgemein gültige Regeln gibt es nicht. Der jeweilige Bedarf bestimmt die Anzahl und Art der Werbeleute.

50

Abb. 9   Organisatorische Einordnung des Bereichs Werbung im Verlag

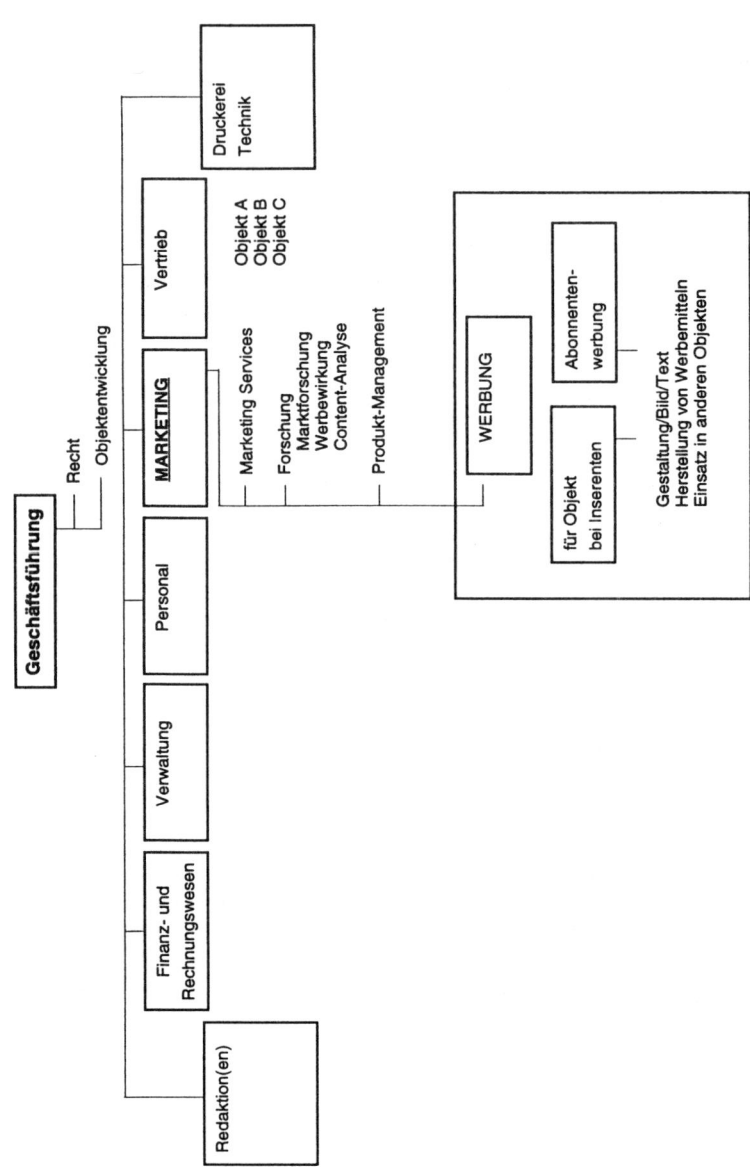

Quelle: Kröter, H., 1977, S. 42

I. Der Werbekaufmann

Für den Beruf des Werbekaufmanns gibt es ein anerkanntes, festumrissenes Berufsbild, worin die Ausbildung, die Aufgaben und Tätigkeiten festgelegt sind.

Der Arbeitsbereich erstreckt sich auf alle Unternehmen der Werbewirtschaft. In der betrieblichen Werbeabteilung wird der Werbekaufmann zunächst als Assistent eingestellt. Später hat er die Möglichkeit, sich als Sachbearbeiter zu profilieren, der z.B. mit Verlagen und Rundfunkanstalten verhandelt sowie als Arbeits- und Gesprächspartner der beauftragten Werbeagentur fungiert. Ein Werbekaufmann, der nach seiner Ausbildung zusätzliche Aus- und Fortbildungsmöglichkeiten wie den Besuch einer Werbefachschule nutzt und die entsprechende persönliche Qualifikation für eine leitende Tätigkeit aufweist, kann sogar die Position des Werbeleiters einnehmen.

II. Der Werbeleiter

Die Funktion des Werbeleiters besteht in der Führung der Werbeabteilung, die eine fach- und betriebsgerechte Abstimmung sämtlicher Werbemaßnahmen der Unternehmung zum Ziel hat. Er ist also Berater der Unternehmensleitung in allem Werbefragen. Im Zuge der Integration der Werbung in die Marketingkommunikation hat der klassische Werbeleiter etwas an Bedeutung verloren. Die Zahlen sind rückläufig, da manche Unternehmen dazu übergegangen sind, dem Marketingleiter die Führungsposition zu übertragen.

Folgende Aufgaben fallen in den Bereich des Werbeleiters bzw. der hierfür verantwortlichen Person:

(1)   Er muß sich ständig mit der Entwicklung und den Tendenzen der betreuten Produktgruppen auseinandersetzen.

(2)   Er ist verantwortlich für die Entwicklung der Werbeziele, der Werbestrategie und der dazugehörigen Konzeptionen oder ist maßgeblich daran beteiligt.

(3)   Er muß die Werbeplanung und das Budget vor der Geschäftsführung, der Marketingleitung oder der Verkaufsleitung begründen.

(4)   Er spielt eine wichtige Rolle bei der Auswahl der Werbeagenturen und koordiniert ihren Einsatz.

52

(5)   Er wählt freie Mitarbeiter und Spezialunternehmen aus, die er zur Lösung bestimmter werblicher Aufgaben braucht.

(6)   Er trägt die kaufmännische Verantwortung für den Einkauf der Werbemittel.

Weiterhin sind ihm die Personalführung, die Ausbildung des Nachwuchses und die Verwaltung der Werbeabteilung übertragen. Er berät außerdem alle anderen Abteilungen des Unternehmens, soweit sie sich mit Absatzförderung oder Absatzvorbereitung befassen. [86]

Beim Werbeleiter handelt es sich um einen "Aufbauberuf", der bei entsprechender Begabung mit verschiedenen Ausbildungsvoraussetzungen erreicht werden kann. Eine zweckmäßige Ausbildung läßt sich nur sehr allgemein beschreiben.

Immerhin kann man sagen, daß ein Aspirant Kenntnisse der betriebswirtschaftlichen Zusammenhänge und des gesamten Ablaufs der Marketing-Kommunikation sowie schöpferische Fähigkeiten besitzen sollte, um auf allen Gebieten sachverständig entscheiden zu können. Kenntnis über die einzelnen Werbemittel und des Produktionsablaufs sind unerläßlich.

Im Bereich der persönlichen Qualifikation soll er sich durch "disziplinierten Ideenreichtum", die Bereitschaft zur Teamarbeit, Kontaktfreudigkeit, Zuverlässigkeit, Flexibilität im Denken und durch die Identifikationsfähigkeit mit der Aufgabe und dem Produkt auszeichnen. [87]

Schließlich sollte er ein guter Menschenführer sein, da er zur optimalen Lösung seiner Gesamtaufgabe manche Entscheidungen an Mitarbeiter delegieren muß.

III.   Der Werbeassistent

Das Aufgabenfeld des Werbeassistenten ist fast ebenso vielfältig wie das des Werbeleiters. Der Assistent ist ein Mitarbeiter des Werbeleiters; seine Position muß nicht unbedingt als untergeordnet und somit als Vorstufe zum Werbeleiter gesehen werden. In seiner Position zeichnet auch er sich durch selbständiges Handeln bei der Entwicklung und Durchführung der Werbung aus. Je nach Organisation und Größe des Unternehmens kann der Werbeassistent für bestimmte Teilaufgaben verantwortlich sein.

In der Praxis findet man häufig Werbefachleute mit allgemeiner werblicher Ausbildung, z.B. dem Abschluß einer Werbefachschule.

---

[86] Vgl. Kröter, H., 1977, S. 63
[87] Vgl. Heck, F., 1982, S. 2631

53

Apelt versteht unter einem Werbeassistenten "einen Mann, der auf einem Spezi-
algebiet an der Gestaltung der Werbung und ihrer Durchführung mitarbeitet, ohne
die Gesamtwerbung zu führen". [88]

Allerdings kann der Titel "Werbeassistent" ähnlich wie der des "Werbeleiters" nicht
als Maßstab für sein Können und Wissen angesehen werden, sondern er gibt
lediglich Aufschluß über seine Position innerhalb der Werbeabteilung.

IV. Der Grafik-Designer

Der Beruf des "Gebrauchsgrafikers" entstand in der Mitte des 19. Jahrhunderts.
Zunächst war die Lithographie als Plakat das herrschende Medium der frühen
Reklamekunst.

Im Zuge des Aufschwungs der Werbung um die Jahrhundertwende entstand ein
größerer Bedarf an Werbefachleuten. Neu entwickelte Werbeträger drängten das
Plakat in den Hintergrund, und technische Perfektion überwog die eigentliche
künstlerische Gestaltung.

Die heutige Bezeichnung "Grafik-Designer" stellt einen Sammelbegriff dar und hat
die alte Bezeichnung "Gebrauchsgrafiker" abgelöst. Da der Hauptteil der Aufgaben
des Grafik-Designers im Funktionsbereich der Wirtschaftswerbung liegt, ist die
Bezeichnung "Werbegrafiker" ebenfalls gebräuchlich.

Schon die Übersetzung des Begriffs (Grafik von graphein, griechisch = schreiben,
zeichnen, malen; Design, englisch = Entwurf, Konstruktion, Plan) ermöglicht einen
Einblick in das Tätigkeitsfeld des Grafik-Designers. Er konzipiert Bild-Ideen, fertigt
Entwürfe an und schafft reproduzierbare Unterlagen. [89]

Der BDW (früher Bund Deutscher Werbeberater und Werbeleiter, heute "BDW -
Deutscher Kommunikationsverband") definiert die Tätigkeit des Grafik-Designers
folgendermaßen: "Der Grafik-Designer entwirft unter Verwendung grafischer,
photografischer, typografischer Elemente Muster für Informationen (auf Materiali-
enträgern), die das Sehen betreffen. Sie sind zum Zweck einer bestimmten - vom
Sender oder Empfänger der Informationen gewünschten - Art der Verarbeitung
bildnerisch angeordnet. Sie sind auf bestimmte Empfänger ausgerichtet, sie dienen
dem Informationswechsel = Kommunikation." [90]

Apelt, W., 1960, S. 49
[89] Vgl. Bundesanstalt für Arbeit, 1975, S. 1
[90] Hancken, K., 1973/1, S. 136

Somit fällt der Beruf des Grafik-Designers in den Bereich der Visuellen Kommunikation. Schon die ehemalige Berufsbezeichnung "Gebrauchsgrafiker" macht deutlich, daß der Grafikdesigner kein freier Künstler ist, sondern sich vielmehr auf die
angewandte Kunst spezialisiert, die zu einem wirtschaftlichen Erfolg führen soll.

Um seine vielfältigen Aufgaben erfolgreich erfüllen zu können, muß der Grafik-
Designer verschiedene fachliche Qualifikationen besitzen. Er sollte über Kenntnisse
und Fertigkeiten in Design, Typografie, Fotografie, FFF, Illustrationstechniken und
Druckverfahren verfügen. Neben diesen künstlerisch-technischen Fertigkeiten sind
kaufmännisches Verständnis und Einblick in die Marketing-Kommunikation
unerläßlich. In den letzten Jahren ist zunehmend die Nutzung von EDV-Ge-
rätschaften auch im Bereich Grafik-Design üblich geworden. Was früher Zei-
chenblock und Bleistift war, ist heute Bildschirm und Tastatur (oder Maus).

Mit der wachsenden Informationsflut durch die Medien wird der Aufgabenbereich
des Grafik-Designers ständig differenzierter, so daß sich für einzelne Teilbereiche
Spezialberufe entwickelt haben. Hierzu gehören besonders der Visualizer und der
Layouter.

Der Visualizer (Engl. to visualize = sichtbar machen) skizziert die Grundidee der
Werbeaufgabe, während der Layouter (Engl. to lay out = "auslegen") die Anordnung
von Bild- und Textelementen übernimmt und damit dem Entwurf des Werbemittels
liefert. Bei beiden Berufen sind psychologische Kenntnisse von besonderer
Bedeutung, weil die vom Bild ausgehende Wirkung auf den Konsumenten
besonders stark ist. Nachdem die gestalterische Konzeption von Visualizer und
Layouter erstellt worden ist, setzt die handwerkliche Ausführung durch Illustratoren,
Reinzeichner, Techniker und Druckvorlagenhersteller ein. Diese Berufe sind
reproduzierender Art und gehören nicht zu den Spezialberufen des Grafik-Design.

Die Bezeichnung "Art Director" beschreibt den Grafikdesigner in einer leitenden und
koordinierenden Position innerhalb des gestalterischen Teams einer Werbeabteilung, der neben seinen künstlerischen Fähigkeiten auch Kenntnisse in den
Bereichen der Soziologie, der Psychologie, der Betriebswirtschaftslehre, der Publizistik und der Kommunikationstheorie aufweisen sollte. Der Art Director trägt
mehr zur Ideenfindung und zur Konzeption der Werbegestaltung bei als zu ihrer
manuellen Ausführung.

V. Der Werbefotograf / Der Foto-Designer

Die Werbefotografie stellt das größte Arbeitsfeld des Foto-Designers dar. Der Beruf des Werbefotografen hat sich erst in letzter Zeit im Zuge der immer stärker werdenden Bedeutung der Visuellen Kommunikation herausgebildet, da die fotografischen Gestaltungsaufgaben im Werbebereich nicht mehr von den nur handwerklich-technisch ausgebildeten Fotografen bewältigt werden konnten. Vielmehr werden von einem modernen Werbefotografen zusätzliche Qualifikationen im Bereich konzeptioneller und kreativer Ideenfindung, Umsetzungsverfahren und Gestaltungsprinzipien verlangt. Er kann sein Arbeitsfeld in Werbeabteilungen oder Agenturen finden, ist aber in der Regel freiberuflich tätig. Die Art und die Menge der werblichen Aufgaben, die ein Unternehmen durchzuführen hat, entscheiden über die Einrichtung eines eigenen Fotoateliers.

Die Werbefotografie hat sich in verschiedenen Richtungen wie Mode- und Industrial-Design weiter spezialisiert. Durch die Vielfalt der angebotenen Produkte bietet sich dem Werbefotografen ein breites Tätigkeitsfeld. Zu seinen Aufgaben gehören insbesondere die Entwicklung fotografischer Konzeptionen und Entwürfe sowie ihre Realisierungen und Präsentationen in den Bereichen der "klassischen" Werbung und der Direktwerbung. Zu den Massenwerbemitteln der klassischen Werbung, die der Werbefotograf gestaltet oder mitgestaltet, gehören die Anzeige, das Plakat, das Dia-Positiv, der Werbefilm im Kino, der Werbespot im Fernsehen, die Licht- und Leuchtreklame, die Verkehrsmittelwerbung.

Auf dem Gebiet der Direktwerbung hat der Werbefotograf den Prospekt, den Werbebrief, die Broschüre, den Katalog, den Werbevortrag oder die Warendemonstration fotografisch zu gestalten. Die Werkszeitschrift und der Werks- und Lehrfilm gehören ebenfalls zu seinem Ressort.

Der Arbeitsablauf des Werbefotografen gliedert sich in drei Phasen:

(1)   Konzeption

(2)   Umsetzung, Visualisierung oder Realisierung

(3)   Präsentation. [91]

Zu den persönlichen und fachlichen Qualifikationen des Werbefotografen gehören insbesondere Sicherheit in Urteil und Geschmack, die Fähigkeit, Vorschläge und Lösungen in bezug auf die anstehenden Konzeptions- und Visualisierungsprobleme zu unterbreiten, neue Wege der Produktpräsentation zu entwickeln sowie allgemein die Fähigkeit zu selbständigem Handeln in seinem Kompetenzbereich.

---

[91] Vgl. Bundesanstalt für Arbeit, 1977/2, S. 7

Für den Werbefotografen bieten sich unterschiedliche Ausbildungsmöglichkeiten. Zum einen kann er über eine handwerkliche Fotografenlehre mit anschließender Tätigkeit im Werbebereich seine Qualifikationen erlangen. Zum anderen stellt der Besuch einer Fotografenschule eine Ausbildungsmöglichkeit dar, die ebenfalls durch praktische Tätigkeiten in der Werbung ergänzt werden sollte. Eine dritte Möglichkeit bietet das Fachhochschulstudium mit dem Ausbildungsgang Foto-Design, das in der Regel auch Lehrveranstaltungen über Kommunikationstheorie, Betriebswirtschaft und Marketing bietet. Daneben findet man aber auch in der Praxis Werbefotografen, die sich über die Ausbildung als Grafik-Designer durch selbständiges Aneignen des Fachwissens und -könnens oder durch eine Ausbildungszeit bei einem Fotografen auf den Beruf des Werbefotografen spezialisiert haben.

VI. Der Werbetexter

Neben dem visuellen Eindruck ist die textliche Gestaltung für die Wirkung eines Werbemittels von großer Bedeutung. Soll diese Gestaltungsaufgabe erfolgversprechend gelöst werden, so ist der Einsatz eines Werbetexters unerläßlich. In der Werbeabteilung eines Unternehmens steht er oft in enger Zusammenarbeit mit dem visuell gestalterischen Team.

Die wichtigste Aufgabe des Werbetexters ist nicht die Konzeption, sondern die Gestaltung des Textes, d.h. er konstruiert sprachlich die Situationen, die den Konsumenten vom Produkt überzeugen sollen. Die Ausbreitung der Medien fordert vom Werbetexter neben der Gestaltung von Werbeslogans auch das Formulieren von gesprochenen Texten, den Werbespots. Daneben fungiert er auch als Verfasser von Gebrauchsanweisungen technischer Güter ("technische Dokumentation") oder von Packungsbeilagen pharmazeutischer Erzeugnisse.

Bei der Verwirklichung seiner Aufgaben muß der Werbetexter unterschiedliche Aspekte koordinieren: Er muß den Geschmack der angesprochenen Zielgruppen mit dem des Werbeleiters und der Unternehmensführung in Einklang bringen. Da der Verbraucher heute von vielen Werbeimpulsen überflutet wird und die Anzahl homogener Güter ständig steigt, müssen die Werbetexte denen der Konkurrenz an Attraktivität überlegen sein, damit sie vom Verbraucher wahrgenommen und befolgt werden.

Der Texter muß sich durch qualifizierten Ideenreichtum auszeichnen sowie die Fähigkeit besitzen, die Sprechweisen der unterschiedlichen Zielgruppen zu treffen. Heute werden von einen Werbetexter weiter allgemein werbefachliche und kommunikationsspezifische Kenntnisse verlangt.

Zu seinen persönlichen Voraussetzungen zählen Willensstärke, Disziplin und die Bereitschaft, das eigene Wissen ständig zu erweitern, wobei ihm sprachgewandtes Auftreten und literarische Neigungen behilflich sind.

Über die optimale Ausbildung zum Werbetexter herrschen keine genauen Vorstellungen. Man trifft vielfach Studienabbrecher mit guter verbaler Flexibilität an. Eine unerläßliche Voraussetzung ist neben der Beherrschung von Fremdsprachen und journalistischen Kenntnissen ein hoher Grad an Allgemeinwissen, das in der Regel erst durch die praktische Tätigkeit zum Fachwissen erweitert wird.

Der Beruf des Werbetexters ist bis heute ein Mangelberuf geblieben, da bei seiner Ausübung Fähigkeiten im Vordergrund stehen, die dem Interessenten keine gesicherte Stellung für die Zukunft garantieren. Wohl nur wenige große Unternehmen werden sich einen eigenen Werbetexter als Angestellten leisten können; daher arbeiten die meisten Texter entweder festangestellt in Agenturen oder freiberuflich.

VII. Der Mediaplaner

Der Begriff "Mediafachmann" hat die früher übliche Bezeichnung "Streufachmann" abgelöst. Aus den vier Hauptfunktionen im Mediabereich (Mediaforschung, Mediaplanung, Mediaeinkauf und Mediadurchführung bzw. -abwicklung) haben sich einige Spezialberufe entwickelt.

Im allgemeinen gelten die Werbeagenturen, die Verlage sowie die Rundfunk- und Fernsehanstalten als typische Arbeitsfelder der Mediafachleute, jedoch gewinnt der Mediaplaner auch für die Werbeabteilungen großer Unternehmen zunehmend an Bedeutung.

Die Aufgabe des Mediaplaners ist es, den Einsatz der Medien auf die vorgegebene Marketing-Strategie abzustimmen, wobei ihm die Verantwortung für einen erheblichen Teil des gesamten Werbeetats übertragen wird.
Der Schwerpunkt seiner Tätigkeit liegt auf folgenden Gebieten:

(1)   Definition der Media-Ziele

(2)   Formulierung der Media-Strategie

(3)   Media-Selektion (Auswahl) im engeren Sinne. [92]

---

[92] Vgl. Kröter, H., 1977, S. 58

Für den Mediaplaner gelten insbesondere folgende fachliche Qualifikationen als Grundlage einer erfolgreichen Berufsausübung:

(1)   ein vollständiger Überblick über den Mediamarkt sowie über die spezifische Eignung der einzelnen Medien

(2)   Sicherheit in Anwendung und Interpretation der gängigen Medienanalysen

(3)   kooperatives Denken in den Kategorien der benachbarten Fachbereiche, insbesondere Marketing, Gestaltung und Produktion

(4)   solide Kenntnisse in den Grundzügen der Statistik

(5)   ein ungestörtes Verhältnis zum alltäglichen Umgang mit Zahlen. [93]

Dadurch, daß der optimale Mediaeinsatz in immer stärkerem Maße über elektronische Datenverarbeitung ermittelt wird, muß sich der Mediaplaner neben seinem speziellen Fachgebiet in besonderem Maße im Bereich der Computer-Technologie auskennen. Zusätzlich zu dieser technologischen Weiterentwicklung wird der gesamte Bereich immer mehr verwissenschaftlicht. Mathematik, Statistik, Datenverarbeitung und vor allem die wissenschaftlichen Grundlagen des Marketing beeinflussen und verändern den Mediabereich in steigendem Maße. Der Beruf stellt daher insgesamt hohe wissenschaftliche Ansprüche, die eine entsprechende Ausbildung voraussetzen.

VIII. Die Werbeberufe der Zukunft

Da die Marketing-Kommunikation immer mehr an Bedeutung gewinnt, ist es sinnvoll, die zukünftige Entwicklung der Werbeberufe in diesem Gesamtrahmen zu sehen. Die Werbung kann nur noch in Abstimmung mit den anderen Kommunikationsinstrumenten wie PR, Verkaufsgespräch und Verkaufsförderung wirksam werden. Hieraus entwickelt sich zwangsläufig ein "Kommunikationsmanager", der alle Kommunikationsinstrumente koordiniert. [94]

---

[93] Vgl. ebenda
[94] Vgl. Heck, H., 19B2, S. 2638

Eine große Veränderung in der werblichen Berufsspezialisierung bringt der technische Fortschritt durch den Einsatz von Mikroprozessoren und neuen Medien wie Kabelfernsehen, Satellitenfernsehen und Bildschirmtext mit sich. Mehrere Gruppen der Mediaberufe werden sich in nächster Zeit voneinander absetzen: Die eher an Druckmedien orientierten Fachleute, die im elektronischen Bereich tätigen Spezialisten und die auf die Verkaufsförderung ausgerichteten Bildschirmtext-Spezialisten.

D. Werbeberufe in Werbeagenturen

Aus den Annoncen-Expeditionen der werblichen Anfänge entwickelten sich mit den Aufkommen neuer Werbemöglichkeiten nach dem 1. Weltkrieg die Werbungsmittlungsunternehmen.[95] Ursprünglich hatten die Expeditionen nur die Aufgabe, die von den werbungtreibenden Unternehmen gestalteten Anzeigen an die von diesen selbst ausgewählten Zeitungen zu "befördern". Sie übernahmen also lediglich den Abschluß von "Inseratenverträgen". Als nun jedoch Plakat-, Film-, Verkehrs- und Lesezirkelwerbung entstanden, gingen die Mittler dazu über, in Fragen der Werbestreuung helfend zu beraten, um schließlich die Auswahl der Anzeigenträger zu übernehmen. Nachdem auch die der Streuung vorgelagerten Aufgaben wie Werbeplanung und Gestaltung von Werbemitteln in das Leistungsangebot einbezogen wurden, beauftragten manche Unternehmen die Werbungsmittler mit der gesamten Werbedurchführung.

Die Tatsache, daß sich ein umfassendes Leistungsangebot der Werbeunternehmen in Deutschland erst recht spät entwickelte, zwang die großen Werbungtreibenden dazu, ihre eigenen Abteilungen selbst auszubauen, gleichzeitig aber auch die Dienste unabhängiger, selbständiger Werbeberater in Anspruch zu nehmen. Da später auch die Berater mit Hilfe anderer Spezialwerbeunternehmen dazu übergingen, die gesamte Werbung einzelner Werbungtreibender zu übernehmen, war der Übergang zu den Werbeagenturen fließend.

Die sogenannten Full-Service-Agenturen entstanden nach amerikanischem Vorbild nach dem 2. Weltkrieg in Deutschland. Man versteht darunter "Erwerbsunternehmen, die gegen Entgelt auf Grund ständiger Betreuung andere Unternehmen oder Institutionen in Fragen der Werbung und Absatzförderung beraten und für diese die einheitliche Planung, Gestaltung, Streuung und Kontrolle ihrer Werbung übernehmen".[96] Das Leistungsangebot dieser Agenturen umfaßt mit Abweichungen die Funktionen Planung, Beratung, Gestaltung, Durchführung und Kontrolle der Werbung.[97]

Wenn auch die Vielzahl der besprochenen Agenturberufe mit denen im Abschnitt C erwähnten übereinstimmt, so wird der Vollständigkeit halber die ganze Palette der Agenturberufe dargestellt, und dies auch in der jeweils agenturtypischen Charakteristik.

---

[95] Vgl. von Rohrscheidt, G., 1975, S. 348
[96] Vgl. von Rohrscheidt, G., 1975, S. 347
[97] Vgl. ebenda, S. 350 - 352

I. Die beratenden Berufe

Die beratenden Berufe in einer Werbeagentur könnte man modern als die Schnittstellen zu den Werbungtreibenden bezeichnen. Sie gelten gegenüber dem Auftraggeber als Beratungs- und Verbindungsorgan und übernehmen innerhalb der Werbeagentur Koordinations- und Planungsaufgaben. Ihnen allen voran steht der Agenturkontakter, dem eigentlich das umfangreichste Aufgabenspektrum obliegt.

Durch die zunehmende Komplexität der Kommunikationsprozesse und die daraus resultierende Beratungsintensität haben sich neben dem Agenturkontakter Berater mit Spezialkenntnissen herauskristallisiert: Verkaufsförderer, PR-Fachleute sowie Fachleute für Direct-Marketing weiten das Dienstleistungs-Angebot einer modernen Werbeagentur im Beratungsbereich aus.

1. Der Kundenberater / Kontakter

Dem Kontakt, von Kröter als "Drehmoment der Agentur"[98] apostrophiert, kommt in der Agenturarbeit eine Schlüsselposition zu. Diese Schlüsselposition wird vom Kontakter, auch (Kunden-)Berater oder englisch "Account Executive" genannt, vertreten. Die Anforderungen an sein Kenntnisspektrum sind wohl die umfangreichsten innerhalb der spezialisierten Agenturberufe.[99]

Der Kontakter hat die Aufgabe, als Vermittler zwischen Agentur und Etatkunden zu fungieren. Er führt die ersten Informationsgespräche und übernimmt die Beratung. Dabei muß er sich ein präzises Bild von der speziellen Werbevorstellung des Agenturkunden machen, um dessen Wünsche an die kreativen Teams der Agentur weitergeben zu können. Diese Aufgabe erfordert eine intensive Auseinandersetzung mit der speziellen Problemstellung des jeweiligen Kunden. So muß er die Fähigkeit besitzen, das Produktmarketing des Kunden zu verstehen, zu interpretieren und optimal in ein geeignetes "Kommunikations-Marketing" zu integrieren. Seine Verhandlungspartner sind alle wichtigen Fachleute der Unternehmen (Werbeleiter, Produkt-Manager usw.), von denen er sich alle erforderlichen Informationen über das zu bewerbende Produkt oder Angebot geben läßt.[100]

Um seiner beratenden Funktion gerecht zu werden, muß er neben praktischen Erfahrungen in der Werbung ein sehr gutes theoretisches Fundament, auch in betriebs- und absatzwirtschaftlichen sowie in psychologischen Fragen, besitzen.

---

[98] Kröter, H., 1977, S. 47
[99] Vgl. Ernst, W./Bretz, H., 1971, S. 109, Heck, F., 1982, S. 2634
[100] Vgl. Frauenknecht, F., 1966, S. 293

Aus den gewonnenen Daten plant und entwickelt der Berater/Kontakter schließlich in enger Zusammenarbeit mit dem Etatkunden die Marketing- und Werbeziele. Die Koordination aller Agenturmitarbeiter, die an der Planung und Konzeption der Werbemaßnahmen beteiligt sind, tritt dann ebenso hinzu wie die Planung und Kontrolle des Arbeitsablaufs innerhalb der Agentur und mit den Kunden. Letztgenannte Arbeit übernimmt in größeren Agenturen der sogenannte "Traffic-Manager". [101]

Eine besondere Schwierigkeit bei der Ausübung seiner Tätigkeit besteht für den Agenturberater darin, zwei Interessen vertreten zu müssen. Zum einen die der Agentur beim Kunden und zum anderen die des Kunden innerhalb der Agentur. So muß er bei der Zuteilung von Terminen und Mitarbeitern nicht selten Durchsetzungsvermögen zeigen, um seine Kundeninteressen voll vertreten zu können. Andererseits ist er beim Kunden der Repräsentant der Agentur, der die Aufgabe hat, in Teamarbeit entstandene Lösungen glaubhaft und standfest darzulegen. [102] Hinzu kommt der ständige Wechsel der Agenturkunden, die in den unterschiedlichsten Branchen tätig sind.

Große Bedeutung hat die Rolle des Kontakters bei der Organisation und Durchführung der Präsentation, denn sie entscheidet darüber, ob die Agentur den Werbeetat des betreffenden Unternehmens übernehmen darf. Hier übersetzt er gegebenenfalls die Fachmeinungen der Spezialisten (wie Psychologen, Marktforscher usw.) und, falls es erforderlich erscheint, wird er den Fachleuten die Möglichkeit einräumen, zu ihrer Arbeit Stellung zu nehmen. [103]

Weitreichende Kenntnisse werden dem Kontakter auch bei der Anwendung der vielseitigen "Apparatur" seiner Werbeagentur abverlangt. Er muß von den Spezialisten bzw. Abteilungen, die zur Bearbeitung des Auftrags herangezogen werden, so viel wissen, daß er die Voraussetzung der Arbeit erkennen, die Möglichkeiten abschätzen und den Wert der Arbeit beurteilen kann.

---

[101] Vgl. Hancken, K., 1973/1, S. 134 f.
[102] Vgl. Heck, F., 1982, S. 2634
[103] Vgl. Hancken, K., 1973/1, S. 134 f., Troost, H., 1961, S. 17 ff.

Der Kontakter beginnt seine Laufbahn als Kontaktassistent, wobei er zunächst agenturinterne Arbeiten versieht. Nach einiger Berufserfahrung kann er zum Junior-Kontakter avancieren; hierbei hat er seine Fähigkeiten so weit bewiesen, daß ihm Aufgaben zur selbständigen Bearbeitung übergeben werden. Hat er sich auch in dieser Position bewährt, so besteht die Möglichkeit des Aufstiegs zum Senior-Kontakter bzw. Kontaktgruppenleiter (Account Group Head), der die Kontaktgruppen fachlich und koordinierend leitet. Am Ziel seiner beruflichen Laufbahn wird er dann sein, wenn er die Position des Etatdirektors verkörpert, der mehreren Beratungsgruppen vorsteht und oft Mitglied der Agentur-Geschäftsleitung ist. [104]

2. Der Verkaufsförderer

Unter Verkaufsförderung oder auch "Sales Promotion" versteht man "die Erzeugung eines temporären Marketingdrucks, der dazu bestimmt ist, die Distribution des Produktes zu verbessern und/oder die Nachfrage zu erhöhen". [105]

Verkaufsförderung gehört seit geraumer Zeit mit in das Dienstleistungsangebot vieler Werbeagenturen. Das bedeutet nach der Definition des GWA: "Konzeptionen, Beratungen, Entwicklungen, Gestaltung und Durchführungsaufgaben im Bereich der Verkaufsförderung .... - alle Beratungs- und Durchführungsaufgaben im Bereich Vertrieb, wie Verkäuferschulung, Abhalten von Reisendenkonferenzen usw." [106]

Die Verkaufsförderung wird in der einschlägigen Literatur in zwei Aufgabengebiete unterteilt. Zum einen das Merchandising, welches von der Motivation des Außendienstes über Kundenselektion, Tourenplanung sowie Konditions- und Sortimentspolitik bis zur Warenpräsentation am Point of Sale reicht; zum anderen die Promotion oder Absatzförderung durch gezielte Werbemaßnahmen. Diese erweitert das Produktpotential durch kurzfristigen Zusatznutzen wie Sonderpreise, Gewinnspiele, Zugaben etc. [107]

In diesen Aufgabenbereichen findet der Verkaufsförderer (besser: Verkaufsförderungsberater) einer Agentur ein weites Tätigkeitsfeld. Er ist als ein Berater mit Spezialkenntnissen anzusehen, der sich auf den Vertrieb oder bestimmte Teile des Vertriebswesens (z.B. Vertreter- oder Händlerbetreuung) konzentriert.

---

[104] Vgl. Troost, H., 1961, S. 20, Kröter, H., 1977, S. 49 f.
[105] Pflaum, D./Kunze, G.F., 1973, S. 14
[106] GWA, 1974
[107] Vgl. Kröter, H., 1977, S. 112 f.

Seine Kenntnisse bauen auf den Grundüberlegungen des Marketing auf. Sie schließen das Wissen über die Funktionen der Verkaufsförderung im Marketing-Mix, die Beurteilung der Distributionspolitik sowie der Preis- und Konditionenpolitik des Kunden ein. Damit kann der Verkaufsförderer die Vertriebsmethoden des Auftraggebers durchleuchten und gegebenenfalls Verbesserungsvorschläge machen.[108]

Eine weitere Aufgabe des Verkaufsförderers ist es, Absatzwerbung und Verkaufsförderungsaktionen aufeinander abzustimmen und zu synchronisieren. Das setzt eine gründliche werbefachliche Ausbildung voraus. Grundkenntnisse im Wettbewerbsrecht, speziell dem Gesetz gegen unlauteren Wettbewerb (UWG), der Zugabeverordnung und der Rabattgesetzgebung sind wichtig, um die Aktionen juristisch zu prüfen und abzusichern.[109]

3. Der Fachmann für Direct-Marketing

Das Direct-Marketing ist eine in der Bundesrepublik Deutschland noch relativ junge Marketingdisziplin. Die Entwicklung des Direct-Marketing erfordert künftig eine größere Anzahl von Spezialisten. In der einschlägigen Literatur läßt sich das Berufsbild des Fachmanns für Direct-Marketing kaum finden. Da aber Spezialisten dieser Art in Werbeagenturen existieren, soll von den Aufgaben und Inhalten des Direct-Marketing auf das Berufsbild geschlossen werden.

Direct-Marketing umfaßt alle marktgerichteten Aktivitäten, die sich einstufiger (direkter) Kommunikation und/oder des Direktvertriebs bzw. des Versandhandels bedienen, um Zielgruppen in individueller Einzelansprache gezielt zu erreichen.

Es umfaßt ferner solche marktgerichteten Aktivitäten, die sich mehrstufiger Kommunikation mit der Absicht bedienen, einen direkten, individuellen Kontakt herzustellen.[110]

Der Fachmann für Direct-Marketing in einer Werbeagentur muß sich in erster Linie als Berater verstehen. Er wird zunächst mit dem Agenturkunden zu klären haben, ob Aktionen des Direct-Marketing überhaupt sinnvoll erscheinen oder ob auf "klassische" Werbeaktionen zurückgegriffen werden soll.

---

[108] Vgl. Troost, H., 1961, S. 21 ff.

[109] Vgl. Kröter, H., 1977, S. 114

[110] Vgl. Dallmer, H./Thedens, R., 1981, S. 29

Diese Entscheidung muß er aus den Marketingzielen und den Werbezielen des Kunden ableiten. Darüber hinaus ist festzustellen, welche Form der Informationsvermittlung gewählt werden soll, z.b. persönlicher Kontakt, Akquisition durch den Außendienst - oder Werbebriefe, wie der persönliche Brief, Computerbrief, Spezialbrief, Laserbrief oder der gedruckte Brief.

Fällt die Entscheidung auf einen Werbebrief, so ist aus dem Marketingziel das Umfeld der Aktion abzuleiten. So kann beispielsweise die Direktwerbung zur Unterstützung des Außendienstes (zweistufiger Vertriebsweg) herangezogen werden, indem mittels Direktwerbung Interessenten gewonnen werden, die danach durch Außendienstbesuche kontaktiert werden können.[111]

Liegt die Konzeption der Direct-Marketingaktion vor, so muß der Spezialist zunächst einen Kostenplan aufstellen. Nachdem Konzeption und Kostenplanung verabschiedet sind, beginnt die Phase der Herstellung der Werbemittel. Um erfolgreich zu arbeiten, wird der Fachmann für Direct-Marketing über umfangreiche Kenntnisse absatzwirtschaftlicher Probleme verfügen müssen. Aber auch Kenntnisse des Wettbewerbsrechts und des Datenschutzes sind erforderlich. Wissen im Bereich der EDV, des Telefonmarketing, des Bildschirmtextes (Btx) ist heute unabdingbar.

4 .   Der PR-Fachmann

Unter Public Relations (PR) ist die Gesamtheit aller Bestrebungen zu verstehen, "die darauf gerichtet sind, das Ansehen einer einzelnen Unternehmung, einer Branche, eines Wirtschaftszweiges oder einer Behörde zu heben."[112]

Die moderne Werbeagentur, die als Marketingagentur an allen Bereichen der kommunikativen Unternehmensarbeit Anteil hat, stellt auch Fachleute für PR-Arbeit zur Verfügung. Für den PR-Fachmann kommt vorrangig eine Beratungsfunktion in Betracht sowie die Durchführung von Aufgaben, die durchaus auch produkt- und angebotsbezogen sein können.[113]

---

[111] Vgl. Schneider, H., 1980, S. 25 f.

[112] Müller, H., 1970, S. 969

[113] Vgl. Troost, H., 1961, S. 59

Kröter führt allgemein drei Teilbereiche auf, die in das Arbeitsfeld des PR-Fachmanns fallen: - "die Pflege der Beziehungen zu Presse, Rundfunk, Fernsehen und Film (Presse-Arbeit); - die Herstellung und Pflege der Kontakte zu anderen für den Auftraggeber wichtigen Gruppen und Persönlichkeiten der Öffentlichkeit; - die Information, Beratung und Schulung der Führungsgruppe und der Mitarbeiter des Auftraggebers... ."[114] Diese drei Teilbereiche bieten dem PR-Fachmann oder zutreffender "Public Relations-Berater"" einer Werbeagentur ein umfangreiches Arbeitsgebiet.

Die Eigenschaften, die heute von PR-Fachleuten verlangt werden, liegen in dreifacher Richtung: - berufliche Fachkenntnisse, d.h. Beherrschen der gesamten Methodik und Technik der PR-Arbeit, überdurchschnittliche Kenntnis des Wirtschaftslebens sowie werbefachliches Wissen; - gesellschaftspolitisches Wissen; persönlich-charakterliche Eigenschaften, wie Kontaktfreudigkeit und eine persönliche Gewandtheit, die Ausdruck einer überzeugenden Persönlichkeit sein muß. Darüber hinaus ist die Beherrschung der journalistischen Grundkenntnisse unabdingbare Voraussetzung. [115]

II. Die gestaltenden Berufe

Die Spezialisierung der Werbeberufe hat sich gerade im gestalterischen Bereich der Werbeagentur manifestiert. Heck zählt über 20 verschiedene Tätigkeitsausprägungen auf [116], deren Beschreibung den Rahmen oieser Arbeit sprengen würde. Hier sollen nur die wichtigsten Berufe beschrieben werden, die sich in kleinen und in großen Agenturen finden lassen.

1. Der Texter

Glaubt man Tennessee Williams, der über den Werbetexter sagt: "Die wahren Poeten unserer Zeit sitzen in Werbeagenturen" ,[117] so geht er wohl von einem verfälschten Berufsbild aus, denn die Aufgabe des Texters hat mehr mit der Argumentationstechnik eines Verkäufers als mit der Dichtkunst eines Poeten zu tun.

---

[114] Kröter, H., 1977, S. 116
[115] Vgl. Kaesbach, K.H./Wortig, K., 1967, S. 201
[116] Vgl. Heck, F., 1982, S. 2624
[117] Zitiert nach Norins, H., 1969, S. 21

Diese Gegenposition vertritt von Planta, die schreibt: "Texten ist ein Handwerk, daher läßt es sich erlernen." [118] Ganz so einfach scheint das nun auch wieder nicht zu sein, denn der Beruf des Texters ist wohl eher ein Neigungs- als ein zu erlernender Beruf. [119]

Der Werbetexter muß sich zunächst ein umfassendes Bild von dem Produkt machen, für das er textet. Das bedeutet, daß er Ergebnisse von Markterhebungen, Verbraucherbefragungen, psychologischen Tests u.a. verwertet, um das Umfeld seiner Werbebotschaft zu erkennen. Gerade die intensive Auseinandersetzung mit dem Produkt verlangt vom Texter mehr als nur reines Formulieren. So schreibt Troost "er muß in der Lage sein, sich in die Besonderheit von chemischen, physikalischen oder technischen Prozessen hineinzudenken, denn es ist eine wichtige Aufgabe des Texters, die manchmal komplizierten Vorgänge, die oft gerade den Vorzug des Produktes ausmachen, jedem Verbraucher verständlich werden zu lassen". [120]

Auch Charakter und Reichweite der Medien mit ihren spezifischen Zielgruppen und deren Kommunikationsverhalten müssen dem Werbetexter bekannt sein, ebenso wie Grundkenntnisse in allen Bereichen der Werbung.

Sein Handwerkszeug, die Sprache, muß er mit allen Gesetzen, mit den wissenschaftlichen Grundlagen der Semantik und Kommunikation voll beherrschen. Darüber hinaus muß er ein ausgeprägtes Gefühl für die Sprache besitzen, das es ihm ermöglicht, mit ihr virtuos zu spielen. So ist es selbstverständlich, daß er einen reichen Wortschatz hat und über eine umfassende Allgemeinbildung verfügt. [121]

Die breitgestreuten Kenntnisse führen dazu, daß bei Werbetextern kein einheitlicher Werdegang zu beobachten ist. Sie rekrutieren sich aus beinahe allen Disziplinen. Norins führt beispielhaft den Werdegang David Ogilvys, eines der bekanntesten amerikanischen Texter, auf. Ogilvy war demnach während 17 Jahren (nacheinander) Küchenchef, Vertreter, Fürsorger und Assistent in einer Werbeagentur, bevor er sich dem Texten zuwandte. [122]

Der Texter in einer Werbeagentur beginnt zunächst als Junior-Texter, rückt zum Senior-Texter, zum Gruppenleiter oder Copy Supervisor auf und wird möglicherweise Copy Chief oder Cheftexter.

---

[118] Von Planta, E., 1980, S. 7
[119] Vgl. Heck, F., 1982, S. 2630
[120] Troost, H., 1961, S. 36
[121] Vgl. Gayer, K., 1971, S. 75 ff., von Planta, E., S. 9 f.
[122] Vgl. Norins, H., 1969, S. 23

2. Die Grafiker

Prinzipiell lassen sich die Grafiker-Berufe, je nach Neigung und Spezialisierungsgrad, in drei verschiedene Bereiche gruppieren:

(1)   mit überwiegend planenden Tätigkeiten

(2)   mit überwiegend gestaltenden Tätigkeiten

(3)   mit überwiegend ausführenden Tätigkeiten.

Die im folgenden aufgeführten Berufe sind in der Praxis nicht durch streng abgegrenzte Aufgabenbereiche definiert. Somit sind die Ausführungen zu den einzelnen Berufen nur pauschal gültig.

a) Planende Grafiker

Der planende Grafiker findet seinen Arbeitsschwerpunkt in der Konzeption und Koordination von Werbekampagnen. Er diskutiert zusammen mit Kundenberater und Auftraggeber die Werbeziele und legt die Medienarten und Gestaltungsmittel fest. Er muß geistig beweglich sein, Zusammenhänge überblicken und Entscheidungen verantwortlich mittragen können. Der planende Grafiker übernimmt Führungsaufgaben als Art- oder Creative Director in Werbeagenturen.

aa) Der Creative Director

Der Creative Director ist der gestalterische Leiter und Koordinator der verschiedenen Gestaltungsgruppen einer Werbeagentur. Er ist verantwortlich für die technische und grafische Perfektion der Gestaltungserzeugnisse der gesamten künstlerischen Agenturarbeit. Er sollte als Führungspersönlichkeit feinfühliges Verhandlungsgeschick haben. Ferner sollte er Kenntnisse sämtlicher Gestaltungs- und Reproduktionsarten- und -techniken aufweisen. Mehrsprachigkeit sowie Erfahrungen aus den Zusammenhänge zwischen Marketing, Media- und Werbeberatung sind selbstverständliche Voraussetzungen für diesen Beruf. [123] (In manchen Agenturen ist der CD Leiter der gesamten Gestaltung, also auch der Textabteilung.)

---

[123] Vgl. Tietz, B./Zentes, J., 1982, S. 236

ab) Der Art-Director

Er ist der künstlerische Leiter einer Grafikergruppe und zugleich Konzeptionist für die Werbemittelgestaltung, d.h. er trägt die Verantwortung für die gedankliche und visuelle Formulierung der Gestaltungskonzeptionen. Sein umfangreiches Aufgabengebiet beginnt bei der visuellen Gestaltung und der Layout-Organisation. Ein weiterer Zuständigkeitsbereich ist die Kontrolle der Layout-Ausführung von Inseraten, Prospekten, Packungen, Signets etc., sowie für die Regieführung für Farb- und Schwarzweißkopien von Film und TV, Retusche, Illustration und Spezialeffekte. Er koordiniert die Arbeiten der für die genannten Bereiche zuständigen Mitarbeiter, damit das Gesamtkonzept termingerecht realisiert werden kann.

Der Art-Director benötigt neben Kenntnissen im künstlerischen Bereich auch Erfahrungen in den Bereichen der Soziologie, Betriebswirtschaft, Publizistik und Kommunikationstechnik, um bei der Werbekonzeption ein gleichberechtigter Gesprächspartner für die anderen Werbespezialisten zu sein. Er muß sich, neben seinen gestalterischen Ambitionen, besonders durch marktbezogenes Denken auszeichnen, um seine Abteilung in das gesamte Betreuungsprogramm einer Full-Service-Agentur anzupassen und einzufügen. [124]

Der "AD" hebt sich durch seine fachliche Qualifikation, seinen disziplinierten Ideenreichtum, den Einblick in den Mechanismus der Marketing-Kommunikation und durch sein gesundes, ästhetisches Beurteilungsvermögen hervor. Umfassende Kenntnisse in Design, Typografie, Fotografie, FFF, Illustrationstechniken und Druckverfahren sind Quellen seiner Fachkompetenz. Ferner sind Kenntnisse im kunstgeschichtlichen Bereich sehr wertvoll.

"Der Art-Director ist sicher einer der interessantesten und vielseitigsten, im gleichen Maße aber auch schwierigsten Berufe". [125]

b) Gestaltende Grafiker

Der gestaltende Grafiker findet seinen Arbeitsschwerpunkt in Disposition und Layout für Gestaltungsaufträge. Er muß die ausgeprägte Fähigkeit besitzen, Informationsinhalte so zu visualisieren, daß sie eine starke Appell- und Akzeptanzwirkung beim Betrachter erzeugen. Dazu gehört, daß er die Möglichkeiten der Gestaltungsmittel, wie Fotografie, Grafik, Fotografik, Typografie und der Druck- und Reproduktionstechniken gut kennt.

---

[124] Vgl. Märtens, R. 1965, S. 172 ff., auch Hancken, K., 1973/1,S. 135 f.
[125] Pilger, J., 1984, S. 48

ba) Der Layouter

"Layout" ist ein grafischer Fachbegriff für den Entwurf eines Werbemittels. Aufgrund der visuell vorgegebenen Rohskizzen, auch roughs oder scribbles genannt, entwirft der Layouter in Zusammenarbeit mit Texter und Kontakter das "Gesicht" eines Werbemittels. "Der Layouter bringt Spannung und Harmonie zwischen Bild und Text, zwischen Farbe und Raum". [126].

Für den Layouter ist es neben einer Grafikerausbildung sehr wichtig, einen umfangreichen Einblick in sämtliche Werbeprobleme zu bekommen. Ein guter Layouter muß es verstehen, Gefühle bzw. Stimmungen sowie Harmonie zwischen Bild und Text der jeweiligen Produktart adäquat zu vermitteln.

Dies erfordert zum einen ausgeprägte Phantasie, Darstellungskraft und gute Basiskenntnisse als Grafik-Designer, zum anderen aber auch werbefachliche Kenntnisse, wie etwa der Werbewirkungsforschung. Darüber hinaus werden Kenntnisse der Druckverfahren und der Fotografie von ihm verlangt. [127]

"Absolut sichere und souveräne Beherrschung des Handwerks - reiche, aber disziplinierte Phantasie - klarer Tatsachensinn gegenüber kaufmännischen Zielsetzungen - sensible Reaktion auf alle aktuellen Strömungen innerhalb der grafischen Ausdrucksformen und die Fähigkeit, sie in neue Werbesymbole umzusetzen ..." [128] sind die wichtigsten Eigenschaften eines Layouters.

bb) Der Visualizer

Der Visualizer fixiert, in Zusammenarbeit mit dem Layouter, die Richtung für das vorgegebene Gestaltungskonzept. Die Grenzen zwischen der Tätigkeit des Visualizers und des Layouters sind fließend. [129]

Aufgabe eines Visualizers ist es, die spezifischen Eigenschaften des Werbeobjektes in gefühlvoller Art und Weise dem Betrachter zu präsentieren. "Das Bild soll das Gefühl des umworbenen Verbrauchers ansprechen, soll ihm eine Stimmung suggerieren, und die soll er dann mit dem Produkt verbinden, innerlich, gefühlsmäßig". [130]

---

[126] Troost, H., 1961, S. 40, vgl. Märtens, R., 1965,S. 150
[127] Vgl. Kröter, H., 1977, S. 75 ff.
[128] Troost, H., 1961, S. 41
[129] Vgl. Kröter, H., 1977, S. 73
[130] Kaesbach, K.H./Wortig, K., 1967, S. 207

71

Erkenntnisse aus Psychologie und Kommunikationsforschung sind deshalb für ihn unumgänglich. Das Erreichen einer möglichst individuellen und persönlichen Ansprache des potentiellen Verbrauchers durch eine sich aus der Monotonie der üblichen Werbekonzeptionen heraushebende Gestaltung ist die kreative Aufgabe des Visualizers. Das setzt voraus, daß er sich eingehend mit dem jeweiligen Produkt auseinandersetzt und vertraut macht, die speziellen Vorzüge und Qualitäten gegenüber Konkurrenzerzeugnissen analysiert und sich auch in die Lage des Verbrauchers versetzen kann. Der Visualizer muß eine ausgereifte, bildliche Vorstellungskraft (= to visualize) besitzen und fähig sein, diese in Skizzen zu reproduzieren. Im übrigen sind die Anforderungen ähnlich wie beim Layouter.

bc) Der Illustrator

Der Illustrator ist ein Spezialzeichner, der es verstehen muß, eine ihm vorgelegte Idee in gezeichneter Form, d.h. beispielsweise karikativ, illustrativ, realistisch, technisch/präzise ... - von der exakten Darstellung einer Maschine bis hin zur "schmissigen" Modezeichnung wiederzugeben. Die grafische Aufgabe in Verbindung mit seiner persönlichen Handschrift bestimmt die Art der Darstellung. Mit viel allgemeinem Werbeverständnis muß er das Wesen seiner Aufgaben begreifen und diese präzise ausführen.

Der Illustrator bedient sich verschiedener Ausdrucksmittel, deren Skala von flächiger Malerei zu sensiblen Stricheleien, von plakativen Collagen bis zu zarten Aquarellierungen reicht.

Wo Kamera und Technik an ihre Grenzen stoßen, kann der Zeichner aus der Vielfalt seiner Stilmittel etwas Neues, etwas Eigenständiges entstehen lassen. Aufgrund des oben beschriebenen umfangreichen Repertoires werden in großen Agenturen die verschiedenen Aufgaben den einzelnen Illustratoren entsprechend ihren Fähigkeiten zugeordnet. [131]

Die Illustration in der Werbung steht heute in einem sehr konträren Verhältnis zur Fotografie; doch dies ist ein undankbarer Vergleich, denn das Feld der Illustration ist gerade heute, wo Werbung und Design wie nie zuvor Inspirationen aus vergangener und gegenwärtiger Kunst für sich in Anspruch nehmen, unerschöpflich. Mit der Illustration kann stets Neuartiges geschaffen werden, während die Fotografie sich in gewissen Grenzen hält.

---

[131] Vgl. Kerl, M., 1985, S. 41

bd) Der Foto-Designer

Der Beruf des Foto-Designers ist durch die in den letzten Jahrzehnten immer komplexeren und komplizierten Gestaltungsaufgaben, die an einen Fotografen gestellt werden, zu einem autonomen Berufszweig herangewachsen.

Der Foto-Designer hat mit seinem Medium zu informieren, zu kommentieren, zu artikulieren, zu kritisieren. Die Mittel und Wege von derart verschiedenen Aufgaben und Arbeitsmethoden verlangen eine Berufsqualifikation, die sich mit Kooperationsbereitschaft, Kreativität, rationalem Problemlösungsverhalten, praxisbezogenem Denken, gestalterischem und technologischem Können und Bereitschaft zur Weiterbildung umschreiben läßt. [132] In einer Schrift des Bundes Freischaffender Foto-Designer wird das Berufsbild folgendermaßen umrissen:

"Foto-Designer sind selbständige, eigenschöpferisch arbeitende Fotografen im Aufgaben- und Tätigkeitsfeld der visuellen Kommunikation, die methodenbewußt, systematisch konzipierend und realisierend arbeiten. Dazu werden Erkenntnisse der Kommunikationsforschung genutzt, die die Wissenschaft der Informatik, der Psychologie und Soziologie einbeziehen und in neuen Relationen zusammenführen". [133]

Die Grenzen zwischen Grafik- und Foto-Design sind in der Praxis fließend. Dementsprechend wird Foto-Design und die dazugehörige technische Ausbildung vor allem an den Instituten, in denen auch Grafik-Design gelehrt wird, angeboten. [134]

be) Der Typografiker

Der Typografiker entwirft Drucksachen mit überwiegenden Schriftanteil, unter Verwendung vorgegebener oder selbst entworfener Schriften und Zeichen. Sein Aufgabengebiet umfaßt die Überwachung der reprotechnisch richtigen Ausführung eines vorliegenden Layouts. Er organisiert und ist verantwortlich für die Adaptation und Ausführung von Text- und Bildmontagen.

Für die Typografie in der Werbung gelten zielgruppen-, medien- und lerntechnisch orientierte Kriterien, d.h. der Typograf muß sich des Mediums, des Produkts und der Zielgruppe genauestens bewußt sein. Er wird sich in der Wahl der Schrifttypen als auch in der Anordnung der Textelemente jedoch der Gesamtkonzeption unterordnen. [135]

---

[132] Vgl. Rattemeyer, V., 1981, S. 3 f.
[133] Hötger, H. et al., 1983, S. 205 ff.
[134] Vgl. Metzger, A./Schmidt, R., 1984, S. 5
[135] Vgl. Thoma, W., 1973, S. 711

73

c) Ausführende Grafiker

Ausführende Grafiker sind in erster Linie Handwerker. Ihre Aufgabe ist die Reali-
sation von Entwürfen und deren Umsetzung in reproduktionsgerechte Vorlagen.
Dazu gehört viel Übung im Umgang mit Werkzeugen, Geräten und Materialien.

Die Arbeit des ausführenden Grafikers wird im engeren Sinne nicht dem Grafik-
Design zugerechnet, denn Design bedeutet ja Planen und Entwerfen. Ausführende
Funktionen werden oft von ehemaligen Fachleuten aus dem Druckbereich (z.B.
Drucker, Setzer) ausgeübt. [136]

ca) Der Reinzeichner

Die primäre Aufgabe des Reinzeichners besteht in der Anfertigung von reprodukti-
onsfähigen Vorlagen für den Druck. Die vorgegebenen Skizzen des Layouters muß
er mit großem Einfühlungsvermögen zur druckfertigen Ausführung ausarbeiten. Die
Tätigkeit des Reinzeichners verlangt ständige Konzentration, eine ruhige Hand,
größte Genauigkeit und dazu viel künstlerisches Empfinden, "...denn was ein guter
Reinzeichner ist, das erkennt man erst, wenn man sieht, wieviel ein schlechter
verderben kann". [137]

Ferner sollte er technisch versiert sein, um neben seinem Zeichenwerkzeug auch
die Satzorganisation und Satzmontage zu beherrschen, da er dem Drucker die
endgültige Vorlage liefert.

Ein Reinzeichner erwirbt seine grafische Grundausbildung in der Regel auf glei-
chem Wege wie der Layouter, sollte aber zusätzlich gute Kenntnisse der verschiedenen Druckverfahren und -techniken besitzen.

cb) Der Retuscheur

Auf dem Weg zur bestmöglichen Druckvorlage ist die Retusche eine wichtige
Station, "... oft die alles entscheidende Endstation. Man spricht in übertragener
Bedeutung von 'Make-up' oder 'Finishing', vom letzten Schliff, den eine Bildvorlage
erhält, bevor sie durch Reproduktionstechnik zur Druckform umgewandelt wird". [138]

---

[136] Vgl. May, W./Rösner, H. /Schlaich, G., 1983, S. 161
[137] Troost, H., 1961, S. 43
[138] May, W./Rösner, H./Thiele, P., 1983, S . 313

Die Hauptarbeit des Retuscheurs liegt in der Überarbeitung von Fotos (negativ und positiv). Er hebt Einzelheiten hervor oder läßt sie ganz verschwinden. Er gleicht ungünstige Wirkungen aus oder betont den Reiz eines bestimmten Bildteils.

"Ein guter Retuscheur kann auf einem Foto unglaubliche Dinge vollbringen - sei es nun, das Rote Meer grün zu färben oder ein Feigenblatt hinzuzufügen oder zu entnehmen. Retuschieren ist teuer. Es bietet jedoch die Flexibilität, Änderungen auf Anzeigenfotos vorzunehmen, die auf Film nie möglich wären". [139]

Ein erstklassiger Retuscheur überarbeitet ein Bild so gut, daß man nicht den Eindruck hat, daß es überhaupt überarbeitet worden ist. Retuscheure sind entweder Reproduktionsfachleute mit einer Ausbildung in handwerklichen Fachbetrieben (z.B. Klischeeanstalten) oder Reinzeichner, die sich die Technik des Retuschierens zusätzlich angeeignet haben. [140]

III. Die Media-Berufe

Der Media-Bereich in der Werbeagentur hat in der Vergangenheit einen großen Wandel der Funktionen, Aufgaben und Tätigkeitsbereiche erfahren. Schaut man sich diesen Wandel an, so ist festzustellen, daß sich die Mediaberufe früher im Bereich "Streuung" (der seinerzeit üblichen Bezeichnung für die Media-Abteilung) konzentrierten. In der Streuung wurde die Planung des Werbeträgereinsatzes sowie der Werbeträgereinkauf und die Durchführung des Werbeträgereinsatzes vorgenommen. Man sprach vom "Streufachmann". Eine Differenzierung und Spezialisierung der Tätigkeiten war kaum gegeben. Die Mediaplanung wurde mehr nach den berühmten Fingerspitzengefühl als nach objektiven Beurteilungskriterien vollzogen. [141]

Inzwischen ist der Markt der Medien unübersichtlicher, die Handhabung mit den einzelnen Werbeträgern mühevoller und komplexer geworden. Daraus resultierte eine Spezialisierung in einzelne Tätigkeitsfelder, wie Mediaforschung, Mediaplanung und Mediaabwicklung.

Gegenstand dieses Abschnitts sind die Berufe "Media-Planer" und "Media-Abwickler". Der Media-Forscher wird hier ausgeklammert, da seine Aufgaben zum Teil vom Media-Planer übernommen werden, welcher hauptsächlich mit sekundärstatistischem Material (wie Leserschaftsanalysen usw.) arbeitet. Insoweit herrscht eine gewisse Kongruenz zwischen Media-Planer und Media-Forscher. Beide Tätigkeitsbereiche sind nicht unabhängig voneinander zu betrachten.

---

[139] Roman, K./Maas, J., 1977, S. 112
[140] Vgl. Troost, H., 1961, S. 52
[141] Vgl. Dohmen, J., 1971, S. 64

In kleineren Agenturen werden die Bereiche Mediaplanung und -abwicklung auch heute noch oft von ein und derselben Person wahrgenommen.

1. Der Media-Planer

"Mediaplanung ist ein Selektionsprozeß mit dem Ziel, Empfänger von Werbebotschaften möglichst zielgerecht und ökonomisch zu erreichen, sowie wirkungsvoll anzusprechen". [142]

Man kann diese Definition noch etwas konkretisieren, denn "es geht im Prinzip darum, für eine geplante Werbekampagne die richtigen Werbeträger, mit der richtigen Zahl der Einschaltungen, in richtigen Umfeld, zum richtigen Zeitpunkt, einzusetzen". [143]

Diese Aussagen beschreiben das Arbeitsfeld des Media-Planers, das von zwei wesentlichen Faktoren bestimmt wird: Einerseits von der Marketing- und Werbekonzeption einer Kampagne und andererseits von den spezifischen Eigenarten der möglichen Werbeträger. Von der Marketingkonzeption bzw. -strategie her muß der Planer über alle relevanten Marktdaten informiert sein.

Die wichtigsten Kriterien sind dabei: Marketingziel, Zielgruppe, Distribution, Werbezeitraum. Neben den Marketingfakten sollte der Media-Planer auch die konzeptionellen Überlegungen der Werbekampagne kennen. Hierbei geht es darum, sich über die Hauptaussagen der Werbung sowie die kreative Umsetzung Kenntnis zu verschaffen, damit diese bei der Auswahl der Medien entsprechend berücksichtigt werden können. [144]

Als nächstes entwickelt der Media-Planer eine Mediastrategie, d.h. er trifft die Entscheidung, welche Medien mit welchem Gewicht eingesetzt werden sollen. So wird von der Aufgabenstellung und der beabsichtigten kreativen Umsetzung her jede einzelne Mediengattung untersucht. In dieser Phase fließen die Ergebnisse der Mediaforschung ein. In weiteren Verlauf des Mediaplanungsprozesses wird die Mediataktik festgelegt, d.h. "wie und mit welchen Werbemitteln, Format, Länge, Farbe bzw. wie oft und wann die Medien eingesetzt werden". [145]

[142] Kessler, K. ,1979, S. 361
[143] Dohmen, J., 1972, S. 19
[144] Vgl. Kessler, K., 1979, S. 362 ff.
[145] Kessler, K., 1979, S. 373

Die Ausstattung der Werbemittel wird durch die Vorgaben der Gestaltung und das Budget bestimmt. Die Aufgabe des Media-Planers besteht nun darin, zwischen beiden Interessen abzuwägen.

Erst jetzt beginnt der verfeinerte Prozeß der Mediaselektion, um eine entsprechende Titelauswahl bzw. Senderauswahl vornehmen zu können. Bei dieser Auswahl kommt es nicht nur darauf an, den Werbeträgereinsatz so zu gestalten, daß in quantitativer Hinsicht die Zielgruppe optimal erfaßt wird, sondern daß darüber hinaus solche Werbeträger ausgewählt werden, die kraft ihres psychologischen Umfeldes von sich aus die Aufnahme der Werbebotschaft fördern. [146]

Diese Aufgaben lassen erkennen, daß der Media-Planer vorgegebene Streuetats nicht einfach hinnehmen muß, sondern von sich aus vorgeben kann. Dadurch wird er vom reinen Streufachmann zum "Kommunikations-Berater'". Das Arbeitsfeld verlangt vom Media-Planer einen vollständigen Überblick über den Mediamarkt, Kenntnisse der Statistik, Sicherheit im Umgang mit den gängigen Mediaanalysen und genügend Kooperationsfähigkeit mit den benachbarten Abteilungen einer Werbeagentur.

Schließlich wird immer häufiger verlangt, daß der Media-Planer seine Arbeit selbst auch "verkaufen" kann. Der Bedeutungszuwachs der Mediafunktion macht den Media-Planer mehr und mehr zum gleichberechtigten Gesprächspartner im Marketing.

2. Der Media-Abwickler (Media-Einkäufer)

Der Media-Abwickler ist in den Bereichen Mediaeinkauf und -durchführung tätig. Er wird in der Literatur häufig als Media-Einkäufer, -Durchführer oder schlicht als Media-Sachbearbeiter bezeichnet. Der Media-Abwickler übernimmt die kaufmännisch-organisatorische Seite der Streuung. Sein Aufgabenbereich ist im Gegensatz zur Mediaplanung prinzipiell unverändert geblieben. Dohmen faßt die Funktionen und Tätigkeiten des Media-Abwicklers wie folgt zusammen:

"1. Beschaffung, Erfassung und Archivierung der Werbemöglichkeiten der Werbeträger sowie unternehmensinterne Verbreitung von Veränderungen oder Neuerungen durch geeignete Informationswege.

2. Beratung und Abstimmung mit der Mediaplanung über die Realisierbarkeit von Planungen hinsichtlich Umfang, Zeitablauf und Gegebenheiten bei den Werbeträgern.

---

[146] Vgl. Dohmen, J., 1972, S. 22

3. Realisierung von Werbevorhaben, Einkauf und Durchführung aller damit ver-
bundenen Arbeiten wie: Einholen von Angeboten und Angebotsprüfung, Auftragserteilung, -bestätigung, -bestätigungskontrolle, Klärung von Differenzen bis zur
Aufstellung gültiger Kosten- und Terminpläne, Stornierungen, Aufbau von Termin-
und Versandlisten sowie Versand der Werbemittel, Durchführungskontrolle, Re-
klamationen, Abschlußüberwachung, Abstimmung und Koordination bei Ab-
schlüssen, Etatführung und Statistiken". [147]

Diese Tätigkeitsbereiche verlangen vom Media-Abwickler ein hohes Verhandlungsgeschick, um möglichst gute Konditionen für die Agentur und somit auch für
den Kunden zu erhalten. Darüber hinaus muß der Media-Abwickler mit den vorgesehenen Medien die Anzeigenzeitpunkte bzw. die Einschaltungen anderer Werbemittel sowie präzise Plazierungsvorgaben vereinbaren. [148]

Der Media-Abwickler fungiert somit als Verbindungsmann zwischen Agentur und
Werbeträger. Seine dispositiven Aufgaben verlangen von ihm neben werbefachlichen auch betriebswirtschaftliche Kenntnisse. Führt man sich vor Augen, daß 70 %
und mehr des Etatvolumens einer Werbeagentur durch die Hände der Media-
Abwickler fließt, so unterstreicht dies die Bedeutung seines guten Überblicks über
vorteilhafte Konditionen und seines Verhandlungsgeschicks, mit dem er einen Etat
noch effizienter einsetzen kann. [149]

IV. Die produktionstechnischen Berufe

Maßgeblich beeinflußt, wenn auch oft unterschätzt, wird der Erfolg der Werbung
durch die technisch brillante Reproduktion. Hier tritt die Produktionsabteilung in
Erscheinung. In ihr sind die produktionstechnischen Berufe von der fachlichen
Ausprägung her unterschiedlich gelagert: Der Tiefdruckexperte und der Film-,
Funk- und Fernseh-Produktioner haben außer dem Arbeitsgebiet Werbung wenig
Gemeinsamkeit. [150]

1. Der Produktioner (Druck)

Der Produktioner ist zwar in der Herstellung von Werbemitteln das letzte Glied der
Kette, aber keineswegs ein unwichtiges Ausführungsorgan. Er ist der Verbin

---

[147] Dohmen, J. , 1972, S. 68
[148] Vgl: Hancken, K., 1973/1, S. 139
[149] Vgl. Kröter, H., 1977, S. 104
[150] Vgl. Heck, F., 1982, S. 2635

dungsmann zwischen gestaltenden Abteilungen der Agentur und den Her-
stellungsbetrieben, die die geplanten Werbemittel anfertigen sollen. Innerhalb der
Agentur übernimmt der Produktioner (oder "Producer") alle technischen Arbeiten.
Zwar produziert er selbst keine Werbemittel, aber seine Kenntnisse und Anregungen können in der Vorproduktionsphase wesentliche Verbesserungen in der Perfektion bewirken. Hier liegt auch ein Schwerpunkt seiner Tätigkeit.

Der Produktioner muß mit den Techniken des grafischen Gewerbes vertraut sein.
Während der Bereich Gestaltung, aber auch die Bereiche Beratung und Media
zielbezogen vorgehen, ist der Bereich Produktion möglichkeitsbezogen. [151]

Die absolute Machbarkeit stößt hier an ihre technischen Grenzen - in bezug auf
Termine, Verfahren und Kosten. Es ist eine wesentliche Pflicht des Produktioners,
sich ständig weiterzubilden. Er benötigt Kenntnisse der Satztechnik und aller Pro-
duktionsvorarbeiten, wie Reinzeichnungs-, Reproduktionstechnik und ein gutes
Beurteilungsvermögen der Qualität von Fotos und Farbvorlagen. Er zeichnet für die
Bestimmung der rationellsten Druck- und Herstellungsverfahren der jeweiligen
Werbemittel verantwortlich. [152]

Der Produktioner berücksichtigt aber auch die Wirtschaftlichkeit der Druck-
erzeugnisse. Er holt Angebote ein und prüft Kalkulationen, um den zweck-
mäßigsten und preisgünstigsten Herstellungsbetrieb auszuwählen. Seine damit
verbundene Einkaufstätigkeit verlangt Kenntnisse auf dem Sektor des Bestell- und
Auftragswesens. Während der Produktionsphase obliegt dem Produktioner die
Qualitäts- und Terminkontrolle, d.h. die Koordination über die bestellten
Druckaufträge. Er prüft dabei die Probeabdrucke aller Art, vor allem auf die
Genauigkeit der Farbwiedergabe. Nach Abschluß des Herstellungsprozesses prüft
er die einlaufenden Rechnungen. [153]

---

[151] Vgl. Heck, F., 1982, S. 2633.
[152] Vgl. Märtens, R., 1965, S. 152
[153] Vgl. Hancken, K., 1973/1, S. 139 f., Troost, H., 1961, S. 55 f.,Kröter, H., 1975,
    S. 95 ff.

2. Der Produktioner (FFF)

Der FFF-Produktioner findet sein Arbeitsgebiet als Berater und Abwickler bei allen audio-visuellen Werbemitteln. Er verfügt über Kenntnisse in Dramaturgie, Kameraführung und Tonregie sowie über Kenntnisse in der Musik und auch über magnetische Aufzeichnungen (MAZ), über Video-Produktion und Bildschirmtext (Btx). Es zeichnet sich ab, daß durch die weitere Verbreitung der neuen Informationstechniken (Regionalisierung des Fernsehens usw.) der Beruf des FFF-Producers an Bedeutung gewinnen wird.

V. Der Buchhalter als Beispiel eines Verwaltungsfachmannes in der Werbeagentur

Der Beruf des Buchhalters bzw. Kostenrechners in der Werbeagentur unterscheidet sich oberflächlich gesehen kaum von dem in anderen Industriebetrieben oder Dienstleistungsunternehmen. Dennoch kommt dem administrativen Bereich in der Werbeagentur eine besondere Bedeutung zu. Sieht man nämlich die Millionenetats, die durch die Kassen großer Agenturen fließen, so erscheint die Bedeutung dieses Bereichs in einem ganz anderen Licht.[154]

Der Buchhalter/Kostenrechner hebt sich jedoch in seinem speziellen Arbeitsfeld von dem anderer Branchen ab. So muß er soviel von Gestaltungsproblemen, von Kalkulation und Angeboten verstehen, daß er in der Lage ist, die geplanten Kosten jederzeit mit den effektiven Kosten vergleichen zu können. Sein spezielles Aufgabengebiet ist es, die bei den kreativen Abteilungen oder die durch Aufträge an externe Firmen anfallenden "Produktionskosten" direkt zu erfassen bzw. Planvorgaben zu machen.

Weiter muß er Kostenvoranschläge beurteilen, ausgeführte Arbeiten bewerten und mit den Angeboten vergleichen können, was besonders bei kreativen Arbeiten Schwierigkeiten mit sich bringt.

Auch die zunehmende Internationalisierung der Werbung, die daraus resultierende grenzüberschreitende Werbung, die besonderen Probleme der Umsatzsteuergesetzgebung in den verschiedenen Ländern sowie die Vertragsgestaltung in den vielschichtigen Mischungen aus Mediaprovisionen und differenzierten Honorartypen bilden ein Tätigkeitsspektrum, welches von einem Verwaltungsfachmann in einem "normalen" Unternehmen vielfach ganz wesentlich abweichen kann.[155]

---

[154] Vgl. Kröter, H., 1977, S. 109
[155] Vgl. Kröter, H., 1977, S. 109 ff., Troost, H., 1961, S. 54

E. Werbeberufe in Presse-Verlagen

Im Prinzip kommen bei den Presseverlagen Vertreter derselben Werbeberufe vor wie bei den werbungtreibenden Unternehmen. Die Vielzahl der Spezialisierungsberufe, die bei den Werbeagenturen festzustellen war, ist bei den meisten Presse-Verlagen aber ebensowenig anzutreffen wie bei der Mehrzahl der werbungtreibenden Unternehmen.

Angesichts der doppelten werblichen Intention bei den Presse-Verlagen - einerseits die Zielgruppe der Abonnenten bzw. Käufer der Zeitungen/Zeitschriften, andererseits werbungtreibende Unternehmen als potentielle Anzeigenkunden - ist das Aufgabenfeld der Werbefachleute in Presseverlagen vom Aufgabenfeld ihrer Kollegen bei werbungtreibenden Unternehmen unterschiedlich. Es kommt hinzu, daß im Verlagsbereich ein eigener Ausbildungsberuf existiert (Verlagskaufmann), der auch ausdrücklich für den Einsatz in Werbefunktionen qualifizieren soll, insoweit also eine Konkurrenz zum Werbekaufmann darstellt. Die eigentliche Besonderheit des werblichen Berufsfeldes bei Presse-Verlagen liegt aber in der erwähnten Marktaufspaltung.

I. Der Werbekaufmann als Alternative zum Verlagskaufmann

Der Werbekaufmann ist nicht nur in Agenturen und Werbeabteilungen der Industrie, des Handels und anderer Wirtschaftsunternehnen tätig, sondern auch bei Zeitungs- und Zeitschriftenverlagen. Daneben gibt es den speziell für die Verlagsbranche geschaffenen Ausbildungsberuf "Verlagskaufmann". Sein Tätigkeitsfeld erstreckt sich auf die Gebiete Buchverlag und Zeitungs- und Zeitschriftenwesen. "Die Aufgabe des Verlagskaufmanns ist die Organisation und Herstellung des jeweiligen Verlagsobjektes, Sicherung der finanziellen Grundlage (Anzeigengeschäft) und Koordination des Vertriebs".[156]

Weitere Aufgabenbereiche des Verlagskaufmanns faßt Hablitzel zusammen: "Neben üblichen Büroaufgaben werden Kenntnisse in der Herstellung von Zeitungen und Zeitschriften, der Werbung, im Anzeigengeschäft mit Kundenberatung, in der Vertriebspraxis, Spedition, Karteiführung und Terminüberwachung, Zustellungsaufgaben und betrieblicher Organisation gebraucht. Hinzu kommen Kenntnisse über Schriftarten und -größen, Grundbegriffe im Umbruch, Übersicht in den gesetzlichen Bestimmungen des Presserechts u.v.m."[157]

---

[156] Heigl, H./Lehnstaedt, K./Mönch, J., 1977, S. 117
[157] Hablitzel, C. , 1978, S. 94

Da die Berufe des Werbekaufmanns und des Verlagskaufmanns eng miteinander verwandt sind, ermöglicht die Ausbildung in einem dieser beiden kaufmännisch ausgerichteten und werblich akzentuierten Ausbildungsberufe den Absolventen einen erleichterten Zugang und Aufstieg in der Werbewirtschaft des Verlags- und Pressewesens.

II. Werbefachliche Spezialberufe bei Verlagen

In diesem Abschnitt werden einige typische Werbespezialberufe im Verlagswesen vorgestellt. Wie überall ist auch hier der Trend zur Spezialisierung unverkennbar. Es wird immer den Allround-Fachmann geben, aber für Aufgabengebiete, die nicht nur breit, sondern auch tief in ein Arbeitsfeld eindringen, sind Spezialisten unentbehrlich.

1. Der Werbeleiter (Abonnentenwerbung)

Genau wie sein Kollege in anderen werbungtreibenden Unternehmen ist der Werbeleiter eines Zeitungs- oder Zeitschriftenverlages mit der Zuständigkeit "Abonnentenwerbung" für alle damit zusammenhängenden Fragen verantwortlich. Je nachdem, ob eine Werbeagentur oder andere freie Werbefachkräfte eingesetzt werden, ist der Werbeleiter für Fragen der Werbeführung und Werbegestaltung zuständig. [158]

Man kann die werblichen Aktivitäten der Abonnenten-Werbefunktion eines Presseverlages noch einmal zweiteilen: Einerseits veranstalten Zeitungs- und Zeitschriftenverlage klassische Mediawerbung, um damit Abonnenten oder Einzelkäufer für ihre Verlagsobjekte zu gewinnen. Hierbei bedienen sie sich der üblichen Massenmedien, wie z.B. Werbung in (auch anderen) Zeitungen und Zeitschriften, im Funk, im Fernsehen, durch Plakatanschlag. Andererseits gehört es ebenfalls zum Aufgabenbereich einer solchen Verlags-Werbeabteilung, Abonnenten unmittelbar zu gewinnen. Dies geschieht durch Maßnahmen der Direktwerbung, die häufig ohne erkennbare Trennung in Direktmarketing bzw. Direktverkauf übergehen. Bei diesen Direktwerbemaßnahmen setzt die Abonnenten-Werbeabteilung eigene oder auch fremde, selbständig arbeitende Abonnentenwerber ein, die einerseits werben, andererseits aber auch durch Abschluß von Abonnementsverträgen verkaufen.

---

[158] Vgl. Frauenknecht, F., 1966, S. 287

Nicht zu den eigenen Aktivitäten der Verlags-Werbeabteilung gehören Abonnenten-Werbeaktionen, die von selbständigen Pressevertriebsorganisationen (Pressegrosso) durchgeführt werden, wenngleich der Unterschied für den geworbenen Abonnenten nicht erkennbar sein mag. In diesem letzteren Fall ist folglich nicht der Zeitungs-/Zeitschriftenverlag selbst werblich tätig, sondern sein Absatzmittler im Vertriebsbereich.

2   Der Werbeleiter (Anzeigenakquisition)

Angesichts der Bedeutung des Anzeigenaufkommens für Presseverlage - 60 bis 90 % der Einnahmen kommen aus dem Anzeigengeschäft, der Rest aus dem Objektverkauf - spielt die Werbefunktion gegenüber potentiellen Inserenten eine bedeutende, eigentlich die überwiegende Rolle. Bei kleinen Verlagen bzw. kleinen Verlagsobjekten mag diese zweite Werbefunktion von einem Werbeleiter in Personalunion mit ausgeführt werden. Wichtig ist jedenfalls, daß sie erkannt und wahrgenommen wird. Bei größeren Verlagsobjekten, ob im Zeitungs- oder im Zeitschriftensektor, ist die Funktion zumeist getrennt. Hier gibt es also einen eigenen Werbeleiter für den Bereich der Anzeigenakquisition. Auch dabei läßt sich der Tätigkeitsbereich wiederum zweiteilen.

Genau wie bei der Abonnenten-Ansprache wird bei der Ansprache der Inserenten einerseits klassische Werbung getrieben, andererseits "direktverkauft". Für den ersten Zweck bedienen sich die Verlage ebenfalls der normalen Massenmedien, und darüber hinaus in hohem Umfang einer gezielten Direktwerbung, da die Zielgruppe (werbungtreibende Unternehmen und deren Werbeagenturen) hierdurch gut erreichbar ist. Zum zweiten geht es um den Verkauf von Anzeigenraum oder Anzeigenseiten an die gleiche Zielgruppe. Ähnlich wie im Abonnentenbereich läßt sich hier die werbende Tätigkeit von der verkaufenden schlecht trennen, da das eine in das andere nahtlos übergeht.

3.   Der (Gebiets-)Repräsentant Anzeigenverkauf

Bei Verlagsobjekten mit großräumiger Verbreitung, der sogenannten überregionalen Presse, kann es geraten sein, die Werbe/Verkaufsfunktion gegenüber den potentiellen Anzeigenkunden dezentral einzusetzen. Große Verlage haben regionale Büros eingerichtet, von denen aus der Anzeigen-Verkauf mit größerer Kundennähe und der Möglichkeit unmittelbarer Beratung vorgenommen wird. Trotz der meist verwendeten Bezeichnung "Anzeigenverkauf " muß diese Funktion dennoch weitgehend den werblichen Bereich zugerechnet werden, denn ein großer Teil der Tätigkeit dieser Verlagsbüros besteht aus werbender Kontaktpflege.

4. Der Mediaforscher

Ebenso wie der Verkäufer ist der Mediaforscher kein reiner Werbeberuf, aber im Servicebereich der Zeitungs- und Zeitschriftenverlage führt er großenteils werbliche Aufgaben aus. Die Gebiete der Mediaforschung und der Mediaplanung sind so eng zusammengewachsen, daß zwischen beiden Tätigkeitsbereichen ein fließender Übergang entstanden ist.

Die Auswahl der Werbeträger (und damit indirekt auch der Werbemittel) obliegt den Mediaplanern der Agenturen bzw. der Inserenten. Diese entscheiden aber nicht nur über die Medien selbst, sondern auch über deren regionalen und zeitlichen Einsatz, über die optimale Häufigkeit und Frequenz der Einschaltung. Das dazu erforderliche Basiswissen verschafft die Mediaforschung, die aus verschiedenen Gründen besonders bei den großen Werbeträgern institutionalisiert ist.

Kröter spricht in diesen Zusammenhang von einer "Zusammenfassung von Marktforschung und Marktbeobachtung mit Mediaforschung und Mediaplanung zu einem Block 'Marketing-Service' auf Seiten der Verlage". [159]

Der Mediaforscher ist zu einem der gefragtesten Experten der Werbebranche geworden. Dohmen hält eine akademische Vorbildung für unerläßlich, da er nicht nur den gesamten Marketingbereich überblicken, sondern auch auf Spezialgebieten wie Mathematik, Statistik und Computereinsatz sachkundig sein muß. [160]

[159] Kröter, H., 1977, S. 55
[160] Vgl. Dohmen, J., 1971, S. 67

F. Resümee

Die Darstellung des Arbeitsfeldes Werbung und seiner Berufe hat gezeigt, daß es zwar viele Gemeinsamkeiten, aber eher noch mehr Unterschiede gibt.

Den Werber gibt es nicht - vielleicht ist es überhaupt falsch, vom Werbefachmann, vom Werbeberuf zu sprechen, wie das bei anderen Berufen oder Berufsvertretern zutreffend sein mag.

Selbst wenn wir die hier ausschließlich behandelten Kernberufe des Werbefachs ansehen, stellen wir doch eine sehr große Bandbreite fest, die sich beispielsweise mit folgendenden Gegensatzpaaren charakterisieren läßt:

eher kaufmännisch	oder	eher gestalterisch
eher handwerklich, ausführend	oder	eher kreativ, planend
eher rational, technisch	oder	eher emotional, künstlerisch
eher wissenschaftlich, exakt	oder	eher intuitiv, großzügig.

Mit dieser beruflichen Ebene sind die vielen Unterscheidungskriterien aber nicht erschöpft. Es kommen noch, wie wir gesehen haben, erhebliche Unterschiede in der Berufsausübung hinzu, je nachdem, in welchem Wirtschaftsbereich die Werbefachleute tätig sind: Bei den werbungtreibenden Unternehmen, bei den Werbeagenturen oder bei den Medien (für die stellvertretend hier nur die Presseverlage herangezogen wurden).

Auch die Tatsache des Auftraggeber/Auftragnehmerverhältnisses zwischen Werbern bei Unternehmen einerseits und Agenturen andererseits (sowie Medien drittens), läßt erkennen, daß selbst bei scheinbar gleichen Funktionen - die durch gleichartige Berufsbezeichnungen signalisiert werden -, Unterschiede bestehen können.

Schließlich ist von Bedeutung, daß es sich bei der Werbung um ein Tätigkeitsfeld mit hoher vertikaler Durchlässigkeit handelt. Von der Hilfskraft oder dem Lehrling bis zum hoch bezahlten freien Berater oder Firmeninhaber kommen alle hierarchischen Stufen vor.

Schon diese drei Betrachtungsweisen - Berufe im engeren Sinn, Wirtschaftsbereiche, hierarchische Ebenen - lassen die Komplexität unseres Themas erkennen. Wie unterschiedlich mögen die Anforderungen an die Ausbildungsstätten sein?

TEIL 2: Werbe-Ausbildungsstätten

DRITTER ABSCHNITT

VORBEREITUNG DER EMPIRISCHEN UNTERSUCHUNGEN

A. Allgemeine Anforderungen an Werbefachleute

und deren Ausbildung

Die Frage nach den allgemeinen Anforderungen an Werbefachleute und an deren ideale Ausbildung ist nicht neu. Das Thema wird einerseits in der Marketing- und besonders Werbeliteratur behandelt, zumeist hypothetisch aufgrund von Plausibilitätsannahmen. Andererseits gibt es und gab es schon seit langem eine Anzahl von Untersuchungen mit dem Ziel, die Wünsche der Praxis zu erfahren und das Ausbildungsangebot der verschiedenen Ebenen zu analysieren. Keine der uns bekannt gewordenen Untersuchungen erfüllte jedoch die beiden Bedingungen, die wir für die vorliegende Forschungsarbeit gesetzt haben:

(1) Die Untersuchung muß sich auf die werbefachliche Ausbildung beschränken, diese jedoch voll erfassen.

(2) Das Problem der werbefachlichen Ausbildung muß sowohl auf Seiten der Ausbildungsanbieter als auch der Nachfrager untersucht werden.

I. Frühere Untersuchungen

Frühere Untersuchungen waren insofern teilweise weitergehend, als sie die Marketingausbildung analysierten, wobei die Werbung sozusagen nur am Rande erfaßt wurde - andere Untersuchungen bezogen sich zwar auf die Werbung, gaben entweder jedoch nur die Situation auf der Ausbildungsseite (und hier teilweise nur auf eine Ausbildungsebene bezogen) oder nur auf der Nachfrageseite wieder. Analysen dieser Art sind z.B. die folgenden:

(1) Die Marketing-Ausbildung an Hochschulen im Urteil ausgewählter Unternehmen [161]

(2) Werbung - Stiefkind deutscher Hochschulen [162]

(3) Anforderungen der Praxis an die Marketing-Ausbildung an Universitäten. [163]

---

[161] Deutsche Marketing-Vereinigung, o.J. (1975)
[162] Zentralausschuß der Werbewirtschaft, 1974
[163] Ellenrieder, P., 1976

II. Zweistufige Pilot-Studie

Nach der ersten Literaturanalyse unternahm der Verfasser zu Beginn des Forschungsprojekts mehrere Informationsreisen, bei der die relevanten Fach- und Berufsverbände sowie andere fachliche Meinungsbildner aufgesucht wurden. Unter anderem wurden hierbei Gespräche mit folgenden Verbänden geführt:

ZAW -   Zentralausschuß der Werbewirtschaft,
         (heute: Zentralverband der Deutschen Werbewirtschaft), Bonn

BDW -   Deutscher Kommunikationsverband, Bonn

DWF -   Deutscher Werbefachverband, Bremen

GWA -   Gesellschaft Werbeagenturen, Frankfurt

WDW -   Wirtschaftsverband Deutscher Werbeagenturen, Düsseldorf

BDVT-   Bundesverband Deutscher Verkaufsförderer und Verkaufstrainer,
         Meerbusch

BDI -   Bundesverband der Deutschen Industrie, Bonn

MV -   Markenverband e.V., Wiesbaden

Weitere Informationsgespräche in dieser Vorphase wurden geführt mit für Ausbildungs- und Berufsfragen zuständigen Verantwortlichen bei werbungtreibenden Firmen, Medien, Werbeagenturen und mit Dozenten von Ausbildungsinstitutionen.

Diese erste Stufe der Pilotstudie diente dem Zweck, das geplante Forschungsprojekt mit den Interessen der zuständigen Institutionen zu koordinieren und die einzelnen Phasen optimal vorzubereiten.

In einer zweiten Stufe wurde eine Anzahl von Verantwortlichen bei Werbungtreibenden (aus dem Hersteller-, Dienstleister- und Handelsbereich) befragt. Hierbei wurden 11 Unternehmungen interviewt, und zwar fünf Konsumgüterhersteller, drei Werbeagenturen, zwei Investitionsgüterhersteller und ein Handelsunternehmen.

B. Die institutionellen Möglichkeiten

der werbefachlichen Ausbildung

Zwar ist eine spezielle Ausbildung keine notwendige Voraussetzung, um eine bestimmte Position in einer Werbeagentur oder der Werbeabteilung eines Unternehmens einzunehmen, jedoch zeigt die Berufsstruktur, daß die meisten Werbefachleute eine mit der späteren Tätigkeit in Zusammenhang stehende Ausbildung durchlaufen haben. Die institutionellen Möglichkeiten der werbefachlichen Ausbildung lassen sich in akademische und nicht-akademische Ausbildungsgänge unterteilen. [164]

Abb. 10   Möglichkeiten werbefachlicher Ausbildung

Nicht-akademische Ausbildung		Akademische Ausbildung		
		im Fachbereich/Fach/Studiengang/Schwerpunkt		
Dual (Lehre)	(Werbe-) Fachschule	Wirtschaft	Kunst/Design	Wirtschaftswissenschaften
		an einer		
		Fachhochschule	Fachhochschule Kunsthochschule	Universität
		Marketing Kommunikation Werbewirtschaft Werbetechnik	Grafik-Design Visuelle Kommunikation Foto-Design	Betriebswirtschaftslehre Volkswirtschaftslehre Marketing Kommunikation Publizistik Psychologie

---

[164] Vgl. Bundesanstalt für Arbeit, 1981/2, S. 8 f.

I. Die duale Ausbildung

Die duale Ausbildung (früher Lehre genannt) umfaßt generell eine dreijährige praktische Lehrzeit und einen begleitenden Berufsschulunterricht, die sich gegenseitig ergänzen. Für Werbefachleute kommen vor allem die werbekaufmännische und die grafische bzw. gestalterische Ausbildung in Frage, wobei die erstere auf beratende Tätigkeiten vorbereitet und die letzteren zu handwerklich/künstlerisch orientierten Spezialberufen hinführen.

1. Die werbekaufmännische Ausbildung

Diese Ausbildung kann in einer Werbeagentur, in einem Unternehmen der Konsumgüter- oder Investitionsgüterindustrie oder bei einem Handels- oder sonstigen Dienstleistungsunternehmen oder auch im Verlagswesen erfolgen.

Als Ausbildungsvoraussetzung gelten der Hauptschulabschluß und ein Ausbildungsvertrag. Die Ausbildung dauert in der Regel drei Jahre und findet ungefähr in Alter von 17 bis 22 Jahren statt. Sie kann oder muß jedoch bei entsprechender Vorbildung wie dem Abitur, einem Fachoberschul- oder Berufsfachschulabschluß auf zwei Jahre verkürzt werden. Ebenfalls wird ein Berufsgrundbildungsjahr auf die Ausbildung angerechnet.

Ein Erlaß des Bundesministers für Wirtschaft sieht für den auszubildenden Werbekaufmann folgende Kenntnisse und Fertigkeiten vor:

- allgemeine wirtschaftliche Kenntnisse im Zusammenhang mit seinem Ausbildungsbetrieb und dessen Stellung innerhalb der Wirtschaft

- kaufmännische und bürotechnische Kenntnisse und Fertigkeiten

- werbefachliche Kenntnisse und Fertigkeiten.

Da der Schwerpunkt der werbekaufmännischen Lehre sowohl in der Praxis als auch im Berufsschulunterricht in der kaufmännischen Ausbildung liegt, steht der werbefachlichen Ausbildung nur ein geringer Zeitanteil zur Verfügung. Die umfassendsten werbefachlichen Kenntnisse kann die Ausbildung in einer Werbeagentur oder in einer großen Werbeabteilung eines Industrieunternehmens bieten. Der Ausbildungsgang könnte hier folgendermaßen aussehen: [165]

---

[165] Vgl. Bundesanstalt für Arbeit, 1981/2, S. 9 f.

92

10 Monate Mediadurchführung
4 Monate Mediaplanung
2 Monate Buchhaltung, Verwaltung und Personalabteilung
2 Monate elektronische Datenverarbeitung
2 Monate Informationszentrum
2 Monate Marktforschung
2 Monate Werbemittelherstellung
2 Monate Gestaltung
2 Monate Beratung.

Unterschiedliche Zeiten gelten für Sonderbereiche wie PR, Verkaufsförderung u.a..

Die Gesamtzahl der auszubildenden Werbekaufleute liegt derzeit bei rund 1.800 Azubis. Das ist gegenüber der Zeit vor zehn Jahren mehr als eine Verdreifachung. Auch die Zahl der Berufsschulen mit Fachklassen Werbung hat sich von damals sechs auf heute 15 erhöht.. Waren die Schulen seinerzeit auf die wenigen großen Werbezentren konzentriert, so gibt es heute Werbeunterricht auch in "l b-Lagen".

2. *Die werbegestalterische (grafische) Ausbildung*

Für die grafische bzw. werbegestalterische duale Ausbildung von Werbefachleuten bieten sich nur wenige Möglichkeiten. Hier gibt es die Drucker-, die Fotografen- und die Schauwerbegestalterlehre.

Als Bildungsvoraussetzung für den Drucker gelten der Hauptschulabschluß sowie mindestens befriedigende Leistungen in den Fächern Rechtschreiben, Mathematik, Physik und Chemie. Im Ausbildungsvertrag wird einer der Schwerpunkte Hochdruck, Flachdruck oder Tiefdruck sowie ein zusätzliches zweites Druckverfahren festgelegt,

Die Fertigkeiten und Kenntnisse, die ein Betrieb nicht oder nur teilweise vermitteln kann, sollen in überbetrieblichen Ausbildungsstätten erlernt werden. [166] Für die Ausbildung zum Fotografen wird keine bestimmte Schulbildung vorgeschrieben, jedoch gelten eine gute Allgemeinbildung, einwandfreies Seh- und Farbunterscheidungsvermögen sowie technisches Verständnis für die Handhabung der Aufnahmegeräte, Beleuchtungsanlagen und Laborgeräte als Voraussetzung. Der Berufsschulunterricht vermittelt neben den im Betrieb erlernten praktischen Fähigkeiten theoretische Kenntnisse in den Bereichen Technologie, Gestaltung und technische Mathematik.

---

[166] Vgl. Bundesanstalt für Arbeit, 1976, S. 7 ff.

93

Die Prüfung erfolgt entweder im Schwerpunkt Fotografie oder Fototechnik. Aufgrund ihrer hohen Spezialisierung sind viele fotografische Betriebe nicht in der Lage, umfassend auszubilden, so daß auch hier überbetriebliche oder kooperative Einrichtungen in Anspruch genommen werden müssen. [167]

Auch für den Beruf des Schauwerbegestalters ist ebenfalls keine bestimmte Schulbildung vorgeschrieben, jedoch werden gute Noten in den Fächern Deutsch, Mathematik, Technik und bildnerisches Gestalten erwartet. Der Ausbildungsgang teilt sich in die Abschnitte berufliche Grundausbildung und berufliche Fachausbildung auf. In der Grundausbildung werden keine speziell werbefachlichen Kenntnisse vermittelt. Die berufliche Fachausbildung berücksichtigt Kenntnisse über das Erzielen gestalterischer Wirkung durch Schauwerbeobjekte, Vor- und Nachteile sowie Eigenschaften wichtiger Werbeträger und Werbemittel, Organisations- und Arbeitsmittel der Schauwerbung und die dazugehörige Kostenkalkulation. [168]

3. Die verlagskaufmännische Ausbildung

Wenngleich die verlagskaufmännische Ausbildung keine Werbeausbildung in engeren Sinn ist, so eignet sie sich doch als gute Grundlage für die Ausübung werbefachlicher Berufe im Verlagswesen. Schwerpunkte der Aufgaben und Tätigkeiten des Verlagskaufmanns liegen u.a. auf dem Gebiet der Anzeigen und der Werbung, also zweier Bereiche mit werbefachlicher Bedeutung. Die formellen Ausbildungsmerkmale (Zugangsvoraussetzungen, Ausbildungsdauer) sind ähnlich denen des Werbekaufmanns. [169]

Fachklassen für Verlagskaufleute in kaufmännischen Berufsschulen gibt es zur Zeit in 19 Städten der Bundesrepublik. Ersatzweise bieten sich verwandte Fachklassen an, wie z.B. diejenigen für Industriekaufleute oder Werbekaufleute.

II. Die Werbefachschulausbildung

Die Werbefachschulen bereiten in erster Linie auf beratende Tätigkeiten vor und ermöglichen eine umfassende Ausbildung im Bereich der werbefachlichen Theorie. Ihr Ausbildungsplan sieht jedoch auch Unterricht in den Fächern Text und Gestaltung vor.

---

[167] Vgl. Bundesanstalt für Arbeit, 1982/2, S. 7 ff.
[168] Vgl. Bundesanstalt für Arbeit, 1982/1, S. 9 ff.
[169] Vgl. Bundesanstalt für Arbeit, 1986, S. 1 f.

94

Als erste Werbefachschule wurde im Jahre 1946 die "Werbefachschule Hamburg" gegründet. Heute gibt es in folgenden 13 Städten Werbefachschulen bzw. Werbefachliche Akademien (Von Nord nach Süd):

Hamburg, Bremen, Hannover, Dortmund, Essen, Kassel, Leipzig, Düsseldorf, Köln, Frankfurt, Nürnberg, Stuttgart, München.

Die Anzahl der Studierenden liegt Anfang 1995 nach Auskunft der Schulen bei ca. 3.100. Der Anteil weiblicher Teilnehmer hat mittlerweile 64 % erreicht. Zugangs-voraussetzung bei den Werbefachschulen ist in der Regel die Fachoberschulreife oder ein ihr entsprechender Bildungsstand sowie ein Mindestalter von 18 - 20 Jahren. Eine abgeschlossene Berufsausbildung oder mindestens ein Jahr Fachpraxis werden von einigen Schulen verlangt. Einige Akademien fordern zusätzlich eine gleichzeitige Beschäftigung in einem "werbe-affinen" Beruf.

Die Werbefachschulen verlangen als private Einrichtungen eine Studiengebühr, die bei den zweijährigen Lehrgängen im Mittel bei DM 6.750 für den ganzen Lehrgang liegt. Es gibt auch einjährige und dreijährige Kurse. Die Extreme der Gebühren fanden wir bei 2.850 und 30.000 DM. Die Kosten werden jedoch meist von den Arbeitgebern übernommen..

Da die Werbefachschulen ihre Ausbildung auf einen "Werbeassistenten" oder "Kommunikationswirt" richten, ist der Lerninhalt sehr breit gefächert und bietet den Lernenden einen Gesamtüberblick über alle Gegenstände und Fragen des Berufsfeldes Werbung sowie der angrenzenden Teilbereiche der Marketing-Kommunikation.

Der Unterricht an Werbefachschulen stellt in der Regel ein berufsbegleitendes Abendstudium dar, was von den Studierenden über zwei Jahre hinweg ein hohes Maß an Ausdauer, Härte, Arbeitsdisziplin, Stehvermögen sowie eine hohe Konzentrations- und Lernfähigkeit erfordert.

Der Arbeitskreis der Werbefachschulen hat einen Rahmenlehrplan entwickelt, der für alle Schulen und Akademien der werbe- und kommunikationsfachlichen Aus- und Weiterbildung beispielhaft sein soll. [170] Er umfaßt 800 Unterrichtsstunden, die von den Fachschulen schwerpunktmäßig ergänzt werden können. Die Lehrkräfte der Werbefachschulen sind weitgehend Spezialisten aus der Praxis.

[170] Vgl. Kroeber, W., 1973, S. 2584-2586

Nach wie vor nehmen die Werbefachschulen eine zentrale Stellung im Ausbildungsplan der Werbefachleute aller Kategorien ein. Als berufsbegleitende Form der Aus- und Fortbildung bieten sie in besonderer Weise die im Werbe- bzw. Marketingbereich gegebene Möglichkeit, schon relativ früh eine verantwortliche, leitende Position zu übernehmen. Daneben dient sie in studienbegleitender Form auch Studenten der Wirtschaftswissenschaften, der Publizistik und der Gestaltung, die später im Bereich der Werbung tätig sein wollen, als eine fachspezifische Zusatzausbildung.

III. Die Hochschulausbildung

Ein Studium mit "werbefachlicher Ausbildung", das auf eine beratende Tätigkeit vorbereitet, kann an Universitäten und Fachhochschulen absolviert werden. In Deutschland gibt es hierfür nach Veröffentlichungen des ZAW rund 80 Universitäten und Fachhochschulen. [171]

Die Teilnahme an studienbegleitenden Praktika wird von den Universitäten aufgrund des Mangels an Praktikantenstellen nicht mehr gefordert, aber im allgemeinen positiv bewertet. Für viele Fachhochschulen gehören die Praktika dagegen zum festen Bestandteil der Ausbildung.

1.   Fachhochschulen/Kunsthochschulen

Mit dem Gebiet der Werbung beschäftigen sich an den deutschem Fachhochschulen die Studiengänge Betriebswirtschaft, Drucktechnik und Design bzw. Visuelle Kommunikation. Zur Aufnahme eines derartigen Studiums ist die Fachhochschulreife erforderlich. Daneben wird in den meisten Fällen noch ein studienvorbereitendes Grundpraktikum verlangt, das aber durch eine fachbezogene Berufsausbildung abgegolten ist.

An einer Fachhochschule (Fachbereich Design) oder einer Kunsthochschule muß vor Antritt des Studiums zusätzlich die besondere künstlerisch-gestalterische Begabung nachgewiesen werden, die das Erreichen des Studienzieles erwarten läßt. Das Studium an einer Fachhochschule dauert in der Regel 6 - 8 Semester. In dieser Zeit wird aufgrund des praxisbezogenen Charakters der Fachhochschule von dem Studenten neben den normalen Studienleistungen die Absolvierung eines Fachpraktikums verlangt.

---

[171] Vgl. ZAW, Studium Werbung, 1993/1994, S. 59 - 112.
Nach unseren Ermittlungen sind es jedoch nur 23 Fachhochschulen und 34 Universitäten.

a) Fachbereich Wirtschaft

Ein betriebswirtschaftliches Studium an einer Fachhochschule eignet sich besonders für die beraterischen Berufe in einer Werbeagentur. Die Werbelehre wird in den meisten Fällen als Unterrichtsfach im Schwerpunkt Marketing oder Absatz angeboten. An einigen FHen gibt es spezielle Werbestudiengänge, auf die wir weiter unten zurückkommen.

Während des Grundstudiums wird das Fach Marketing überwiegend mit 1-2 Semesterwochenstunden in der allgemeinen Betriebswirtschaftslehre angeboten. Im Hauptstudium kann es als Schwerpunkt gewählt werden, der dann in den letzten zwei bis vier Semestern mit 4 - 14 Wochenstunden zu Buche schlägt.

Bei der Fächerbreite an der Fachhochschule können Detailkenntnisse in dem Umfang, wie sie die Werbefachschulen bieten, nicht vermittelt werden. Es wird vielmehr das Ziel verfolgt, den Studierenden ein Anfangsverständnis der Aufgaben, Probleme und Methoden der Wirtschaftspraxis zu vermitteln, das ihnen eine ergänzende autodidaktische Vorbereitung auf Berufe der Wirtschaft erleichtert und eine Hilfe bei der Weiterbildung in der Praxis sein soll. [172]

Speziell für die produktionstechnischen Berufe in einer Werbeagentur eignet sich der Studiengang Wirtschaftsingenieurwesen. Der Studiengang Werbetechnik und Werbewirtschaft stellt eine interessante Kombination von technischen und kaufmännischen Fächern dar. Hierzu gehören Produktgestaltung, Werbemittel, Werbewirtschaftslehre, Kostenrechnung und Kalkulation der Werbemittel, Werbepsychologie usw. [173]

b) Grafische Fächer

Die 34 Fach- und Kunsthochschulen mit Fachbereichen Design bieten mit ihren Studiengängen "Visuelle Kommunikation", "Kommunikationsdesign" oder "Grafik-Design" eine Ausbildung an, die sich für Berufe im grafischen Bereich eignet. Das Studium ist darauf ausgerichtet, kreative Fertigkeiten zu fördern, fachmännisch auszubilden sowie theoretisch-wissenschaftliche Kenntnisse im grafischen Bereich zu vermitteln. [174]

---

[172] Vgl. Alscher, W., 1982, S. 2608 f.; Jaspert, F., 1973, S. 95
[173] Vgl. ZAW, 1984, S. 87; Jaspert, F., 1973, S. 106
[174] Vgl. Deutscher Designertag, 1984, S. 1 - 11

2 Universitäten

Die universitäre Ausbildung für Werbefachleute ist überwiegend im betriebswirt-schaftlichen Bereich (Marketing) angesiedelt. Eine Untersuchung von Poth ergab, daß der Anteil der "studierten Werber" knapp ein Drittel (31%) beträgt. Von den Befragten hatten 22% ein betriebswirtschaftliches Studium mit dem Schwerpunkt Absatz oder Werbung. Dieser Anteil machte bei den akademisch ausgebildeten Werbern sogar 71 % aus. [175]

Beim Vergleich des Ist-Ausbildungsganges der Befragten und dem Soll-Ausbi-ldungsweg, der für notwendig oder wünschenswert gehalten wird, kommt Poth zu folgendem Ergebnis: "Das Studium mit Schwerpunkt auf Absatz/Werbung wird eindeutig präferiert". [176]

IV. Sonstige Ausbildungsstätten

Neben den institutionalisierten Ausbildungswegen 'Duale Ausbildung', 'Werbe-fachschule' und 'Hochschule' befassen sich weitere Bildungsträger mit Unterweisung in Richtung Werbung. Obwohl diese jedoch teilweise eher als Einrichtungen der Weiterbildung anzusehen sind, kommen sie dennoch für manche Interessenten auch als Möglichkeit der Ausbildung infrage.

Zur gleichen Ausbildungebene wie die Werbefachschulen zählen die Fernlehr-institute, die werbefachliche Ausbildungsprogramme anbieten. Die Lehrgänge sind auf die Vermittlung von Kenntnissen und Fertigkeiten im Bereich Grafik-Design, Werbung, Verkauf, Marketing und Marktforschung ausgerichtet. Manche Lehrgänge bereiten dabei zusätzlich auf die IHK-Prüfung zum Fachkaufmann (Marketing) vor. Unter der Bedingung, daß sich der Teilnehmer ca. 12 Stunden in der Woche mit dem schriftlichen Studienmaterial der Institute befaßt, kann er zwischen Fernlehrgängen mit 6-, 12- und 24-monatiger Dauer wählen.

Ebenfalls mit der Ebene der Werbeakademie vergleichbar, teilweise aber durchaus auf Hochschulniveau, sind die 13 privaten Kunstschulen, die grafische, und damit auch werbegrafische Ausbildung bieten.

---

[175] Vgl. Poth, L.G., 1977, S. 91; vgl. auch Künzel, R., 1970, S. 87 ff.
[176] Poth, L.G., a.a.O., S. 97

Die Ausbildung ist dort nicht gerade billig: von Ausnahmen abgesehen liegen die Gebühren für zwei- bis vierjährige Lehrgänge im Bereich zwischen 10.000 und über 30.000 DM. Die Aufnahmevoraussetzungen sind ähnlich denen der Werbefachschulen, wobei die privaten Kunstschulen naturgemäß auf die künstlerische Eignung besonders achten, andererseits die formalen Qualifikationen nicht so stark bewerten.

C. Resümee

Trotz der zahlreichen aufgeführten Ausbildungsarten und -ebenen ist es eigentlich irreführend, generell von der Möglichkeit einer "werbefachlichen" Ausbildung zu sprechen. Wir haben gesehen, und das wird durch die Analyse der Lehrinhalte bestätigt, daß ein nennenswerter Anteil schulischer Ausbildung über Werbung nur in der Kategorie Werbefachschule/Werbeakademie anfällt. Da diese Einrichtungen generell als berufsbegleitende Abendschulen für solche Schüler gedacht sind, die in der Werbewirtschaft arbeiten, kommt außerdem das in der Praxis vermittelte werbefachliche Wissen noch hinzu.

Letzteres muß auch bei der dualen Ausbildung berücksichtigt werden: Obwohl der schulische Lehranteil, der sich speziell mit Werbung befaßt, auch nach der Reform von 1990 noch vergleichsweise gering ist (gegenüber dem überwiegenden Anteil allgemein-kaufmännischer Wissensvermittlung), werden dem Auszubildenden in der Lehrfirma, also einer Werbeagentur oder einer Werbeabteilung, auch in der Praxis umfangreiche werbefachliche Kenntnisse vermittelt.

Im Hochschulbereich ist die Situation völlig anders. Das auf Beratungsberufe hinführende Studium in ökonomischen Fachbereichen von Fachhochschulen und Universitäten ist generell nicht als werbefachliche Ausbildung konzipiert. Wenn überhaupt, spielt der Lehranteil für Werbung nur eine sehr untergeordnete Rolle.

Etwas anders stellt sich die Situation in den Design-Fachbereichen von Fachhochschulen und Kunsthochschulen dar: Unabhängig davon, ob sich solche Lehreinrichtungen als Ausbildungsstätten für zukünftige Werbegestalter verstehen und dies auch ausdrücklich herausstellen (manche Kunsthochschulen wiesen demgegenüber ausdrücklich darauf hin, daß sie "keine Werbeausbildung" leisten), kann natürlich eine jegliche grafische Hochschulausbildung zur werbegrafischen Tätigkeit qualifizieren.

Das Ausmaß und die Anteile werbefachlicher Unterweisung werden im folgenden 4. Abschnitt untersucht.

VIERTER ABSCHNITT

VOLLERHEBUNG BEI AUSBILDUNGSSTÄTTEN FÜR WERBEFACHLICHE BERUFE

Vorbemerkung:

Wie im Vorwort erläutert, basiert dieser vierte Abschnitt gegenüber den vorangegangenen Auflagen insgesamt auf neuesten Daten, nämlich auf Vollerhebungen zum Stand Ende 1994 bzw. zu 1995.

Aus Platzgründen wurde darauf verzichtet, den "historischen" vierten Abschnitt mit den Zahlen von 1985 mit aufzuführen. Der vorliegende Abschnitt enthält also nur den neuesten Stand. In wenigen Ausnahmefällen sind die alten Vergleichszahlen mit angegeben.

Wer an den früheren Ergebnissen - die sich naturgemäß nur auf die damalige BRD, also die heutigen "alten Bundesländer" beziehen - interessiert ist, kann sich darüber anhand eines Exemplars einer früheren Auflage in einer Bibliothek informieren. Bei Verlag und Handel sind die alten Auflagen vergriffen.

A. Methodik der Untersuchungen

Wir haben die Ausbildungseinrichtungen ausgehend von der damaligen Untersuchung fortgeschrieben. Alle verfügbaren Verzeichnisse wurden herangezogen. Sofern es keine vollständigen Übersichten gab, wurden alle denkbaren Institutionen kontaktiert. Trotz der Bemühung um eine möglichst vollständige Erfassung aller Ausbildungseinrichtungen können wir keine Gewähr für Vollständigkeit übernehmen, zumal der Markt der Bildungsanbieter in ständigem Wandel begriffen ist.

Für uns erfreulich: Die Rücklaufquoten der verschiedenen Gruppen von Ausbildungsstätten lagen zwischen 75 und 100 %; im gewogenen Durchschnitt waren es insgesamt 86 %. Wir haben die begründete Vermutung, daß die meisten der Nicht-Antwortenden keine Werbeausbildung anbieten und daher einfach nicht reagierten.

Wenn uns bekannt gewordene Schulen/Hochschulen nach der dritten Bitte um Ausfüllen eines nur einseitigen Fragebogens immer noch nicht geantwortet haben, müssen wir einfach unterstellen, daß eine Werbeausbildung dort nicht stattfindet, bzw. die Institution gar nicht (mehr) existiert.

Andere Ausbildungsstätten, die in gängigen Verzeichnissen als Einrichtungen genannt werden, an denen man ein "Studium Werbung" absolvieren kann, haben uns schlicht geantwortet, daß dies nicht der Fall ist, bzw. ergab sich das aus deren Unterlagen.

I. Berufsschulen (Duale Ausbildung)

Die derzeit 15 Berufsschulen in 15 Städten mit der Ausbildungsmöglichkeit zum Werbekaufmann, d.h. mit Fachklasse(n) Werbung, wurden um Angaben zu folgenden Sachverhalten angeschrieben:

- Anzahl der Fachklassen Werbung
- Anzahl der Schüler, unterteilt nach Lernjahrgang und Geschlecht
- Tendenz der Schülerzahlen
- Gesamtstundenangebot
- Stundenangebot Werbung.

II.   Werbefachschulen/Werbefachliche Akademien

Die von uns ausfindig gemachten 16 Werbeakademien in 13 Städten wurden nach folgenden Themen befragt:

- Eingangsvoraussetzungen
- Ausbildungsdauer
- Ausbildungsgebühren
- Anzahl der Schüler, unterteilt nach Geschlecht
- Tendenz der Schülerzahlen
- Gesamtstundenangebot
- Bezeichnung des Abschlusses.

III.   Fachhochschulen (Wirtschaft)

Alle Fachbereiche Wirtschaft (und andere mit Marketinglehre) an Fachhochschulen - letztlich waren es 23 - machten uns Angaben zu folgenden Punkten:

- Bezeichnung des Studienganges
- Eingangsvoraussetzungen
- Studiendauer
- Studentenzahlen, unterteilt nach Geschlecht
- Stundenangebot Marketing
- Stundenangebot Werbung
- Bezeichnung des Abschlusses.

IV.   Universitäten (Wirtschaftswissenschaft)

Hier gingen wir ebenso vor wie bei den Fachhochschulen. Die Fachbereiche Wirtschaftswissenschaft waren unser Ansprechpartner für Werbelehre. (Dazu kamen uns bekannt gewordene Studienangebote Werbung aus anderen Fachbereichen, z.B. Psychologie). Wie erhielten Angaben von 34 Universitäten (einschließlich GHen, TH/TUen) zu folgenden Fragen:

- Bezeichnung des Studienganges
- Eingangsvoraussetzungen
- Studiendauer
- Studentenzahlen, unterteilt nach Geschlecht
- Stundenangebot Marketing
- Stundenangebot Werbung
- Bezeichnung des Abschlusses.

V. Fachhochschulen / Kunsthochschulen (Design)

Die Design-Fachbereiche an Fachhochschulen und Kunsthochschulen fragten wir nach ihrem Angebot an Werbelehre. Von 22 Fach- und 12 Kunsthochschulen, zusammen also 34, erhielten wir Informationen zu:

-    Bezeichnung des Studienganges
-    Eingangsvoraussetzungen
-    Studiendauer
-    Studentenzahlen, unterteilt nach Geschlecht
-    Stundenangebot Werbung
-    Bezeichnung des Abschlusses.

VI. Private Kunstschulen

In Erweiterung der seinerzeitigen Untersuchung nahmen wir dieses Mal auch alle privaten Kunstschulen in die Untersuchung auf. Erfreulich war bei dieser Gruppe der 100-prozentige Rücklauf - alle 13 aus der ZAW-Liste haben geantwortet - , und zwar zu folgenden Fragen:

-    Bezeichnung des Studienganges
-    Eingangsvoraussetzungen
-    Ausbildungsdauer
-    Ausbildungsgebühren
-    Anzahl der Schüler, unterteilt nach Geschlecht
-    Stundenangebot Werbung
-    Bezeichnung des Abschlusses.

B. Anzahl und regionale Streuung der Ausbildungsorte

Für den Interessenten an einer werbefachlichen Ausbildung ist es wichtig zu wissen, an wievielen und vor allem an welchen Orten eine Ausbildung möglich ist. In den folgenden Abschnitten werden für die einzelnen Ausbildungsarten die Städte mit Ausbildungsangebot genannt. Dabei wird generell geographisch von Norden nach Süden aufgelistet.

I.   Duale Ausbildung

Rostock	Hannover	Tauberbischofsheim
Hamburg	Dortmund	Nürnberg
Oldenburg	Düsseldorf	Saarbrücken
Bremen	Gera	Stuttgart
Berlin	Frankfurt/Main	München.

Insgesamt 15 Berufsschulen (mit 92 Fachklassen Werbung) in 15 Städten.

II. Werbefachschulen

Hamburg (2x)	Kassel (2x)	Nürnberg
Bremen	Leipzig	Stuttgart (2x)
Hannover	Düsselorf	München.
Dortmund	Köln	
Essen	Frankfurt/Main	

Insgesamt 16 Werbefachschulen/Werbeakademien in 13 Städten.

III. Fachhochschulen (Wirtschaft)

Flensburg	Mittweida	Regensburg
Stralsund	Köln	Pforzheim
Lüneburg	Aachen	Stuttgart
Berlin (2x)	Wiesbaden	Reutlingen
Osnabrück	Mainz	Offenburg
Bielefeld	Nürnberg	Rosenheim.
Münster	Saarbrücken	
Bochum	Heilbronn	

Insgesamt 23 Fachhochschulen (mit Fachbereichen Wirtschaft) in 22 Städten.

IV. Universitäten (Wirtschaftswissenschaft)

Hamburg (2x)	Kassel	Würzburg
Berlin (2x)	Wuppertal	Trier
Hannover	Köln	Mannheim
Osnabrück	Aachen	Nürnberg
Münster	Bonn	Eichstätt
Paderborn	Koblenz	Hohenheim
Dortmund	Frankfurt/Main	Passau
Bochum	Mainz	Augsburg
Göttingen	Bayreuth	München (2x).
Duisburg	Darmstadt	
Leipzig	Bamberg	

Insgesamt 34 Universitäten (Wirtschaftswissenschaften) in 31 Städten.

V. Fachhochschulen / Kunsthochschulen (Design)

Kiel	Krefeld	Würzburg
Wismar	Kassel	Mannheim
Hamburg	Leipzig	Nürnberg
Bremen	Wuppertal	Saarbrücken (2x)
Berlin	Düsseldorf	Pforzheim
Potsdam	Köln	Stuttgart (2x)
Hannover	Weimar	Schwäbisch Gemünd
Braunschweig	Wiesbaden	Augsburg
Holzminden/Hild.	Offenbach	München
Dortmund	Mainz	Konstanz.
Essen	Darmstadt	

Insgesamt 34 Design-Hochschulen in 32 Städten.

VI. Private Kunstschulen

Hamburg (4x)	Mannheim	München (6x).
Berlin	Frankfurt/Main	

Insgesamt 13 Schulen in 5 Städten.

VII. Zusammenfassung

in 61 Städten Deutschlands bieten 135 Institutionen wie auch immer geartete werbefachliche Ausbildung an. Wenn sich auch die Schwerpunkte des Angebots als Häufung von Ausbildungseinrichtungen in den Städten/Regionen zeigen, in denen die Werbewirtschaft (Werbeagenturen, Medien) konzentriert ist, so hat sich doch nach zehn Jahren eine gleichmässigere Verteilung, eine gewisse Regionalisierung, gebildet. Auch in mittleren Orten sind Ausbildungen möglich, wenn auch zum Teil nur in einer oder zwei Sparten.

Interessant ist eine Übersicht über die regionale Streuung der Städte mit Ausbildungsangeboten.

In Norddeutschland finden wir - mit dem Schwerpunkt Hamburg/Bremen - zwischen Oldenburg und Stralsund 19 Ausbildungsstätten in 8 Orten.

In Mitteldeutschland (definiert als zwischen Nord- und Süddeutschland gelegen) haben wir zwischen Aachen und Berlin 55 Schulen in 27 Städten.

Wenn wir diese Region dreiteilen, so ergibt sich ein Gebiet im Westen (Rheinland, Ruhrgebiet) mit den Schwerpunkten Köln und Düsseldorf und zusammen 25 Schulen in 13 Städten.

Anschließend haben wir den Raum Niedersachen, Westfalen, Oberhessen, Thüringen mit dem Schwerpunkt Hannover und insgesamt 18 Ausbildungsstätten in 10 Orten.

Schließlich gehört hierhin die Region Brandenburg, Sachsen mit 12 Schulen in 4 Städten, davon mit 7 Ausbildungsstätten mehr als die Hälfte in der deutschen Hauptstadt.

Auch Süddeutschland (61 Werbeschulen in 27 Städten von Trier bis Passau) läßt sich dreiteilen:

Zunächst finden wir das Gebiet Südwest mit dem südlichen Rheinland-Pfalz, dem Saarland sowie dem Oberrheintal mit 16 Institutionen in 8 Städten, mit dem Schwerpunkt Saarbrücken.

Zur Mitte hin schließt sich der Raum Mittel- und Südhessen, Nordwürttemberg, Franken und Nordbayern an. Dort gibt es 20 Ausbildungseinrichtungen in 10 Orten, davon fast die Hälfte in den Schwerpunkten Nürnberg und Frankfurt.

Zu guter Letzt der südliche Süden mit dem inneren Baden-Württemberg, Mittel- und Südbayern. Wichtige Zentren sind München und Stuttgart, wo sich allein 17 der insgesamt 25 Schulen (bei 9 Orten) befinden.

C. Ausbildungsprofile und qualitative Beurteilung des Ausbildungsangebots

I. Anerkannte Ausbildungsberufe im Bereich Werbung

Die drei bedeutendsten Ausbildungsberufe mit Abschlußprüfung durch die Industrie- und Handelskammer bzw. die Handwerkskammer sind im Bereich der Werbung der des Werbekaufmanns, des Schauwerbegestalters und des Schilder- und Lichtreklame-Herstellers. Außer diesen Berufen gewähren auch andere einschlägige Berufsausbildungen eine gute Einstiegsmöglichkeit in den Sektor Werbung. Das sind z.b. Fotograf, Grafiker, Schriftsetzer, Lithograf, Retuscheur, Drucker oder Verlagskaufmann.

1. Der Werbekaufmann

Die Ausbildung dauert in der Regel drei Jahre. Bei einer entsprechenden Vorbildung wie dem Abitur, dem Besuch einer Fachoberschule oder erfolgreichem Abschluß einer Berufsfachschule kann (bzw. muß) die Ausbildung auf zwei und beim Realschulabschluß auf zweieinhalb Jahre verkürzt werden. Ebenso wird ein Berufsgrundbildungsjahr auf die Ausbildungszeit angerechnet.

Mit der Ausbildung zum Werbekaufmann kann nach Beendigung der Hauptschule begonnen werden. Ausbildungsunternehmen sind überwiegend Werbeagenturen oder Unternehmen der gewerblichen Wirtschaft mit einer Werbeabteilung.

a) Ausbildungsinhalt

Inhalte der Ausbildung zum Werbekaufmann sind nach dem Berufsbild: Allgemeine wirtschaftliche Kenntnisse über den Ausbildungsbetrieb und dessen Stellung in der Wirtschaft, kaufmännische oder bürotechnische Fertigkeiten im Beleg- und Rechnungswesen; Bearbeitung von Archiv- und Dokumentationsmaterial.

Ferner gehören dazu Kenntnisse der Funktion der Werbung; Grundzüge der Werbeplanung; Marktforschungskenntnisse; Gestaltung von Werbemitteln; Werbemittelstreuung bezogen auf Anzeigen in Zeitungen und Zeitschriften, Funk und Fernsehen.

b) Aufgabenbereich

Der Werbekaufmann übernimmt kaufmännische Aufgaben in Unternehmen der Werbewirtschaft. Er ist dabei in seinem planenden und kontrollierenden Aufgabenbereich der Gegenpol zum kreativ gestaltenden Mitarbeiter.

c) Ausbildungsziel

Abschlußprüfung Werbekaufmann vor der Industrie- und Handelskammer.

2. Der Schauwerbegestalter

Durch den Erlaß des Bundesministers für Wirtschaft wurde das Berufsbild des Schaufenstergestalters staatlich anerkannt. Die Ausbildungsdauer beträgt ebenfalls drei Jahre, wobei Verkürzungen möglich sind. Ausbildungsstätten sind meist größere Einzelhandelsunternehmen mit einer eigenen Schauwerbeabteilung (= Dekorationsabteilung).

a) Ausbildungsinhalt

Kennenlernen der verschiedenen Werbemittel; Ausführen berufstypischer Arbeiten wie Tapezieren, Dekorieren und Beleuchten; Kennenlernen der Arbeit mit Holz, Stoff, Karton, Papier, Metall und Kunststoff; berufsübliches Malen und Zeichnen; Kostenberechnung der Werbegestaltung.

b) Aufgabenbereich

Das Entwerfen und Ausführen von Werbegestaltungen in Schaufenstern, Verkaufsräumen und bei Messen und Ausstellungen.

c) Ausbildungsziel

Abschlußprüfung als Schauwerbegestalter vor der IHK.

3. Der Schilder- und Lichtreklame-Hersteller

Auch in diesem Beruf beträgt die Ausbildungsdauer drei Jahre mit der Möglichkeit der Verkürzung. Ausbildungsstätten sind die entsprechenden Betriebe des Handwerks und der Werbung.

a) Ausbildungsinhalt

Grundfertigkeiten der Berufsausübung mit Kenntnissen über Werkzeug, Geräte und Materialien; Kenntnisse über baupolizeiliche Vorschriften, Arbeits- und Unfallschutz; Schriftgestaltung, Siebdruck, Kunststoffbearbeitung.

b) Aufgabenbereich

Zu den Aufgaben gehört neben der Beratung der Kunden die Herstellung und Gestaltung von Schildern und Werbeträgern jeder Art und Größe aus allen dafür geeigneten Werkstoffen. Auch das Anfertigen von Messe- und Ausstellungsstän-den spielt neben der Beschriftung und bildhaften Darstellung an Gebäuden und Fahrzeugen eine große Rolle.

c) Ausbildungsziel

Gesellenprüfung vor der Handwerkskammer.

II. Die Ausbildung an Berufsschulen (Fachklasse Werbung)

1. Anzahl der Fachklassen Werbung

Die 15 Berufsschulen haben zusammen 92 Fachklassen für Werbung, die Extreme liegen bei zwei (Saarbrücken, Tauberbischofsheim) und 15 (Düsseldorf). Auch München (12), Frankfurt (11) und Hamburg (10) sind sehr dominant.

2. Anzahl der Schüler

Ähnlich stark streuen die Schülerzahlen, nämlich von 20 in Tauberbischofsheim oder 33 in Rostock bis zu 294 in München oder 311 in Düsseldorf.

112

Die durchschnittliche Klassengröße liegt bei 19,5 Schülern, die Extreme bei 10 (Oldenburg) und 25 (Stuttgart).

Nach Lernjahrgängen erkennt man eine stärkere Belastung des zweiten und dritten Jahres, was damit zusammenhängen mag, daß die Schüler mit verkürzter Lehre die erste Klasse überspringen. Im Schnitt aller Schulen halten sich 25 % der Schüler in der ersten Klasse auf, 40 % in der zweiten und 35 % in der dritten.

Die Aufteilung nach Geschlecht zeigt die zunehmende "Feminisierung" des Werbeberufes: 70 % aller Werbe-Berufsschüler sind Frauen, in München gar 80 %.

Soziologen mögen darüber forschen, inwieweit sich in diesem hohen Frauenanteil die Faszination der Werbe(-Agentur)-Szene für junge Mädchen widerspiegelt oder ob es sich hierbei zu Teilen um ein interessantes "Parkstudium" vor einer anderweitigen beruflichen - oder familiären! - Orientierung handelt.

3.   Tendenz der Schülerzahlen

13 der 15 Schulen gaben ihre Meinung an. Sieben registrierten eine Zunahme der Nachfrage "in der letzten Zeit", fünf ein Gleichbleiben und nur eine Schule sprach von einem Rückgang. Die Gesamtzahlen werden also zumindest in naher Zukunft nicht drastisch sinken.

4.   Stundenangebot Werbung

Bei einem Angebot von durchschnittlich insgesamt 1.400 Unterrichtsstunden während der Berufsschulzeit (Extreme über 1.500 in München und knapp 1.100 in Gera) hat sich der Anteil der "reinen Werbelehre" wohl dank der Reform des Ausbildungsplans von 1990 auf 29 % erhöht. 1985 lag er noch bei nur 25 %.

In absoluten Zahlen heißt das zwischen 350 (Bremen, Dortmund) und 470 (München) Stunden Werbe-Unterricht. Die Anteilsquote schwankt von 24 % (Hannover) bis 34 % (Düsseldorf).

III.   Die Ausbildung an Werbefachschulen/Akademien

Die Werbefachschulen / Werbefachlichen Akademien sind Spezialinstitute für die Ausbildung des Führungsnachwuchses in der Werbung. Sie sind nach dem 2. Weltkrieg entstanden und auf privater Basis errichtet worden.

Durch eine systematische und methodische Ausbildung bieten sie Berufsinteres-senten die Möglichkeit, sich grundlegende werbefachliche Kenntnisse im Rahmen eines Fachschulstudiums anzueignen. Die 16 Werbefachschulen in 13 Städten bieten dazu zusammen 19 Lehrgänge an.

Grundlage der Ausbildung an Werbefachschulen und Werbefachlichen Akademien ist der allgemeine Rahmenplan des "Arbeitskreises Werbefachliche Bildung". Der Rahmenplan schlägt ein Kernprogramm von 800 Unterrichtsstunden vor. Der Lehr-plan ist strukturiert nach Bausteinen, denen die folgenden Unterrichtsgebiete zugeordnet sind:

Baustein	1	-	Ökonomie
Baustein	2	-	Soziologie/Psychologie
Baustein	3	-	Recht
Baustein	4	-	Techniken
Baustein	5	-	Marketing
Baustein	6	-	Kommunikation im Marketing
Baustein	7	-	Medien
Baustein	8	-	Kommunikationsmittel
Baustein	9	-	Gestaltung
Baustein	10	-	Ideen- und Entscheidungsfindung.

Jeder Baustein gibt Hinweise auf die Lehrinhalte und die Lernziele. Der Sinn des Plans besteht darin, einen Leitfaden der zu unterrichtenden Inhalte aufzuzeigen.

Seine Empfehlungen sind aus dem Bedürfnis gewachsen, daß ein Werbefachmann über einen breiten Fächer von Kenntnissen verfügen muß, um im späteren vielfältigen Arbeitsfeld Werbung erfolgreich bestehen zu können. Die einzelnen Ausbildungsstätten variieren oder ergänzen den allgemeinen Rahmenlehrplan nach eigenen Vorstellungen.

Wie gesagt, ist der allgemeine Lehrplan sehr generell gehalten. Er gibt Hinweise auf die zu unterrichtenden Fachgebiete, ohne jedoch konkrete Fächerbenennungen anzugeben. Die Ausgestaltung der Fachgebiete und die Benennungen der Unterrichtsfächer werden sehr unterschiedlich gehandhabt, so daß eine Vielfalt verschiedener Fächerbezeichnungen entsteht.

Neben der eher theoretischen Wissensvermittlung enthält das Lehrangebot einiger Fachschulen auch praktische Übungen, in denen die Studierenden aktiv und selbständig das erlernte theoretische Wissen im Rahmen fachbezogener Aufgaben problemlösend anwenden sollen.

Einzelne Fachschulen veranstalten auch praktische Übungen ergänzend zur Theorie. Dieser praktische Teil der Ausbildung besteht z.B. aus der Präsentation der Lösung einer werblichen Aufgabe. Während dieses Projektstudiums gründen die Studierenden "Modellagenturen" und sollen Original-Kommunikationsaufgaben aus der Praxis der Unternehmen, Verlage, Organisationen und Institutionen lösen. Die Lösungsvorschläge präsentieren sie dann "agenturgerecht" vor "Kunden" und akademie-externen Gutachtern.

Der Unterrichtsstoff an den Werbefachschulen ist sehr breit angelegt, da die Ausbildung den Einstieg in die meisten Berufe der Werbeführung ermöglichen soll. Der Stoff umfaßt zum einen das gesamte Wissensspektrum, das die Werbung bzw. Kommunikation selbst betrifft oder das eng damit im Zusammenhang steht. Zum anderen enthält die Ausbildung aber auch solche Fächer, die der Werbung weder direkt noch indirekt zuzurechnen sind und die die Aufgabe haben, den Studierenden Basiswissen in allgemeinen Bereichen zu vermitteln. Deren Anteil liegt bei rund 20 %.

1.   Eingangsvoraussetzungen

Das Studium an den Werbefachschulen und Werbefachlichen Akademien ist nicht frei zugänglich. Um zugelassen zu werden, muß der Bewerber bestimmte Voraussetzungon erfüllen.

An schulischen Voraussetzungen verlangen die meisten Schulen einen mittleren Schulabschluß, eine erwartet das Abitur. Soweit zu beruflichen Bedingungen etwas gesagt wird, muß der Bewerber eine kaufmännische Lehre, eine sonstige abgeschlossene Berufsausbildung oder aber aktive Berufstätigkeit, möglichst im Bereich Werbung, mitbringen. Manchmal genügt auch ein Praktikum von ein bis zwei Jahren Dauer vor Aufnahme des Studiums an der Werbefachakademie.

An sechs Schulen wird eine Altersgrenze ausdrücklich abgelehnt; die anderen erwarten Bewerber von mindestens 18 Jahren ((5x), 20 Jahren (3x) oder älter (21 - 23 Jahre, 3x). Zwei Schulen sagen darüber nichts aus.

2. Ausbildungsdauer

Die Ausbildung an den Werbefachschulen/Akademien dauert zwischen einem und drei Jahren. An manchen Schulen kann man zwischen Tages- und Abendunterricht wählen. Letztere Möglichkeit gilt besonders für Berufstätige.

Eine Lehrgangsdauer von zwei Jahren - gleich ob Abendunterricht an drei bis vier Wochentagen oder "Vollzeit"-Tagesunterricht - bieten 14 Schulen an. Je eine Ausbildung dauert zweieinhalb bzw. drei Jahre.

3. Ausbildungsgebühren

Die Ausbildung an den Werbefachschulen und Werbefachlichen Akademien muß bezahlt werden. Die Beträge setzen sich zusammen aus Gebühren für die Einschreibung, das Studium selbst und die Abschlußprüfung, sowie teilweise für sonstige Leistungen.

Das Schulgeld für die Zweijahreskurse liegt im Mittel bei DM 6.750. Unter Einschluß von zwei längeren (drei Jahre, zweieinhalb Jahre) und einem kürzeren, nämlich einjährigen, Lehrgang liegt der Durchschnittsbetrag bei DM 8.400.

Bei den Zweijahres-Studiengängen beträgt der niedrigste Preis DM 2.880 (Westdeutsche Akademie für Marketing-Kommunikation, Köln, Lehrgang "Werbeassistent"), der höchste DM 16.600 (Akademie für Kommunikation, Stuttgart, Lehrgang "Werbewirt").

4. Anzahl der Schüler

Die Gesamtzahl aller Schüler beträgt 3.135. Das ist eine Verdreifachung gegenüber 1985. Wegen des Angebots mehrerer Kurse liegt die WAK Köln mit von dort geschätzten 800 Schülern (ein Viertel aller Werbefachschüler überhaupt!) an der Spitze. Ansonsten bewegen sich die Hörerzahlen zwischen ca. 25 und ca 250.

Ähnlich den Berufsschulen dominiert auch hier der weibliche Anteil, und zwar mit durchschnittlich 64 %.

5. Tendenz der Schülerzahlen

Soweit hierzu etwas gesagt wurde, war es überwiegend eine Stagnation (8x). Zwei Schulen vermerken einen Aufwärts-, eine einen Abwärtstrend.

6. Gesamtstundenzahl

Da die Werbefachschule zu rund 80 % Werbung vermittelt, kann man die Anzahl der gesamten Lehrstunden als Maßstab nehmen. Leider hat sich zu dieser Frage nur die Hälfte der Akademien geäußert. Im Durchschnitt werden demnach pro Lehrgang von zweijähriger Dauer 800 Unterrichtsstunden geboten. Dies entspricht genau dem oben erwähnten Rahmenlehrplan des Arbeitskreises. Die Extreme wurden uns mit 620 bzw. 950 Stunden genannt.

7. Bezeichnung des Abschlusses

Die angebotenen 19 Lehrgänge schließen mit folgenden Titeln ab: Kommunikationswirt (7x), Werbeassistent (4x), Marketingkommunikationswirt (3x), Fachmann/frau für Kommunikation (2x), Werbewirt, Werbefachwirt und Marketing-Wirt (je 1x).In zwei Fällen (Düsseldorf und Leipzig) kann zusätzlich zur Akademieprüfung eine Prüfung vor der Industrie-und Handelskammer abgelegt werden

IV. Die Ausbildung an Fachhochschulen (Wirtschaft)

Die Hochschulausbildung ist in Deutschland, bzw. den Bundesländern - wegen der Kulturhoheit der Länder - in gewisser Weise reglementiert. Angefangen von Rahmen-Studien- und Prüfungsordnungen bis hin zu Zugangsbeschränkungen (Stichworte: Numerus Clausus, ZVS) gibt es eine Reihe von Fakten, die außerhalb des Ermessens der einzelnen Hochschulen liegen. Derartige Sachverhalte haben wir infolgedessen nicht abgefragt. Das gilt für die drei Hochschulgruppen unserer Befragung in gleicher Weise.

1. Bezeichnung des Studienganges

Die ökonomischen Studiengänge an den Fachhochschulen wurden uns in 11 Fällen mit der Bezeichnung "BWL" angegeben, sechsmal erfolgte die Nennung "Wirtschaft". Einzelne Fachhochschulen nennen ihre Studiengänge "Fertigungswirtschaft", "Tourismus", "European Business Administration", "International Business Administration", "Europäischer Studiengang Management" oder "Technische BWL". An der FH Pforzheim heißt der Studiengang "Werbewirtschaft", an der FH für Wirtschaft und Technik Berlin ist es Wirtschaftskommunikation".

Einen nicht-ökonomischen Studiengang mit Werbelehre gibt es in Stuttgart an der FH für Druck: "Werbetechnik und Werbewirtschaft".

2. Eingangsvoraussetzungen

Formale Bedingung ist der Erwerb der Fachhochschulreife, die mit Beendigung der entsprechenden Fachoberschule oder mit Abschluß der Klasse 12 eines Gymnasiums erworben wird. Natürlich können auch Abiturienten hier studieren. Einschlägige Praktika sind erwünscht, jedoch meist keine Bedingung.

3. Studiendauer

Die Regelstudienzeit beträgt meist 8 Semester; in vier Fällen wurden 6 oder 7 Semester genannt. Die effektive Studienzeit ist bei Fachhochschulen nicht wesentlich länger, da das Studium gut organisiert ("verschult") ist.

4. Studentenzahlen

Insgesamt sind knapp 2.500 Studenten an Fachbereichen Wirtschaft mit Marketing und daher mit Werbung konfrontiert. Neben einigen kleinen Fachbereichen mit z.T. einstelligen Studentenzahlen gibt es große Hochschulen, an denen 300 Studenten Werbelehre hören. Der Hörerdurchschnitt liegt bei 100, die häufigsten Werte zwischen 50 und 200 Studierenden. Der Frauenanteil beträgt 56 %.

5. Stundenangebot Marketing

Durchschnittlich erfährt ein Student rund 370 Stunden Marketing-Lehre, was ca. 13 % des Gesamtstundensolls des Studiums bedeutet. Dieser Schnitt liegt deshalb relativ hoch, weil er drei FHen einschließt, die sich auf Werbung als Ausbildungsfach spezialisiert haben. (Siehe unter 1. und 6.)

6. Stundenangebot Werbung

Etwa 90 Stunden werden durchschnittlich der Werbung gewidmet. Abgesehen von den drei Sonderfällen liegen die Extreme bei unter 40 und über 100 Stunden. Es ergibt sich ein Anteil am Gesamt von rund 3 % für Werbung.

Anders ist es bei den drei Fachhochschulen, die Spezialausbildungen für Werbelehre anbieten. In Stuttgart sind es 600 Werbe-Stunden, in Berlin 360 und in Pforzheim 320, was übrigens in allen drei Fällen ca. 50 % der dortigen Marketing-Stunden bedeutet.

7. Bezeichnung des Abschlusses

Bei den meisten Hochschulen lautet der Abschlußtitel "Diplom-Betriebswirt" (manchmal auch ohne Bindestrich); einige nennen ihre Absolventen "Diplom-Kaufmann", darunter manche mit dem Zusatz "FH". Bei der Stuttgarter Druck-FH verläßt man als "Diplom-Wirtschafts-Ingenieur (FH)" die Anstalt.

V. Die Ausbildung an Universitäten (Wirtschaftswissenschaft)

(Zum Allgemeinen siehe Vorspann zu Abschnitt IV.)

1. Bezeichnung des Studienganges

Die Unis nannten uns die Studiengänge "BWL", "Ökonomie" und teilweise die eigentliche Fachbezeichnung "Marketing". Sofern nicht-ökonomische Fachbereiche die Werbelehre anbieten, ist es Psychologie oder Kommunikationswissenschaft.

2. Eingangsvoraussetzungen

Wie an wissenschaftlichen Hochschulen üblich, braucht man das richtige Abitur (allgemeine Hochschulreife). Nur an Universitäten, die als Gesamthochschulen verfaßt sind, kann man mit Fachhochschulreife einsteigen (die sog. Langzeitstudiengänge aber nur nach Zusatzprüfungen durchlaufen).

Praktika oder Berufserfahrungen werden nicht erwartet.

3. Studiendauer

Die Studiendauer ist bei den Unis differenzierter. 21 nannten eine Regelstudienzeit von acht Semestern. Siebenmal werden neun, zweimal zehn und einmal 11 Semester verlangt. Bei den beiden Bundeswehrhochschulen dauert das Studium (militärisch exakt) 3,3 bzw. 2,5 Jahre. Abgesehen von diesen letzteren dürfte die wirkliche Verweildauer aber wesentlich höher liegen, als es die Regel-Semesterzahl vermuten liesse. Sechs Jahre sind sicher ein realistischer Wert.

4. Studentenzahlen

Insgesamt 7.800 Studenten befinden sich in 41 Studiengängen der 34 Universitäten (in 31 Städten). Die Extreme könnten nicht extremer sein: 16 an der "Wissenschaftlichen Hochschule für Unternehmensführung" in Koblenz und 1.200 an der Gesamthochschule Kassel.

Der Durchschnitt liegt bei 190 Marketing-Studenten, beim Gros der Unis sind es zwischen 100 und 300.

Genau umgekehrt als bei den Fachhochschulen ist der Frauenanteil hier niedriger, nämlich 44 %.

5. Stundenangebot Marketing

Der Marketing-Anteil am gesamten Studium ist hier allerdings niedriger als bei den FHen, er beträgt ungefähr 230 Stunden. Wenn wir die an Universitäten üblichen Gesamtstundenzahlen von 2.600 zugrundelegen (es sind weniger als an den Fachhochschulen, da an Unis die Vorlesungszeit pro Semester fast einen Monat kürzer ist), so ergibt sich ein Marketing-Anteil von knapp 9 %.

Die Schwankungen sind beträchtlich. Zwischen 140 und 300 Stunden werden den Studenten im Laufe der Ausbildung geboten. (Noch geringer ist mit 25 Stunden der Anteil bei der Spezialausbildung "Markt- und Werbepsychologie", aber das ist nur ein vier-semestriges Aufbaustudium.)

6. Stundenangebot Werbung

Betrug bei den Fachhochschulen der Werbeanteil ein Fünftel bis ein Viertel des Marketingpensums, so ist es bei den Unis für die Werbung noch schlechter bestellt. Gerade ein Siebtel entfällt auf Werbung. In absoluten Zahlen sind es durchschnittlich 40 Stunden (Extreme: 16 bzw. 125 Stunden) oder relativ 1,5 % an der gesamten Lehre der Kandidaten.

Wir bezweifeln, daß die Reduzierung des Werbeanteils von 6 % im Jahre 1985 auf heute - mit 1,5 % nur ein Viertel dieses Wertes - allein durch erhebungstechnische Probleme erklärt werden kann.

7.   Bezeichnung des Abschlusses

Der klassische Titel lautet "Diplom-Kaufmann" (auch hier sind die Titel mit und ohne Bindestrich gebräuchlich). Die Absolventen dürfen sich in 26 Fällen "Diplom-Kaufmann" nennen, bei zwei Hochschulen mit dem Zusatz "univ." (wohl um sich von den Diplom-Kaufleuten aus den Fachhochschulenabzuheben).

Den Grad eines "Diplom-Ökonom" vergeben sechs Studiengänge.

Im viersemestrigen Zusatzstudium Markt- und Werbepsychologie an der Uni München kann man wahlweise den Abschluß "Diplom-Psychologe", "Diplom-Kaufmann" oder "Magister" (MA) erwerben. Der neunsemestrige Magister-studiengang Kommunikationswissenschaften, ebenfalls an der Münchner Universität, schließt notabene mit dem Titel "Magister" (MA) ab.

VI.   Die Ausbildung an Fachhochschulen/Kunsthochschulen (Design)

(Zum Allgemeinen siehe Vorspann zu Abschnitt IV.)

Eine (werbe-)grafische Ausbildung ist auf Hochschulebene an Fachhochschulen und Kunsthochschulen möglich.

1.   Bezeichnung des Studienganges

Die Studiengangbezeichnung "Kommunikations-Design" wurde von 16 Hochschulen gewählt. An zweiter Stelle folgt "Grafik-Design" bei neun Schulen, und an dritter Stelle kommt die Bezeichnung "Visuelle Kommunikation", für die sich fünf Kunstschulen entschieden haben. Je eine hat einen Studiengang "Visuelle Gestaltung" und schlicht "Design".

2.   Eingangsvoraussetzungen

Von den 12 Kunsthochschulen verlangen drei das Abitur, acht die Fachhochschulreife, eine äußert sich dazu nicht. Von den 22 Fachhochschulen erwarten vier das Abitur, alle anderen einen mittleren Abschluß oder ausdrücklich die Fachhochschulreife.

Eine große Rolle spielt bei den Voraussetzungen zur Aufnahme die berufliche und vor allem die künstlerische Qualifikation. Die meisten Hochschulen setzen ein einschlägiges Praktikum von drei Wochen bis sechs Monaten voraus, das vor Studienbeginn nachgewiesen werden muß. Nur vier Hochschulen verzichten darauf ausdrücklich.

Häufig wird die schulisch/berufliche Vorqualifikation wie folgt erwartet:

(1)   Allgemeine Hochschulreife, fachgebundene Hochschulreife oder Fachhochschulreife
        mit Praktikum oder abgeschlossener Berufsausbildung

(2)   Wie (1), jedoch ohne Praktikum oder abgeschlossene Berufsausbildung

(3)   Mittlere Reife mit Praktikum oder abgeschlossener Berufsausbildung.

Zusätzlich ist in allen Fällen eine Aufnahmeprüfung zu absolvieren, schon wegen des überall bestehenden hochschulinternen Numerus Clausus. (Den oft sehr wenigen, nur einmal jährlich vergebenen Studienplätzen - z.B. 24 - stehen Aberhunderte von Interessenten gegenüber!). Die Aufnahmeprüfungen sind meist mehrstufig: In der ersten Phase müssen die Bewerber eigene Arbeiten einreichen. Wenn diese zusagen, kann man zu einem Informationsgespräch eingeladen werden. Verläuft auch das positiv, so darf der Aspirant zu einer ein- bis zweitägigen praktischen Prüfung unter Aufsicht - also unter Examensbedingungen - antreten (Ökonomen würden von einer Art "Assessment Center" sprechen). Der Rest ist unter anderem Glückssache.

3.   Studiendauer

Die Regelstudienzeit schwankt zwischen sieben und zehn Semestern. Bei 26 Studiengängen beträgt sie acht Semester, fünfmal werden neun Semester angegeben, dreimal zehn und einmal sieben Semester.

4.   Studentenzahlen

An den 34 Hochschulen studieren 8.250 angehende Künstler. das sind im Durchschnitt pro Schule 235 Personen (bei acht Semestern Studiendauer demnach pro Semester weniger als 30). Der Frauenanteil ist unter den Kunststudenten mit 55 % genauso hoch wie bei den FHen Wirtschaft.

5. Lehrangebot Werbung

Während eine Werbefachschule oder auch ein Marketing-Schwerpunkt an einer
Hochschule den Werbebezug der dortigen Ausbildung unmittelbar erkennen läßt,
kann man dagegen die Frage nach der Werberelevanz einer Design-Ausbildung
nicht ohne weiteres beantworten.

Die privaten Fachschulen betonen den Werbebezug und bieten teilweise
ausdrücklich Lehrgänge über Werbegrafik usw. an (Siehe weiter unten, Abschnitt
VII.). In den Selbstdarstellungen der staatlichen Hochschulen wird demgegenüber
dazu häufig nichts ausgesagt. In manchen Fällen könnte man den Eindruck
gewinnen, daß bei gewissen Kunsthochschulen (nicht bei Fachhochschulen) die
Werbung als Anwendungsgebiet der grafischen Kunst obsolet ist.

Eine Ermittlung des der "Werbung" zuzurechnenden Stundenanteils bzw. des
quantitativen Lehrangebots für Werbung ist nicht möglich. Nach extremen
Auffassungen könnte man sowohl die gesamte Unterrichtszeit als für die Werbung
geeignet ansehen, als auch andererseits nur die Stundenzahl solcher
Veranstaltungen, in denen der Begriff Werbung ausdrücklich vorkommt.

"Den Schulen (Kunsthochschulen, Anm. d. Verf.) macht man häufig den Vorwurf,
keine Praxis zu vermitteln. Ich glaube, das stimmt, meine aber, daß die Schule
dazu auch gar nicht da ist. Vielmehr sollten sie (die Studenten, Anm. d. Verf.) hier
sehen lernen. Sehen und umsetzen. Also zeichnen. Zeichnen in allen Techniken,
kleben, modellieren, fotografieren, typografieren, setzen, drucken, alles miteinander
verbinden, experimentieren. Und das konsequent durchhalten". [177]

Dieses Zitat von Jürgen Pilger, Art Director bei Troost Campbell-Ewald, entspricht
jedoch nicht der vorherrschenden Meinung einer großen Anzahl Autoren. Vilim
Vasata, Präsident des Art Directors Club für Deutschland und Chef der größten
deutschen Werbeagentur, BBDO, beschrieb die Situation seinerzeit
folgendermaßen:

"An unseren Schulen scheint es zwei verschiedene Auffassungen zu geben, wie
Nachwuchs auszubilden sei. Die eine Auffassung fördert manuell-künstlerisches
Talent. Hier entstehen im Glücksfall Illustratoren. Die andere Auffassung sensibi-
lisiert Gefühl für Gewichtungen. Im weitesten Sinn Typografie oder Layout.
Begabungen zu beurteilen ist in beiden Fällen schwierig, weil meist der Dozent die
Arbeiten nachhaltig beeinflußt. Die Frage, es sei uns erlaubt sie zu stellen, ob
dieser Nachwuchs unseren Anforderungen entspricht, müssen wir verneinen". [178]

---

[177] Pilger, J., 1984, S. 48
[178] Vasata, V., 1979, S. 16

Ähnlich äußert sich der Werbepraktiker Gitzel:

"Die Dozenten halten ihre Schüler an, sich in ihren gestalterischem Inspirationen nicht von Seitenblicken der Werbung ablenken zu lassen. Viele Lehrer nehmen keine Notiz vom praktischen Leben, in dem sich ihre Schüler später mit den erworbenen Kenntnissen zurechtfinden müssen.[179]

6. Bezeichnung des Abschlusses

Allein 25 Hochschulen verleihen den Abschlußtitel "Diplom-Designer", häufig mit dem Zusatz (FH). Die Bezeichnung "Diplom-Grafik-Designer" gibt es dreimal, darunter einmal mit dem (FH)-Zusatz. Ebenfalls drei Hochschulen sagen, daß der Titel "Designer" laute, und bei einer Schule heißt es, der Absolvent erhalte einen "künstlerischen Abschluß".

VII. Private Kunstschulen

Bei diesen Instituten handelt es sich in den meisten Fällen um (staatlich anerkannte) private Berufsfachschulen.

1. Bezeichnung des Studienganges

Von den privaten Kunstschulen werden die Studiengänge wie folgt genannt: Neun sprechen von "Grafik-Design", zwei von "Kommunikations-Design" und eine unterrichtet "Media-Design".

2. Eingangsvoraussetzungen

Meist wird ein mittlerer Bildungsabschluß verlangt. Drei Schulen erwarten ein Praktikum vor Aufnahme des Studiums, andere sprechen von Begabung oder Kreativität, die man mitbringen müsse. Jedenfalls hängt die Einschreibung allgemein von einer Aufnahmeprüfung ab, die ähnlich wie bei den stattlichen Instituten verläuft (einzureichende Arbeitsproben, mündliche/ausführende Prüfung vor Ort). Das Mindestalter wird meist mit 18 Jahren angegeben, bei zwei Schulen beträgt es 16 Jahre.

---

[179] Gitzel., D., 1979, S. 74

124

3. Ausbildungsdauer

Die Lehrgänge dauern zwischen zwei und vier Jahren. Bei fünf Schulen sind es drei Jahre, bei vier Schulen werden vier Jahre benötigt. Je zwei Institute bieten Lehrgänge von dreieinhalb bzw. zwei Jahren Dauer an.

Entsprechend dem Charakter von Berufsfachschulen handelt es sich - abgesehen von Abendlehrgängen mit verminderter Stundenzahl, die einige Schulen ebenfalls anbieten - um Vollzeitunterricht von 35 bis 40 Stunden pro Woche über 38 Wochen jährlich. Daraus ergeben sich ca. 1.400 Unterrichtsstunden pro Jahr oder ,- bei einem dreijährigen Kurs - zusammen 4.200 Stunden. Auch wenn man die üblichen allgemeinwissenschaftlichen Fächer abzieht, die auch hier angeboten werden, entsteht ein enormes Potential an grafischer Unterweisung, das sich hinter den staatlichen Hochschulen nicht zu verstecken braucht (zumal kontrollierte Anwesenheitspflicht bei allen Fächern besteht).

4. Ausbildungsgebühren

Die Kosten einer solchen Ausbildung sind verhältnismäßig hoch. Abgesehen von einer (städtischen) Fachschule, die keine Ausbildungsgebühren sondern nur Materialersatz in Höhe von DM 2.200 erhebt, liegen die Gebühren im übrigen zwischen 7.000 und 34.000 DM. Der Durchschnittsbetrag der Studiengebühren aller Schulen beläuft sich auf rund DM 19.000.

5. Anzahl der Studenten

Die Hörerzahlen weisen eine große Spannweite auf: 15 Studierende sind in der kleinsten Schule, über 300 in der größten eingeschrieben. Es ergibt sich ein Durchschnitt von rund 140 Kunststudenten pro Schule.

Der Frauenanteil ist mit 65 % deutlich höher als bei den staatlichen Hochschulen.

6. Bezeichnung des Abschlusses

Die bei den (teilweise stattlichen) Prüfungen vergebenen Titel richten sich nach den Bezeichnungen der Studiengänge. Es werden also "Grafik-Designer", "Kommunikations-Designer" und "Media-Designer" in die Berufswelt entlassen.

VIII. Zusammenfassung

Abbildung 11 faßt die Wege zur werbefachlichen Ausbildung zusammen. Sie gibt einen Überblick über Art und Anzahl der Ausbildungsstätten, die Ausbildungsdauer nach Jahren sowie Unterrichtsstunden, die absolute Stundenzahl für Werbung sowie deren Prozentanteil am Gesamtunterricht. Ferner zeigt sie die Anzahl der Schüler/Studenten und der Absolventen pro Jahr.

Legt man die Möglichkeiten des Erlernens werbefachlicher Inhalte weit aus (siehe weiter unten), so ergeben sich bei den sechs verschiedenen Ausbildungsebenen über 135 Ausbildungsstätten.

Die durchschnittliche Gesamtstundenzahl der Ausbildung liegt zwischen ca. 1.000 und über 4.000 Stunden (wobei daran zu denken ist, daß die Ausbildungen zwischen einem und fünf Jahren dauern).

Richten wir den Blick lediglich auf die Stunden, die mehr oder weniger dem Fach "Werbung" gewidmet sind, so verschiebt sich die Bedeutung innerhalb der einzelnen Ausbildungsarten allerdings erheblich. Die Stundenzahl für Werbung ist bei den Ausbildungsstätten, deren Lehrinhalte eher ökonomisch oder betriebswirtschaftlich orientiert sind (Duale Lehre, FH Wirtschaft, Uni Wirtschaftswissenschaft) sowie bei der doppelt qualifizierenden Werbefachschule (ökonomisch-planende und künstlerisch-gestaltende Ausbildungsinhalte) noch einigermaßen zu beziffern. Bei diesen vier Gruppen sehen wir Volumina zwischen durchschnittlich 40 und 800 Werbe-Stunden, was Anteilen am Gesamtlehrangebot zwischen 1,5 und 80 % entspricht.

Bei den Kunstschulen ist das Volumen an Werbeunterricht mit Sicherheit höher. Die Problematik der Zuordnung des Kunst(hoch)schulpensums zur Werbeausbildung wurde schon angesprochen. Ein zugegebenermaßen unbeholfener Kompromiß zwischen den weiter oben von Vilim Vasata zitierten Meinungen vom "Alles oder Nichts" (bezüglich der Eignung des Kunstunterrichts für die Werbung) könnte lauten, daß 50 % der Stunden als Werbelehre angenommen werden, auch wenn man einräumen muß, daß Kunstschulen hauptsächlich die grafische Seite der Werbung unterstützen.

Damit aber lägen die Kunstschulen aller Gattungen bei absoluten Stundenzahlen weit über den anderen Ausbildungseinrichtungen, sind doch 50 % bei den staatlichen Hochschulen immerhin 1.500 und bei den (privaten) Kunstschulen mehr als 2.000 Stunden!

126

Wegen der Ausgewogenheit der Ausbildung an den Werbefachschulen (weder ökonomische noch künstlerische Dominanz) kann man letztlich bei dieser Schulform mit ihrem 80-%igen Werbeanteil von einer tatsächlichen werbefachlichen Ausbildung sprechen.

Der duale Sektor, bei dem immerhin zu einem Beruf ausgebildet wird, der das Wort Werbe- in der Berufsbezeichnung führt, fällt mit einem Anteil von knapp 30 % in der Schule vermittelter werbefachlicher Lehrinhalte bereits stark ab.

Demgegenüber muß der Anteil werbefachlicher Lehreinheiten am Gesamt-ausbildungsprogramm der Hochschulen mit 3 bzw. 1,5 % im Sektor Wirtschaft bzw. Betriebswirtschaftslehre als geradezu unbedeutend erscheinen.

In absoluten Stundenzahlen für das Fach Werbung sehen die Fachhochschulen bzw. deren Fachbereiche Wirtschaft nicht ganz so schlecht aus. In ihrer Ausbildung, die allerdings ungefähr doppelt so lange dauert wie Lehre oder Werbefachschule, bieten sie mit durchschnittlich 90 Stunden eine durchaus meßbare Zahl von werblichen Lehr-Stunden.

Trotzdem ist nicht zu übersehen, daß die Hochschulausbildung gegenüber der Werbefachschule hoffnungslos zurückliegt (insbesondere die der durch-schnittlichen Universität). Inwieweit die übrigen an den Hochschulen vermittelten Lehrinhalte das Defizit an werbefachlicher Unterweisung auf andere Weise wettmachen können, sei hier nicht untersucht.

Die Kunstschulen beider Gruppen liegen nach Werbeakademie und Dualer Ausbildung sozusagen auf dem zweiten Platz. Dagegen würden wir von einer Werbeausbildung im Bereich der Fachhochschulen Wirtschaft (abgesehen von den erwähnten Ausnahmen!) und den universitären Fachbereichen mit Marketing-schwerpunkt nicht sprechen.

Die aktuelle Anzahl von Schülern und Studenten mit werbefachlicher Unterweisung in den sechs Ausbildungsebenen liegt bei über 25.000. Darunter sind mehr als die Hälfte, nämlich 13.500 oder 54 %, Frauen.

Die Anzahl der jährlichen Absolventen ergibt sich aus der Schüler/Studentenzahl, dividiert durch die Ausbildungsdauer in Jahren, wobei Studienabbrecher und Durchfaller zu berücksichtigen sind. Danach zeigt sich eine Absolventenzahl von ca. 5.600 Personen, die pro Jahr mit mehr oder weniger intensiven werbefachlichen Kenntnissen die verschiedenen Ausbildungseinrichtungen verlassen.

Unter Berücksichtigung von Doppelqualifikationen (ein und dieselbe Person besucht nacheinander/nebeneinander eine Werbefachschule und eine Hochschule usw.) dürfte sich die Zahl der "werbefachlich" Ausgebildeten, die jährlich dem Arbeitsmarkt zugeführt wird, auf etwa 5.000. belaufen.

(Vgl. S. 25!)

Abb. 11 **Anzahl der Ausbildungsstätten - Ausbildungsdauer - Anzahl der Schüler/Studenten und Absolventen**

(Bei allen Angaben handelt es sich um Summen bzw. ermittelte / errechnete / geschätzte Durchschnittswerte der Gruppen)

Ausbildungsweg	Anzahl der Ausbildungsstätten	Ausbild.-dauer in Jahren	Gesamte Stundenanzahl der Ausbildung	Stundenanzahl für Werbung	%-Anteil Werbung am Gesamt	Anzahl der Schüler/Studenten	(darunter weiblich)	Anzahl der Absolventen
Duale Lehre, (Abschluß: Werbekaufmann/Werbekauffrau)	15	2-3	1.375	390	29	1.800	1.250	700
Werbefachschule/ Werbeakademie, (Abschluß: Werbewirt/in, Werbeassistent/in o.ä.)	16	1-3	1.000	800	80	3.100	2.000	1.400
Fachhochschule Fachbereich Wirtschaft, (Abschluß: Diplom-Betriebswirt/in, Dipl.-Kfm/frau (FH) o.ä.)	23	4	2.500	90	3	2.300	1.200	500
Universität Fachbereich Wiwi/BWL, Marketing, (Abschluß: Diplom-Kaufmann/frau)	34	4-5	2.600	40	2*)	7.800	3.400	1.200
Fachhochschule/Kunst-hochschule Fachbereich Design, (Abschluß: Diplom-Designer/in)	34	3-5	3.000	?**)	?	8.250	4.500	1.400
Kunstfachschule Fachbereich Grafik/ Design, (Abschluß: Grafik-Designer/in o.ä.):	13	2-4	4.000	?	?	1.800	1.150	400
Zusammen	135					25.050	13.500	5.600

*) genau nur 1,5%
?**) Zur Problematik der Berechnung des Stundenvolumens für Werbung und des Stundenanteils Werbung am Gesamt als Durchschnittswert bei den Kunsthoch- und Fachschulen siehe im Text.

D. Vorläufige Empfehlungen

aus der Analyse der Ausbildungsstätten

I. Dualer Bereich

1. Lehrinhalte

Der Ausbildungsberuf für den Werbekaufmann tritt als Erwachsenenberuf mit dieser Bezeichnung in der Berufspraxis der Werbewirtschaft nicht in Erscheinung. Fragt man sich, was die Berufsbezeichnung überhaupt bedeutet, so könnte man daraus ableiten, daß ein Werbekaufmann an seinem Arbeitsplatz ausschließlich die die Werbung betreffenden und mit ihr in Zusammenhang stehenden kaufmännischen Belange und Angelegenheiten nach innen und/oder außen wahrnimmt.[180]

In der Realität aber werden als Arbeitsgebiet des Werbekaufmanns alle kaufmännischen Tätigkeiten angesehen, d.h. es gibt zwar Einsatzmöglichkeiten für den Werbekaufmann, doch diese sind relativ eng auf den kaufmännischen Bereich begrenzt. Daran hat sich auch durch die Neufassung der Ausbildungsordnung von 1990 nicht viel geändert. Das kann man schon daraus erkennen, daß sich der Werbeanteil am Gesamtstundenbudget nach der Novellierung nur um ganze·4 % erhöht hat - von 25 auf 29 %. Immer noch dienen über zwei Drittel des Unterrichts anderen Dingen.

Es muß gefragt werden, wofür ein Werbekaufmann benötigt wird. Denn woran es der Werbewirtschaft mangelt, ist Nachwuchs mit einer Ausbildung, bei der das Schwergewicht statt im Kaufmännischen in Werbefachlichen liegt. Werbung ist keine kaufmännische Veranstaltung, sondern eine "Subwirtschaft mit interdisziplinärem Charakter".[181]

Die Einsatzmöglichkeiten des Werbekaufmanns sind sicher auch deshalb problematisch, weil er in Konkurrenz zu anderen Berufen steht. Im Verlagswesen sind es die Verlagskaufleute; im Agenturbereich ist es vorstellbar, daß Bürotätigkeiten von Bürokaufleuten ausgeübt werden.

---

[180] Vgl. Bundesinstitut für Berufsbildungsforschung, 1983, S. 1
[181] Kröter, H., 1977, S. 26

Zudem besteht bei Agenturen die Tendenz, kaufmännische Arbeitsgebiete zunehmend auszugliedern und speziellen Dienstleistungsunternehmen zu übergeben (von der allgemeinen Ver-Akademisierung, also der Besetzung auch bescheidener interner Posten mit Hochschulabsolventen einmal ganz abgesehen).

Im Bereich der werbungtreibenden Unternehmen sieht es ähnlich schlecht für den Werbekaufmann aus. Wenn eine Werbeabteilung besteht, werden dort in erster Linie werbespezifische Aufgaben durchgeführt. Für den kaufmännischen Bereich zeichnen dagegen meist andere Abteilungen verantwortlich.

Wenn die Werbewirtschaft weiterhin auf einen auf ihre Belange zugeschnittenen dualen Ausbildungsberuf zurückgreifen will, kann das nur heißen, daß die kaufmännischen Ausbildungsinhalte zugunsten der werbefachlichen weiter reduziert werden. Es müßte also ein völlig neues Berufsbild mit überwiegend werbefachlichen Aufgaben konzipiert werden (wobei natürlich eine allgemeine Grund-Ausbildung im kaufmännischen Bereich gesichert bleiben muß). Aber das wurde in der ersten Auflage dieses Buchs auch schon gefordert.

2. Berufsbezeichnung

Wenn die kaufmännischen Lehrinhalte reduziert werden, könnte sich die Frage ergeben, ob die Berufsbezeichnung Werbekaufmann/Werbekauffrau noch aktuell erscheint. Eine neue Berufsbenennung sollte genau die Tätigkeitsmerkmale erkennen lassen, die von einem fertig Ausgebildeten ausgeübt werden.

3. Vorbildungsniveau

Seit langem schon ist der Beruf des Werbekaufmanns fast zu einem reinen Abiturientenberuf geworden, was dazu geführt hat, daß die Ausbildung überwiegend auf zwei Jahre zusammengefaßt wurde. Daher sollte überlegt werden, ob die Ausbildungsvoraussetzungen und die Ausbildungsdauer so beibehalten werden sollen.

Nach P. Trauth muß wegen der Verwissenschaftlichung der Werbung ein höheres Bildungsniveau vorhanden sein. [182] Für den Hauptschulabgänger sieht er auf Grund der stark geistig bestimmten Arbeit und der hohen Anforderungen an die Intelligenz wenig Platz. Das gilt nicht nur für die forschenden, planenden und gestaltenden, sondern auch für die kaufmännisch orientierten Berufe in der Werbung.

---

[182] Vgl. Trauth, P., 1973, S. 377

131

Durch die zunehmende Spezialisierung und ständige Anpassung an neue Entwicklungen hält Trauth als Mindestanforderung an schulischer Vorbildung den Abschluß der Klasse 10 der Realschule oder der Sekundarstufe I eines Gymnasiums für erforderlich.

Hier soll die Voraussetzung dafür geschaffen werden, daß der Berufsanfänger in der Lage ist, nach einer Lehre oder neben ihr beruflich weiterführende und spezialisierte Fachschulen zu besuchen. Ähnlich argumentiert Hannelore Kröter, die ebenfalls als Mindestanforderung für alle in der Werbung Tätigen den mittleren Bildungsabschluß ansieht. [183] Beide Autoren sind übrigens der Ansicht, daß für Abiturienten der Weg, über eine Ausbildung zum Werbekaufmann in die Werbewirtschaft hineinzufinden, wenig geeignet ist. Durch ihr intellektuelles Streben, welches auf die Berufe der Werbeführung ausgerichtet ist, sollten sie über geeignetere Stufen, z.B. den Besuch der Werbefachschule oder eine Hochschulausbildung zu den Spezialberufen gelangen.

Da von den Ausbildern meist Abiturienten bevorzugt werden, ist es einem wirklich an der Werbung interessierten Hauptschüler somit nur noch möglich, durch den Besuch einer weiterführenden Schule wenigstens die "Mittlere Reife" zu erhalten, so daß auch für ihn die Tür zum Werbeberuf offensteht. Damit wäre aber der Charakter der Grundausbildung des Werbekaufmanns als Lehre für Hauptschulabgänger in Frage gestellt.

Die Ausbildungsdauer sollte man davon abhängig machen, welchen Umfang die neuem Lehrinhalte bekommen. Dabei ist das Verhältnis von Berufsschule und Betrieb genau festzulegen. Auf jeden Fall sollte diese Zeit nicht aufgrund einer schulischen Vorbildung verkürzt werden; da bei einer Schwerpunktsetzung auf den werbefachlichen Bereich kaum jemand eine derartige Vorbildung aufweisen kann. Sinnvoll könnte es andererseits sein, zusätzliche Kurse in den allgemeinen Fächern für die Nicht-Abiturienten anzubieten. Aber: Sollte die Ausbildungsdauer grundsätzlich drei Jahre betragen, so wäre wohl nicht auszuschließen, daß die Abiturienten dann gleich zur Hochschule gehen und für die geforderte Berufserfahrung ein Praktikum absolvieren.

---

[183] Vgl. Kröter, H., 1977, S. 22

132

4. Dualität der Ausbildung

Denkt man über die Zukunft der Berufsausbildung zum Werbekaufmann nach, so stellt sich die Frage, ob die werbefachliche Ausbildung im dualen System überhaupt sinnvoll ist, ob sie dem Ziel entspricht, eine breite, alle Bereiche der Werbung einschließende Basis an werbefachlichen Grundqualifikationen zu schaffen, die es dem Absolventen ermöglicht, sich für eine der vielfältigen speziellen Berufstätigkeiten in der Werbewirtschaft zu entscheiden.

Das Bundesinstitut für Berufsbildungsforschung befaßt sich seit längerem mit der Frage, ob das Ziel der werbefachlichen Berufsausbildung nicht besser durch andere Ausbildungsmöglichkeiten als durch duale Ausbildung erreicht werden könnte. [184] Denn seit Jahren schon betreiben Werbefachschulen und -akademien eine erfolgreiche und von der Praxis anerkannte Ausbildung, die eine tragfähige Grundlage für den beruflichen Einstieg in die Werbewirtschaft bietet.

Wenn man der Auffassung ist, daß die rein schulische Ausbildung so vorteilhaft ist, daß man auf das Kennenlernen der Betriebspraxis (wie bei der werbekaufmännischen Ausbildung) verzichten kann, so sollte man sich für die (werbefach-)schulische Ausbildung entscheiden und auf die Neukonzeption eines dualen werbefachlichen Ausbildungsberufes verzichten. Einige Argumente, wie z.B. die Problematik der Fachklassenbildung, sprechen dafür. Dagegen spricht die Konsequenz, daß es ohne diesen Ausbildungsweg aber keine Erstausbildung für einen direkten werbefachlichen Beruf mehr gäbe.

Für viele Tätigkeiten in der Werbebranche ist sicherlich kein Hochschulstudium notwendig, zumal Hochschulabsolventen meist führende Posten anstreben. Damit bleibt genügend Platz für eine assistierende Tätigkeit eines Werbekaufmanns, der sich selbst durch Weiterbildung, vielleicht an einer Werbefachschule, in seinem Beruf verbessern kann. Denn das Schließen von theoretischen Wissenslücken durch Weiterbildung ist oft wesentlich leichter als das Nachholen einer intensiven fachpraktischen Ausbildung. [185]

---

[184] Vgl. Bundesinstitut für Berufsbildungsforschung, 1981, S. 11
[185] Vgl. Poth, L., 1977, S. 95

Die betriebliche Ausbildung mit ihrer Parallelität von praktischer Mitarbeit und Unterricht hat ja auch ihre besonderen Vorzüge. Sie erleichtert das Erlernen von praktischer Arbeitsmethodik und Arbeitsorganisation. Sie beschleunigt den sozialen Eingliederungsprozeß in das betriebliche Leben, der besonders bei langer Ausbildungszeit oft problematisch langsam und kompliziert verläuft (Stichwort Praxisschock). Außerdem verhilft die Konfrontation mit der Praxis zu einem realistischeren Erlebnis von Wissenschaft und Theorie und damit zu einer ausgewogenen Bewertung beider Seiten. [186]

Eine letzte Überlegung zu dieser Problematik: Wenn die Werbeakademien am Erfordernis einer Lehre (z.B. Bürokaufmann) oder zumindest an einem längeren Praktikum als Eingangsvoraussetzung festhalten, ist die Forderung nach einer betrieblichen Sozialisation vor Eintritt in die werbliche Berufspraxis erfüllt.

5. Empfehlungen zur Neugestaltung des Berufsbildes Werbekaufmann/Werbekauffrau

Unabhängig von den gerade angestellten Überlegungen sollten bei einem Beibehalten des Ausbildungsberufs Werbekaufmann das Berufsbild sowie die Lehrinhalte des Berufsschul-Unterrichts noch stärker an die heutigen Anforderungen an die Berufspraxis angepaßt werden.

Im einzelnen wäre das Folgende zu verbessern:

(1)   Wesentliche Erhöhung des Anteils werblicher Inhalte im Berufsschulunterricht von zur Zeit nur knapp 30 %

(2)   Generelle Festlegung der Lehrzeit auf drei Jahre; evtl. mit Brückenkursen für Teilnehmer mit niedrigerer Vorbildung als Abitur

(3)   Einheitliche Lehrpläne in allen Bundesländern

(4)   Bessere Ausbildung der Berufsschullehrer in werbefachlicher Hinsicht

(5)   Verbesserter Theorie-Praxis-Transfer durch engere Zusammenarbeit zwischen Schule, Ausbildungsbetrieb und IHK.

---

[186] Vgl. Rost, D., 1972, S. 334

II. Werbefachschulen/Werbefachliche Akademien

Die vorliegende Bestandsaufnahme hatte zum Ziel, die Ausbildungsmöglichkeiten an den Werbefachschulen und Werbefachlichen Akademien darzustellen.

1. Die Zukunft der Werbefachschulausbildung

Die Aufschlüsselung der zur Bestandsaufnahme angesetzten Kriterien ergab, daß die Ausbildungsstätten zum Teil Ähnlichkeiten, in den meisten Punkten jedoch Unterschiede aufweisen. Der interdisziplinäre Charakter und insbesondere das fehlende Berufsbild sind dafür ursächlich. Die Fachschulen können sich bei der Konstruktion ihrer Ausbildungsangebote nicht an allgemeingültige Richtlinien anlehnen. Die Gestaltung der Ausbildung ist weitgehend von ihren eigenen Vorstellungen abhängig. Die Vielfalt der Werbewirklichkeit spiegelt sich auch in der Ausbildung an den Akademien wider.

Eine ständige Überprüfung des Ausbildungsprozesses im Hinblick auf den Realitätsbezug ist unbedingt erforderlich. Die Arbeitgeber fordern einen stärkeren Praxisbezug der Ausbildung. Der Lehrkörper besteht hauptsächlich aus Praktikern des Arbeitsfeldes Werbung. Aus dieser Verbindung mit der Praxis erfährt die Ausbildung der Fachschule zwar Praxisnähe; die strukturelle Zusammengehörigkeit der vielfältigen der Werbung angehörenden Fachgebiete wird dabei aber kaum vermittelt. Hierzu schrieb Zielinski bereits 1970: "Wissensquanten werden lediglich additiv aneinandergereiht. Die geistige Durchdringung kommt zu kurz." [187]

Das Ausbildungssystem sollte daher so flexibel gestaltet werden, daß die Studierenden neben dem festen Unterrichtsprogramm auch jederzeit über Fragen und Probleme der Werbewirtschaft auf dem laufenden gehalten werden. Werbepraktiker und Wirtschaftsfachleute könnten auf diese Weise dazu beitragen, die Ausbildung an den Werbefachschulen noch effizienter zu gestalten.

Bei vielen Akademien hat sich die Dominanz der "Nur-Praktiker" als Dozenten insofern verringert, als einerseits zunehmend auch Hochschul-Professoren tätig sind, andererseits die als Lehrende eingesetzten Praktiker inzwischen fast alle ebenfalls eine eigene Hochschulausbildung hinter sich haben. Somit ist die geistige Verknüpfung von Praxis und Theorie an der Werbefachschule heute bedeutend besser als früher.

---

[187] Zielinski, J., 1970, S. 30 f.

Zusätzlich sollten die Studierenden verstärkt zum kreativen Werbedenken und zu einer eigenschöpferischen Werbegestaltung hingeführt werden. Eine solche Synthese aus Theorie und Praxis ist bisher nur an einigen Fachschulen Bestandteil der Ausbildung. Planspiele oder case-studies sollten generell stärker berücksichtigt werden. Darüber hinaus wäre es sinnvoll, wenn die Studierenden der Tagesschulen als "Praktikanten" zeitweise zum Beispiel in Werbeagenturen tätig sein könnten.

2. Das Berufsbild der Absolventen von Werbefachschulen/Akademien

Es bleibt die Frage nach dem so oft geforderten allgemein anerkannten Berufsbild für mittlere Führungsebenen in der Werbung. Die Bestandsaufnahme der Ausbildungsmöglichkeiten an den Werbefachschulen und Werbefachlichen Akademien hat gezeigt, wie unterschiedlich deren Handhabung ist, insbesondere im Hinblick auf die Ausbildungsinhalte. Normierte Ausbildungsgänge und ein klar definierter, allgemein verbindlicher Rahmenstundenplan könnte sowohl für die Ausbildungsstätten selbst als auch für die Studieninteressenten eine Orientierungshilfe darstellen. Es genügt nicht, nur den Namen zu ändern (vom früher allgemein üblichen "Werbeassistent" hin zu den heute gängigen Titeln "Kommunikationswirt", "Marketingwirt" oder ähnlichen Etiketten).

In Zukunft sollte die Zusammenarbeit der Ausbildungsstätten im Arbeitskreis Werbefachliche Bildung und der Informationsaustausch mit der Praxis zur Erarbeitung effizienterer Lernprogramme intensiviert werden. Dabei sollte die bisherige Offenheit der Ausbildungssysteme der Werbefachschulen und Werbefachlichen Akademien beibehalten werden, so daß alle künftigen Entwicklungen ohne Schwierigkeiten in das jeweilige System aufgenommen werden können.

III. Fachhochschulen (Wirtschaft)

Die uneinheitlichen Lehrprogramme der Fachhochschulen im Bereich Marketing und damit auch der Werbung gegenüber anderen Fachgebieten sind aus dem Bedeutungswandel der jungen Disziplin Marketing abzuleiten, der sich in den letzten Jahren vollzogen hat. Eine klare Formulierung von Ausbildungszielen ist aber Grundvoraussetzung für eine überschaubare und vor allem einheitliche Lehrstoffplanung.

Die Anpassung an die sich ständig ändernden Anforderungen der Praxis erfordert eine Weiterentwicklung der Werbetheorie, und zwar unter "problembezogener Spezialisierung der Marketingwissenschaft auf der Grundlage einer Verhaltens- und Managementorientierung."[188]

Das gestern vermittelte Wissen reicht für den Werbefachmann von morgen nicht mehr aus. "Aus klar ablesbaren Trends der Vergangenheit müssen Entwicklungen für die Zukunft extrapoliert werden."[189] Das bedingt eine ständige Bereitschaft, sich entsprechend weiterzubilden. Neben den theoretischen Mängeln, die zu beseitigen sind, steht die Notwendigkeit einer praxisrelevanten Ausbildung. Der als ideal empfundene Ausbildungsweg von Studium und Lehre bestätigt den von verschiedenen Fachhochschulen eingeschlagenen Weg, der "nach Meinung der Praktiker die Vorteile der bisherigen Ausbildungsinstitutionen nutzt, ohne deren Nachteile zu übernehmen."[190]

Es muß allerdings angemerkt werden, daß Poth die hohe Meinung der Praktiker von der Fachhochschulausbildung nicht uneingeschränkt teilt. Die vermutete Synthese von Theorie und Praxis hält er für unrealistisch, weil seines Erachtens "Fachhochschulen ... de facto keine Möglichkeit zur Forschung haben."[191]

IV. Universitäten (Betriebswirtschaftslehre)

Zunächst gilt allgemein das unter III. Fachhochschulen (Wirtschaft) Gesagte. Noch stärker aber ist bei den Universitäten festzustellen, daß von einem "Werbestudium" überhaupt nicht gesprochen werden kann. Wie wir gesehen hatten, gibt es nur an 34 aller deutschen Universitäten mit wirtschaftswissenschaftlichen Fachbereichen im Rahmen des Fachs Betriebswirtschaftslehre das Schwerpunktfach Marketing mit einer gewissen Werbespezialisierung.

Dabei handelt es sich aber natürlich nicht um betriebswirtschaftliche Studiengänge mit Abschluß eines Diplom-Werbekaufmanns, -Werbewirtes oder auch nur eines Diplom-Marketingexperten, sondern um ganz normale betriebswirtschaftliche Studiengänge mit dem Abschluß Diplom-Kaufmann.

---

[188] Alscher, W., 1982, S. 2617
[189] Kramer, R., 1973, S. 465
[190] Poth, L.G., 1977, S. 98
[191] Poth, L.G., 1977, S. 97

Abgesehen von minimalen Lehrinhalten, die allen BWL-Studenten im Rahmen des Grundstudiums und in dem einen oder anderen Fach des Hauptstudiums vermittelt werden, werden Marketing- und damit Werbe-Lehrinhalte von den Studierenden nur dann aufgenommen, wenn sie aus einen Fächerkatalog unter anderem das Wahlfach Marketing belegen. Nach unseren Feststellungen sind es bei den 34 erwähnten Universitäten zur Zeit rund 7.800 Studenten, die insoweit "werbefachlich ausgebildet" werden.

Nach vorstehender Abb. 11 kommt neben dieser zahlenmäßigen Einengung der durch Werbe-Vorlesungen erreichten Studenten noch eine weitere quantitative Einschränkung hinzu: Nur rund 90 Vorlesungsstunden oder 1,5 % des gesamten Lehrinhalts eines Studenten mit Wahl des Schwerpunkts Marketing entfallen auf Werbung.

Pläne zur Entwicklung eines ausgesprochenen Marketingstudiums sind über das Stadium von Vorüberlegungen nicht hinausgekommen (z.B. Fachbereich Marketing, Augsburg). Eine derartige Spezialisierung würde im übrigen die Berufschancen der Absolventen in anderen Wirtschaftsbereichen erheblich einschränken. Hinter der klassischen betriebswirtschaftlichen Ausbildung an Universitäten steht offensichtlich ein Generalisten-Konzept, das Spezialisierungen entweder vor- oder nachgelagerten, anderen Ausbildungsinstitutionen oder aber der Berufspraxis überläßt.

V.   Staatliche und private Kunstschulen (Design)

Ein erheblicher Anteil der Grafik-Designer wird nach der Ausbildung mit der kommerziellen Werbung konfrontiert. Aus diesem Grund sollte man davon ausgehen, daß die Ausbildung der Grafik-Designer den Anforderungen der Werbepraxis genügt.

Die Untersuchung hat gezeigt, daß lediglich die privaten Kunstschulen dem werblichen Anforderungsprofil der Praxis entsprechen. Generell werden die werbeberatenden und -gestalterischen Fächer im Ausbildungsplan der öffentlich-rechtlichen Hochschulen nicht optimal berücksichtigt. Die Fachhochschulen sind immerhin noch etwas näher an der Praxis als die Kunsthochschulen.

Diese Tatsache zeigte sich auch in Gesprächen mit Grafik-Design-Studenten aus verschiedenen Azusbildungseinrichtungen, die sich sinngemäß wie folgt zur werbefachlichen Ausbildung äußerten: "Unsere Dozenten versuchen, jegliche Verbindung zur Werbung zu vermeiden und zu übergehen. Werbung wird so wenig wie möglich angesprochen".

Weiterhin wurde aus diesen Gesprächen deutlich, daß manche Professoren vorzugsweise solche Arbeiten von ihren Studenten entwickeln lassen, die von der Realität der Werbepraxis weit entfernt sind. Wie kraß die Lehrenden mit diesem Verhalten nicht nur am praktischen Bedarf, sondern insbesondere auch am Bedarf der eigenen Studenten vorbeiarbeiten, erkennen letztere, sobald sie sich mit ihrem zukünftigen beruflichen Werdegang auseinandersetzen.

Um dem von vielen Werbepraktikern geforderten Bedarf nach mehr werbefachlicher Ausbildung gerecht zu werden, könnte man einerseits an die Einrichtung spezieller werblich ausgerichteter Studienschwerpunkte denken. Andererseits könnte eine werbefachliche Ausbildung in einer fachbereichsübergreifenden Weise (z.B. mit dem Fachbereich Wirtschaft) oder, um der Forderung nach Praxisbezug zu entsprechen, durch Lehrbeauftragte aus der Werbepraxis, realisiert werden. Dies könnte zu einer besseren Verständigung zwischen den Schulen und der Werbepraxis beitragen.

Es ist zu fragen, ob nicht auch die Werbeagenturen zu einer praxisgerechteren Ausbildung beitragen könnten. Ihnen wird allgemein vorgeworfen, daß sie sich zu wenig engagieren, das Potential der kreativen Begabungen im Vorfeld der Berufspraxis zu entdecken und zu fördern. Seminare, Vorträge und Exkursionen mit Fachleuten der Praxis können den Studenten helfen, daß der Übergang vom Studium zum Beruf fließender wird.

Abschließend sei bemerkt, daß sich durch die ständig verändernden Anforderungen, die an einen Grafik-Designer gestellt werden, auch hier keine endgültigen und statischen Lehr- und Ausbildungsstrukturen festlegen lassen. Wie bei den anderen Ausbildungseinrichtungen sind Flexibilität und Anpassung an neue Entwicklungen auch hier vonnöten. Als Beispiel für berufsgezogene Innovationen sei nur an die Arbeit mit Grafik-Computern erinnert.

VI. Grenzen der Werbeausbildung

Der gesellschaftliche und auch der wissenschaftliche Stellenwert der Werbung ist unter dem Primat des allgemeinen Wohls zu sehen. [192] Dieser Primat muß den Grad bestimmen, mit dem sich die Wirtschaftswissenschaften in Lehre und Forschung der Werbung überhaupt annehmen (dürfen).

Auch die Betriebswirtschaftslehre und darin eingeschlossen das Fach Marketing mit der Werbelehre erhalten ihre Legitimation aus den Bedürfnissen aller und nicht einzelner Gruppen der Gesellschaft.

---

[192] Vgl. BDW, 1976, S. 245

Kritische Worte gegenüber der Werbepraxis haben zu Fehleinschätzungen der Fachleute geführt. Die Kritik aus den Reihen relativ kleiner Teile der Gesellschaft wird von der Mehrzahl der "schweigenden" Bevölkerung nicht getragen, hat aber wegen ihrer lautstarken Verbreitung manche Werbepraktiker verunsichert. Sie sind im Glauben, die Gesellschaft halte sie für "Verführer", die ausschließlich den Interessen der Industrie dienen, obwohl die Werbung bei uns in der Bundesrepublik eher positiv beurteilt wird. [193]

An welche Grenzen die Werbung auch immer stoßen mag, das kommt auf den Standpunkt des Betrachters an. So erscheinen die Forderungen der Berufspraxis nach einer besseren, umfangreicheren und praxisbezogeneren Ausbildung zwar verständlich und auch legitim; aber ebenso legitim ist der Standpunkt der Professoren, die dem Verlangen der Studenten Rechnung tragen müssen und sie auf eine Vielzahl möglicher Berufswege vorbereiten. [194]

Ein wesentliches Mehr an spezieller, z.B. werbefachlicher Ausbildung, ginge gerade in Hochschulbereich zu Lasten der breiten allgemeinen Lehre. Ein derart ausgebildeter Spezialist dürfte Schwierigkeiten haben, sich den Marktgegebenheiten anzupassen, wenn sein besonderer Berufswunsch nicht realisierbar ist.

---

[193] Vgl. Stahl, U., 1982, S. 486 f.
[194] Vgl. Dichtl, E./Kaiser, A., 1981, S. 60 f.

TEIL 3: Werbe-Arbeitsplätze

FÜNFTER ABSCHNITT

BEDARFSANALYSE FÜR WERBEFACHLEUTE IN DEN DREI WIRTSCHAFTSBEREICHEN WERBUNGTREIBENDE UNTERNEHMEN, WERBEAGENTUREN UND PRESSEVERLAGE

Die immer größer werdende Vielfalt der Berufsbenennungen läßt erkennen, daß die Spezialisierung in den Werbeberufen schon jetzt weit fortgeschritten ist und wahrscheinlich noch weiter anwachsen wird. Dieser Entwicklung entspricht aber bisher nicht ein ebenso spezialisiertes, den Forderungen der Praxis angepaßtes, klar geregeltes Ausbildungswesen, denn nur für wenige Werbeberufe existieren bisher verbindliche Ausbildungsprofile.

Deshalb war der Bedarf der Praxis inbezug auf Werbefachleute zu analysieren.

A. Vorgehensweise bei den Untersuchungen

I. Werbungtreibende Unternehmen

1. Ziel der Untersuchung

Die Studie hatte folgendes Ziel:

(1) Bestandsaufnahme der in den Werbeabteilungen durchgeführten werblichen Aktivitäten

(2) Feststellung des Ist-Zustandes der Ausbildung der beschäftigten Werbefachleute

(3) Herausarbeitung des Soll-Zustandes, d.h. des "idealen Ausbildungsweges" für Werbefachleute

(4) Vergleichende Gegenüberstellung des Ist-Zustandes und des Soll-Zustandes

(5) Schlußfolgerungen in der Form von Vorschlägen zur Verbesserung der Ausbildungssituation, die sich insbesondere auf die Beurteilung der gegenwärtigen Lage durch die Betroffenen selbst stützen.

2. Erhebungsmethode

Als Erhebungsmethode wurde aus Zeit- und Kostengründen die Form der schriftlichen Befragung gewählt. Die Untersuchung war als Vollerhebung bei 364 (Groß)- Unternehmen der Wirtschaftszweige Konsumgüterindustrie, Handel, Banken und andere Dienstleister konzipiert. Dabei wurden folgende Listen eingesetzt:

(1) Die Liste der Mitgliedsfirmen des Markenverbandes e.V. 213 Unternehmen

(2) Die Kundenliste der größten Werbeagenturen
(der Gesellschaft Werbeagenturen GWA), weitere   125 Unternehmen

(3) Die Liste der 100 größten werbungtreibenden Firmen,
herausgegeben von S + P, Hamburg, weitere   26 Unternehmen

Zusammen: 364 Unternehmen

Der Fragebogen richtete sich an den jeweiligen Werbeleiter bzw. die für Werbefragen zuständige Person.

Die Umfrage stellt zwar keine repräsentative Erhebung für die gesamte werbungtreibende Wirtschaft der Bundesrepublik Deutschland dar; sie liefert jedoch eine fundierte, an der Praxis orientierte Meinungsäußerung der größten werbungtreibenden Konsumgüter- und Dienstleistungsunternehmen.

Von den Fragebogen wurden 80 zurückgeschickt. Die Rücklaufquote beträgt demnach 22 %. 17 der Rücksender erklärten, keine eigene Werbeabteilung zu haben. Folglich waren 63 Fragebogen auswertbar.

Zur Kongruenz der Rückläufe mit der Ausgangsstichprobe siehe unter B.

II. Werbeagenturen

1. Ziel der Untersuchung

Ziel der Erhebung war es, die "werbefachliche Ausbildung" anhand ausgewählter Berufe aus der Sicht der Werbeagenturen zu ermitteln. Hierzu wurde ein Fragebogen erstellt, der sich mit den folgenden drei Problemstellungen befaßt:

(1) Ermittlung eines Anforderungsprofils, das Auskunft über einen sinnvollen bzw. optimalen Ausbildungsweg für die ausgewählten Berufe geben soll

(2) Beurteilung der Ausbildungsmöglichkeiten hinsichtlich ihrer werbefachlichen Praxisrelevanz

(3) Ermittlung zukünftiger Tätigkeitsbereiche und evtl. daraus resultierender neuer Berufe.

2. Erhebungsmethode

Bei der Untersuchung wurden die 168 größten bundesdeutschen Werbeagenturen angeschrieben. Es waren dies die Mitgliedsagenturen der Verbände GWA und WDW sowie einige verbandsfreie Firmen.

Von den Werbeagenturen antworteten 44, deren Fragebogen alle in die Auswertung übernommen wurden. Das entspricht einer Rücklaufquote von 26 %.

Die weitgehende strukturelle Übereinstimmung der antwortenden Agenturen mit der Ausgangsstichprobe wird unter B nachgewiesen.

III. Presseverlage

1. *Ziel der Untersuchung*

Auch bei den Presseverlagen (genauer: den Verlagen von Zeitungen und Publikums-Zeitschriften) bestand das Untersuchungsziel darin, die Notwendigkeit und das Ausmaß werbefachlicher Ausbildung von Verlagsmitarbeitern zu erfahren.

2. *Erhebungsmethode*

Angestrebt wurde eine Vollerhebung bei allen im Deutschen Werbekalender aufgeführten 210 Verlagsobjekten. Im einzelnen wurden 71 Zeitungsverlage, 13 KWS-Verlage [195] und 126 Zeitschriftenverlage angeschrieben.

Bis zum Ende der Bearbeitungsfrist wurden 62 Fragebogen zurückgeschickt, und zwar 21 von Zeitungen, 3 von KWS-Objekten und 38 von Zeitschriften. Untergliedert nach Verlagsgruppen beträgt die Rücklaufquote bei Zeitungen 30 %, bei KWS-Blättern 23 % und bei Zeitschriften ebenfalls 30 %.

Unter B. wird der Nachweis geführt, daß die Rückläufe aufgrund übereinstimmender Merkmalsausprägungen mit der Grundgesamtheit repräsentativ sind, die Ergebnisse also verallgemeinert werden können.

---

[195] KWS = Kauf-, Wochen-, Sonntags-Zeitschriften

B.   Die Strukturdaten der Stichproben

I.   Werbungtreibende Unternehmen

1.   Allgemeine Strukturmerkmale

Um die Ergebnisse der auswertbaren Fragebogen auf alle befragten Unternehmen übertragen zu können, muß in etwa Strukturgleichheit zwischen der Grundgesamtheit und den Antwortenden gewährleistet sein. Strukturgleichheit liegt vor, wenn sowohl die Branchenzugehörigkeit als auch die Zahlen der Beschäftigten und/oder des Umsatzes wenigstens annähernd gleich sind. Einen Vergleich ermöglichen die folgenden Gegenüberstellungen.

Abb.12   Strukturvergleich der werbungtreibenden Unternehmen nach Bereichszugehörigkeit

Bereich	Befragte	Unternehmen	Antwortende Unternehmen
	abs.	%	%
Nahrungs- und Genußmittel	116	32	27
Körper- und Haushaltsreinigung, Chemie	81	22	27
Kleidung, Hausrat, Geräte, Möbel, Ausbau	85	23	25
Kraftfahrzeuge und Bedarf	27	7	6
Sonstiges	55	15	15
Alle	364	100	100

Zur Branchenzugehörigkeit ist festzustellen, daß die Rücksender eine ähnliche Struktur aufweisen wie die insgesamt befragten Unternehmen (Abb. 12). Die Strukturdaten Beschäftigtenzahl und Umsatz korrelieren in hohem Maße miteinander, so daß die Untersuchung einer der beiden Daten ausreicht. Da die Umsätze von den Unternehmen nicht immer veröffentlicht werden, wurden die Beschäftigtenzahlen zum Strukturvergleich herangezogen. Auch hier stimmen die Prozentzahlen der insgesamt befragten Unternehmen mit denen der Rücksender in ausreichendem Maß überein (Abb. 13).

Abb. 13   Strukturvergleich der werbungtreibenden Unternehmen nach Beschäftigtenzahl

Beschäftigtenzahl	Befragte	Unternehmen	Antwortende Unternehmen
	abs.	%	%
Bis 200	43	15	20
" 500	37	13	13
" 1.000	42	15	13
" 2.000	49	18	21
" 5.000	46	16	13
Über 5.000	63	23	20
Alle	280	100	100

Die Branchenzugehörigkeit, die Höhe der Leistungen und die Betriebsgröße gehören zu den statistischen Strukturdaten, die Einfluß auf betriebliche Entscheidungen ausüben können. Die genannten Merkmale werden im allgemeinen durch die Maßstäbe "Branche", "Beschäftigtenzahl" und "Umsatzgröße" erfaßt.

In der vorliegenden Untersuchung soll mit Hilfe der Merkmale Branche und Beschäftigtenzahl festgestellt werden, ob und ggf. inwiefern Abhängigkeiten zwischen der Unternehmensstruktur und der Durchführung der im Betrieb anfallenden Aufgaben im Bereich der Werbung bestehen.

Vor allem geht es um folgende Fragen:

(1)   Was wird in der Unternehmung selbst erledigt?

(2)   Wozu werden außerbetriebliche Fachleute hinzugezogen?

(3)   Was wird vollständig delegiert?

Wenn sich hier je nach Unternehmensstruktur verschiedene Antworten ergeben, so hat dies Bedeutung für die Ausbildung der Werbefachleute, die in den Unternehmen tätig werden sollen.

a) Branchen

Die Branchenzugehörigkeit eines Unternehmens wirkt sich auf die inhaltliche Gestaltung der werblichen Aktivitäten aus. Hieraus können sich wiederum unterschiedliche Anforderungen an die Ausbildung für die jeweiligen Werbefachleute ergeben. Die Differenzierung nach Branchen soll helfen, branchenspezifische Ausbildungsmängel aufzudecken und zu beseitigen.

16 % der Nennungen entfallen auf Lebensmittel und nicht-alkoholische Getränke. 12 % auf Körperpflege/Kosmetik und 11 % auf Unterhaltungselektronik/Optik/Bürotechnik. Die restlichen 12 Branchen sind jeweils mit nur höchstens sieben Nennungen bzw. 10 % vertreten. Aus diesem Grunde erschien es sinnvoll, die einzelnen Branchen in vier Gruppen zusammenzufassen.

Im folgenden wird bei der Differenzierung von der Klassenbesetzung entsprechend Abb. 14 ausgegangen. Sie zeigt, daß der Food-Bereich mit 35 % am stärksten vertreten ist. Damach folgt der Drug-Bereich mit 28 %. Die beiden Branchen Elektronik, Optik und Bürotechnik sowie Hausrat und Haushaltsgeräte sind mit jeweils 19 % vergleichsweise schwach besetzt.

Aufgrund zu geringer Fallzahlen wurden die Branchen Textilien und Bekleidung, Kraftfahrzeuge und Zubehör, Mineralöle und Schmiermittel sowie Handel bei der Auswertung nicht berücksichtigt. Gleiches gilt für die Gruppe "Sonstiges" - mit 12 % vergleichsweise stark repräsentiert. Sie umfaßt vor allem öffentliche Dienstleistungsbetriebe, Banken sowie Investitionsgüterhersteller.

150

Abb. 14   Zusammenfassung der Unternehmen in Branchengruppen

Branchengruppen	Anzahl der Nennungen	
	abs.	%
Food-Bereich	19	35
Drug-Bereich	15	28
Elektronik, Optik und Büro-technik	10	19
Hausrat und Haushaltsgeräte	10	19
Alle	54[1)	100

Zu den erwähnten Bereichen gehören:

Food-Bereich = Lebensmittel, nicht-alkoholische Getränke, alkoholische Getränke, Tabakwaren, Raucherbedarf

Drug-Bereich = Körperpflege, Kosmetik, Wasch- und Reinigungsmittel, Pharmazeutik, sonstige Chemie

Elektronik, Optik und Bürotechnik = Unterhaltungselektronik, Optik, Bürotechnik, Computer

Hausrat und Haushalts-geräte = Hausrat, Glas, Papier, elektrische Haushaltsgeräte, Möbel, Ausbaumaterial.

1) Von der Gesamtzahl 63 abweichende Zahlen resultieren aus dem Umstand, daß manche Fragen nicht beantwortet wurden.

151

b) Beschäftigtengrößenklassen

Die Größe eines Unternehmens, gemessen an der Beschäftigtenzahl, ist ebenfalls ein Maßstab für das Ausmaß an werblichen Aktivitäten und somit für die Nachfrage nach gut ausgebildeten Fachleuten. Abb. 15 gibt eine Aufschlüsselung der befragten Unternehmen nach der Beschäftigtenzahl. Mit 21 % sind die Unternehmen der Klasse 1.000 bis 2.000 Beschäftigte am stärksten vertreten. Die kleinste und die größte Gruppe haben je 20 %.

c) Umsatzgrößenklassen

Mit zunehmender Umsatzhöhe wird in der Regel ein höherer Grad an Spezialisierung in den Aufgabenbereichen der Werbeabteilungen erforderlich. Hiermit verbunden sind wachsende Anforderungen an Führungskräfte und Spezialisten der Werbung. Je ein Fünftel bis ein Viertel der Unternehmen liegen in den Umsatzbereichen bis 100, bis 200 und bis 500 Millionen DM, ein gutes Drittel liegt darüber. (Abb. 16)

Abb. 15   **Beschäftigtenzahl der erfaßten Unternehmen**

Beschäftigtenzahl	Anzahl der Unternehmen	
	abs.	%
bis 200	12	20
- 500	8	13
- 1.000	8	13
- 2.000	13	21
- 5.000	8	13
über 5.000	12	20
Alle	61	100

152

Abb. 16   Umsätze der erfaßten Unternehmen

Jahresumsatz in DM	Anzahl der Unternehmen	
	abs.	%
bis 100 Mill.	11	18
- 200 Mill.	13	22
- 500 Mill.	15	25
- 1 Mrd.	7	12
- 2 Mrd.	1	2
über 2 Mrd.	13	22
Alle	60	100

2.   Werbebezogene Strukturmerkmale

Die Größe der Werbeabteilung, ihre Unterstellung, die Anzahl der beworbenen Marken, der Ablauf der Werbekampagnen und die Tätigkeitsbereiche der Werbeabteilung gehören zu den Faktoren, die Art und Umfang der werblichen Aufgaben in den Betrieben bestimmen. Die Organisationsstruktur ist wiederum relevant für die Personalstruktur, die Ausdruck findet in der Anzahl, dem Einsatz und den Anforderungen am den Ausbildungsstand von Werbefachleuten.

a) Größe der Werbeabteilung

Die Anzahl der Fachkräfte in den Werbeabteilungen läßt auf den Umfang der selbständig durchgeführten Werbemaßnahmen schließen. Hat ein Unternehmen nur einen oder wenige Mitarbeiter in der Werbeabteilung, so kann man daraus folgern, daß diese Stellen hauptsächlich für planende und koordinierende Tätigkeiten eingerichtet wurden, während die eigentliche Ausführung an eine Agentur oder sonstige Institution übergeben wird.

Aus Abb. 17 läßt sich erkennen, daß ein Drittel der Unternehmen nur 1 bis 3 Kräfte in der Werbeabteilung beschäftigen. Das zweite Drittel verfügen über 4 bis 10 Mitarbeiter. Die größte Werbeabteilung innerhalb der Umfrage weist 85 Fachleute auf; jedoch liegen alle anderen Unternehmen nicht über einer Anzahl vom 36.

Abb. 17   Größe der Werbeabteilung

Anzahl der Mitarbeiter in der Werbeabteilung	Anzahl der Unternehmen		
	abs.	%	kum. %
1	6	11	11
2	7	13	24
3	6	11	35
4	6	11	46
5	4	7	53
6 - 10	7	13	66
11 - 15	7	13	79
16 - 20	4	7	86
21 - 30	4	7	93
31 und mehr	5	9	102
Alle	56	100[1]	100

1) Anmerkung:

Rundungsdifferenzen wurden nicht beseitigt:
N = 56
Modus m = 2
Arithmetisches Mittel $\overline{x}$ = 11,2
Varianz s^2 = 195,2
Standardabweichung s = 14,0

Die Differenzierung nach Beschäftigtenzahlen zeigt Parallelen zur Größe der Werbeabteilungen. Während die kleinen Unternehmen nur wenige Werbefachleute beschäftigen, weisen die großen Betriebe eine höhere Mitarbeiterzahl auf. Bei den mittleren Unternehmen verteilen sich die Häufigkeiten relativ gleichmäßig auf die Größenklassen. (Abb. 18)

Abb. 18   Differenzierung der Mitarbeiterzahl der Werbeabteilung nach Beschäftigtenzahl

Anzahl der Mitarbeiter in der Werbeabteilung	Anzahl der Unternehmen mit		
	bis 500 Beschäftigten	500 - 2.000 Beschäftigten	über 2.000 Beschäftigten
	abs.	abs.	abs.
1 - 3	11	7	1
4 - 11	4	6	6
12 - 85	2	5	12
Alle	17	18	19

Große Werbeabteilungen haben hauptsächlich die Branchen Elektronik/ Optik/Bürotechnik sowie Hausrat und Haushaltsgeräte. Der Food-Bereich dagegen hat eher kleine bis mittlere Werbeabteilungen.

b) Unterstellung der Werbeabteilung

Abb. 19 zeigt, daß 47 % der Werbeabteilungen der Marketingleitung und 36 % direkt der Geschäftsleitung unterstellt sind. Verkaufsleitung sowie sonstige Stellen dienen in jeweils 9 % der Fälle als Weisungsorgan.

Interessant ist, daß die im Fragebogen vorgegebene Möglichkeit der Unterstellung unter das Product Management in keinem Fall angegeben wurde.

Abb. 19   Die Unterstellung der Werbeabteilung

Leitungsebene	Anzahl der Unternehmen	
	abs.	%
Geschäftsleitung	21	36
Marketingleitung	27	47
Verkaufsleitung	5	9
Product-Management	-	-
sonstige Stelle	5	9
Alle	58	100

Eine Umfrage von L. Poth aus dem Jahre 1977 stellt einen Soll-Ist-Vergleich der Unterstellung der Werbeabteilungen an. Nach dieser Untersuchung lag. der Schwerpunkt des Ist-Zustandes bei der Geschäftsleitung. [196] Die vorliegende Untersuchung bestätigt die beschriebene Gewichtsverlagerung innerhalb der Führungsebene.

Die Differenzierung nach Branchen und nach Beschäftigtenzahlen bringt keine größeren Abweichungen vom Gesamt.

c) Tätigkeitsbereiche der Werbeabteilung

Im Bereich der Werbung für das Angebot eines Unternehmens ist ein breites Feld von Aufgaben und Tätigkeiten zu bewältigen. Dies geschieht entweder in der Werbeabteilung oder durch eine Agentur bzw. zusammen mit einer Agentur. Die jeweilige Organisationsform der einzelnen Werbemaßnahmen weist darauf hin, welche Werbefachkräfte das Unternehmen benötigt. (Abb. 20)

---

[196] Vgl. Poth, L.G., 1977, S. 78 - 87

Abb. 20   **Durchführung der werblichen Maßnahmen**

Werbemaßnahmen	Anzahl der Unternehmen					
	Delegation ganz oder teilweise		Durchführung selbständig		keine Anwort	
	abs.	%	abs.	%	abs.	%
Klassische Werbung	52	83	4	6	7	11
Direkt- werbung	17	27	18	29	28	44
Verkaufs- förderung	28	44	31	49	4	6
Messen/ Ausstellungen	7	11	36	57	20	32
PR/Pressearbeit	11	18	46	73	6	10
Packungs- gestaltung	30	48	21	33	12	19

(Basis: 63 Unternehmen)

Da die Häufigkeit der Antwortunterlassungen bei einzelnen Maßnahmen relativ hoch ist, kann geschlossen werden, daß nicht jede Tätigkeit für alle Unternehmen relevant ist.

Die klassische Werbung spielt bei allen Werbungtreibenden eine dominierende Rolle. Dies wird durch die Umfrage von Poth bestätigt. [197] In der vorliegenden Untersuchung wird ersichtlich, daß klassische Werbung zu 83 % ganz oder teilweise von einer Agentur übernommen wird.

---

[197] Vgl. Poth, L.G., 1977, S. 68

Zur Direktwerbung haben 44 % der Unternehmen keine Antwort gegeben, d.h. diese Unternehmen betreiben wahrscheinlich keine Direktwerbung. Bei den Unternehmen, die Direktwerbung betreiben, wird dies zu gleichen Teilen selbständig, zusammen mit einer Agentur oder völlig durch eine Agentur getan.

Die Verkaufsförderung wird von fast allen befragten Unternehmen wahrgenommen. 49 % der Betriebe übernehmen sie selbst.

Von den Unternehmen, die an Messen und Ausstellungen teilnehmen, machen 57 % die Gestaltung und Organisation in eigener Regie.

Pressearbeit und PR werden von 73 % der Befragten selbständig vorgenommen.

Die Packungsgestaltung wird zu 48 % einer Agentur übergeben bzw. zusammen mit ihr durchgeführt.

Zusammenfassend lassen sich folgende Rangordnungen hinsichtlich der Wahrnehmung der einzelnen Aufgaben und Tätigkeiten einer Werbeabteilung aufstellen:

(1)   selbständige Durchführung

1.   Presse / PR
2.   Messen / Ausstellungen
3.   Verkaufsförderung
4.   Packungsgestaltung
5.   Direktwerbung
6.   Klassische Werbung.

(2)   Inanspruchnahme einer Agentur (ganz oder teilweise)

1.   Klassische Werbung
2.   Packungsgestaltung
3.   Verkaufsförderung
4.   Direktwerbung
5.   Presse / PR
6.   Messen / Ausstellungen.

d) Anzahl der beworbenen Marken / Markenfamilien

Laut Abb. 21 treiben 35 % der befragten Unternehmen Werbung nur für eine Marke/Markenfamilie. Weitere 30 % geben eine Anzahl von 2 - 5 an. Ebenfalls ein Drittel der Häufigkeiten belegt die Gruppe 6 - 25 Marken.

158

Abb. 21   Anzahl der beworbenen Marken / Markenfamilien

Anzahl der Marken	Anzahl der Unternehmen		
	abs.	%	kum. %
1	21	35	35
2	7	12	47
3	7	12	59
4	2	3	62
5	2	3	65
6	4	7	72
7	2	3	75
8	2	3	78
9	1	2	80
10	4	7	87
11	2	3	90
12	1	2	92
15	1	2	94
16	2	3	97
20	1	2	99
25	1	2	101
Alle	60	100[1]	100

1) Anmerkung:

Rundungsdifferenzen wurden nicht beseitigt.
N = 60
Modus m = 1
Arithmetisches Mittel $\bar{x} = 5,1$
Varianz $s^2 = 24,2$
Standardabweichung s = 4,9.

Der Mittelwert beträgt 5,1 Marken. Für diesen relativ niedrigen Parameter ist die hohe Häufigkeitskonzentration beim Wert "Eine Marke" verantwortlich.

e) Organisation von Werbekampagnen

Um eine möglichst ideale Werbestrategie für eine Marke bzw. ein Produkt zu entwickeln, müssen die Unternehmen in ihren Werbekampagnen einen bestimmten Ablauf einhalten. Die Phasen dieses Ablaufs haben jeweils eine besondere Funktion. Man kann sie folgendermaßen bestimmen:

- Werbeforschung
- Werbekonzeption (Strategie, Briefing)
- Werbeplanung (Budget, Zeit, Ablauf)
- Werbegestaltung
- Mediadurchführung
- Werbekontrolle.

Da für die vorgegebenen Funktionen jeweils speziell ausgebildete Werbefachleute benötigt werden, führen die Unternehmen diese Arbeiten gemäß ihrer jeweiligen Personalstruktur entweder allein oder zusammen mit einer Agentur aus oder aber delegieren sie vollständig.

Laut Abb. 22 werden Werbeforschung, Werbekonzeption, Werbegestaltung, Mediadurchführung und Werbekontrolle jeweils zu mindestens 50 % zusammen mit einer Institution vorgenommen. Werbegestaltung und Mediadurchführung werden sogar zu 36 % bzw. 38 % völlig delegiert und andererseits nur zu je 7 % in der eigenen Werbeabteilung erledigt. Auffällig ist, daß die Werbeplanung mit 54 %, die Werbekonzeption mit 37 % und die Werbekontrolle mit 33 % selbständig durchgeführt werden. Diese drei Bereiche bilden den Hauptteil der selbständig übernommenen Funktionen.

Die ersten beiden Spalten von Abb. 22 reflektieren das Einsatzspektrum von Fachleuten in den Werbeabteilungen. Für Werbeplanung, Werbekonzeption und Werbekontrolle werden in erster Linie Fachleute mit koordinierenden und planerischen Qualifikationen benötigt. Im Gegensatz dazu werden die gestalterischen Berufe von den werbungtreibenden Unternehmen in geringerem Maße nachgefragt.

Werbeforschung, Werbegestaltung und Mediadurchführung werden übrigens auch bei der Differenzierung nach Branchen schwerpunktmäßig zusammen mit einer Agentur durchgeführt.

Größere Abweichungen von den Durchschnittswerten ergeben sich für die Werbekonzeption, aber nur im Bereich Elektronik/Optik/ Bürotechnik. Diese Unternehmen
konzipieren die Werbung zu 70 % selbständig. Dieses Branchenspezifikum läßt
sich daraus ableiten, daß die Produkte der Unterhaltungselektronik/Optik/Büro- und
Computertechnik im allgemeinen kaum homogene Güter auf gesättigten Märkten
darstellen und somit gerade in der Werbekonzeption und -planung ein erhöhtes
produktspezifisches Wissen erfordern. Eine beauftragte Agentur könnte diesen
Anforderungen möglicherweise nur zu einem gewissen Grade gerecht werden, so
daß die eigene Werbeabteilung in diesem Fall die besseren Möglichkeiten bietet.

Abb. 22   **Durchführung der Funktionen einer Werbekampagne**

Werbliche Funktionen	Anzahl der Unternehmen					
	Durchführung allein		Durchführung zusammen mit Agenturen		Völlige Delegation	
	abs.	%	abs.	%	abs.	%
Werbeforschung	9	15	36	60	15	25
Werbekonzeption	23	37	37	60	2	3
Werbeplanung	33	54	26	43	2	3
Werbegestaltung	4	7	36	58	22	36
Mediadurchführung	4	7	33	55	23	38
Werbekontrolle	19	33	29	50	10	17
Sonstiges	5	71	1	14	1	14

(Basis: 58 - 62 Unternehmen)

Am wenigsten einheitlich erscheinen die Strategien zur Plazierung der Werbeerfolgskontrolle innerhalb der vier Gruppen. Im Food-Bereich sind die Nennungen auf die drei vorgegebenen Kategorien fast gleichmäßig verteilt, der Drug-Bereich sowie Elektronik/Optik/Bürotechnik führen die Werbeerfolgskontrolle hauptsächlich zusammen mit einer anderen Institution durch, während die Branche Hausrat und Haushaltsgeräte diese Funktion im wesentlichen selbst übernimmt. Betrachtet man die meist erfolglosen Bemühungen von Wissenschaft und Praxis, einheitliche Lösungsmethoden für die Werbeerfolgskontrolle zu entwickeln, so erscheinen die verschiedenen Regelungen für die Handhabung dieser Funktion verständlich. [198]

In allen drei Beschäftigten-Größenklassen wird die Werbeforschung schwerpunktmäßig gemeinsam mit einem Marktforschungsinstitut (oder einer Werbeagentur) betrieben. Mit Zunahme der Unternehmensgröße läßt sich eine verstärkte Delegation der Werbeforschung an Institute erkennen.

Werbekonzeption und -planung werden fast ausschließlich allein oder zusammen mit einer Agentur durchgeführt. Werbeplanung und Mediadurchführung werden in allen Beschäftigten-Größenklassen meist zusammen mit einer Agentur bewältigt.

II.   Werbeagenturen

1.   Allgemeine Strukturmerkmale

Um festzustellen, ob die Anforderungen und Beurteilungen der werbefachlichen Ausbildung je nach Größe der Agenturen unterschiedlich ausfallen, wurde in folgender Weise klassifiziert:

Aufgrund der geringen Fallzahlen wird nur nach drei (Größen-)Klassen differenziert: kleine (bis 40), mittlere (41 - 100) und große (mehr als 100 Beschäftigte) Agenturen.

Eine Gegenüberstellung der Stichprobe mit der ausgewählten Grundgesamtheit soll Auskunft über eine Strukturkongruenz nach Größe der Agenturen geben, wodurch induktive Aussagen zulässig wären. Dazu werden die drei Klassen der Grundgesamtheit und der Stichprobe einander gegenübergestellt.

---

[198] Vgl. Nieschlag, R./Dichtl, E./Hörschgen, H., 1985, S. 562 ff.

162

**Abb. 23   Anzahl der antwortenden Werbeagenturen
nach Beschäftigtengrößenklassen**

Anzahl Beschäftigte	Anzahl Agenturen	
bis 10	3	
10 - 20	13	
21 - 40	13	= 29
41 - 60	3	
61 - 80	4	
81 - 100	1	= 8
101 - 200	3	
über 200	4	= 7
Alle	44	44

Der Vergleich der Grundgesamtheit mit dem Rücklauf zeigt eine weitgehende Strukturgleichheit. Im folgenden kann somit von "den Werbeagenturen" in verallgemeinernder Weise gesprochen werden.

**Abb. 24   Strukturvergleich antwortender Werbeagenturen
mit der Grundgesamtheit**

Anzahl Beschäftigte	Größenklassenanteil in %	
	in der Grundge-samtheit	im Rücklauf
bis 40	73	66
41 - 100	14	18
über 100	13	16
Alle	100	100

2.   *Werbebezogene Strukturmerkmale*

Die Werbeagenturen haben im Hinblick auf ihr Leistungsspektrum einen wesentlichen Strukturwandel erfahren. Der Aktionsradius beschränkt sich heute nicht nur auf die klassischen Bereiche wie Verbrauchsgüter-, Gebrauchsgüter-, Investitions-güter- und Dienstleistungswerbung, vielmehr sind, bedingt durch fortschreitende Diversifikation, verwandte Aufgaben der Werbewirtschaft angegliedert worden.[199]

Manche Werbeagentur will sich auch als "Marketing-Kommunikationsagentur" verstanden wissen: Pampe ermittelte in einer Untersuchung, daß von 166 bundesdeutschen Werbeagenturen unterschiedlicher Größe insgesamt 54 % die Marketingberatung in ihr Dienstleistungsprogramm übernommen haben. In den Agenturen mit mehr als 50 Beschäftigten sind es sogar 80 %, die Marketingprobleme beraten.[200]

Messing weist in einer Analyse auf diese Tendenzen hin und erläutert die Konsequenzen aus der Wandlung der Werbeagenturen zu "Marketing-Kommunikations-Agenturen" für die werbefachlichen Berufe, die durch diese Entwicklung z.T. in gewissem Umfang "umfunktioniert" würden.[201]

---

[199] Vgl. Jaspert, F., 1972, S. 303
[200] Vgl. Pampe, D., 1968, S. 222 ff.
[201] Vgl. Messing, H.W., 1969, S. 37 ff.

Es bilden sich demnach Aufgabenbündel heraus, die nicht mehr ausschließlich auf die Werbung bezogen sind bzw. ihr Schwergewicht bereits in anderen Bereichen haben. Hierzu gehören verschiedene Kommunikationsdisziplinen, wie Public Relations, Verkaufsförderung u.a. [202]

Aus diesen Tendenzen heraus sollte festgestellt werden, inwieweit die Werbeagenturen ihre Leistungen neben den klassischen Bereichen diversifiziert haben.

Abb. 25   Tätigkeitsschwerpunkte der Werbeagenturen

Schwerpunktbereich	genannt von ..... % der Agenturen
Non-Food	64
Food	62
Gebrauchsgüter	62
Dienstleistungen	55
Sales Promotion/VF	50
Pharma	32
Invest	29
PR	14
Sozio-Marketing	9
Sonstiges	7

---

[202] Vgl. Jaspert, F., 1972, S. 303

Die Schwerpunkte der Agenturtätigkeiten liegen bei den klassischen Sektoren. Hier stehen neben den Verbrauchsgüter-Bereichen (= Food, Non-Food- und Pharma) insbesondere der Gebrauchsgüter- und Dienstleistungs-Bereich im Vordergrund. In den sog. nicht-klassischen Bereichen erhält die Verkaufsförderung einen besonderen Stellenwert. Immerhin 50 % (absolut: 22) der Agenturen haben die Verkaufsförderung in ihr Dienstleistungsangebot aufgenommen. Public Relations hat zumindest nach dieser Erhebung mit 14 % (n = 6) einen geringen Einzug in das Dienstleistungsangebot der Agenturen erfahren, was mit der häufig anzutreffenden Ausgliederung dieser Kommunikationsfunktion in Tochter- oder Schwesterfirmen für Public Relations zusammenhängen könnte. Auch der Bereich "Sozio-Marketing" hat mit 9 % (n = 4) nur einen geringen Stellenwert im Agenturalltag. Unter Sozio-Marketing oder auch Social-Marketing soll hier Marketing verstanden werden, das auf nicht-kommerzielle Zwecke ausgerichtet ist. [203] Ebenfalls 9 % (n = 4) der Agenturen sind Spezialagenturen, die sich ausschließlich mit einem Tätigkeitsbereich befassen. Davon sind drei Firmen auf den Pharma- und eine auf den Dienstleistungs-Bereich spezialisiert.

III. Presseverlage

Die folgenden Ausführungen haben einen doppelten Zweck: Zum einen wird der Markt der Presseverlage in bezug auf verschiedene Strukturmerkmale allgemeiner und werbebezogener Art dargestellt und zum anderen wird durch die Gegenüberstellung von Strukturmerkmalen der Gesamtheit der Verlage mit der Teilgruppe der Antwortenden die Frage der Repräsentanz der erhobenen Daten geprüft.

Als allgemeine Strukturmerkmale werden die Auflagenklassen der Zeitungen und Zeitschriften untersucht, ferner die Gattungszugehörigkeit der Zeitschriften. Unter dem Stichwort "werbebezogene Strukturmerkmale" wird das Vorhandensein von Werbeabteilungen (Abonnement und Anzeigenverkauf), die Organisationsform von Werbefunktionen sowie die Größe der Werbeabteilungen nach Anzahl betreuter Objekte und nach Personalstärke analysiert.

---

[203] Vgl. Nieschlag, R./Dichtl, E./Hörschgen, H., 1985, S. 20 und 487

166

1. Allgemeine Strukturmerkmale

a) Auflagenklassen Zeitungen

Ungefähr je ein Fünftel der 71 überregionalen und regionalen Tageszeitungen liegt in den Auflagenklassen bis 100.000 und über 300.000. Drei Fünftel der Auflagen liegen im Bereich 100.000 bis 300.000 Exemplare. Eine Abweichung von dieser Struktur zeigt sich im Rücklauf der Fragebogen lediglich in der Gruppe der großen Tageszeitungen: Bei nur zwei Antwortenden von 15 liegt deren Anteil nur bei 13 %. Angesichts der Stabilität des Rücklaufanteils bei den anderen beiden Gruppen und angesichts der relativ geringen Titelanzahl der großen Tageszeitungen kann dennoch insgesamt von einer Repräsentanz der Aussagen gesprochen werden.

b) Auflagenklassen Zeitschriften

Bei den Zeitschriften verteilen sich die 126 Titel ziemlich gleichmäßig mit je einem Drittel auf die Auflagengruppen bis 150.000, bis 500.000 und über 500.000 Exemplare. Auch hier war der Rücklauf von den großen Objekten etwas geringer, insgesamt aber doch so gut, daß bei den Zeitschriften noch mit großer Sicherheit von einer Repräsentanz der Stichprobe im Vergleich zur Grundgesamtheit gesprochen werden kann. Nähere Einzelheiten gehen aus Abb. 26 hervor.

c) Gattungen der Zeitschriften

Zusätzlich zu den Auflagenklassen wurde bei den Zeitschriften auch nach Gattungsgruppen unterschieden. Die Aufteilung der Zeitschriftentitel in vier Gruppen zeigen die Anmerkungen zu Abb. 27. Wie dort ferner ersichtlich ist, ergibt sich aus dem Vergleich der Prozentanteile für die Grundgesamtheit aller 126 Titel und der 38 Antwortenden eine große Parallelität. Diese Gegenüberstellung bestätigt die Repräsentanz des Rücklaufs im Vergleich zur Gesamtheit aller Zeitschriften.

2. Werbebezogene Strukturmerkmale

Bei den folgenden Überlegungen werden zu den 21 Zeitungen und 38 Zeitschriften auch die drei antwortenden KWS-Objekte berücksichtigt, so daß also über alle 62 antwortenden Verlage bzw. Titel berichtet wird.

Abb. 26   Struktur der Presse-Verlage nach Auflagenhöhe

Auflage in 1.000	Anzahl	%	Rücklauf	%
Zeitungen				
unter 100	13	18	4	19
100 - 300	43	61	14	67
über 300	15	21	2	10
Zusammen	71	100	21[1]	100
Zeitschriften				
unter 150	42	33	13	34
150 - 500	44	35	14	37
über 500	40	32	10	26
Zusammen	126	100	38[1]	100

1)   Einschließlich eines Objekts ohne Angabe der Auflage

Eine eindeutige Aussage "Verlage" oder "Titel" ist nicht immer möglich, da in zahlreichen Verlagen mehrere Titel erscheinen und es andererseits wegen der Anonymität der Umfrage auch nicht in allen Fällen möglich war, eindeutige Zuordnungen vorzunehmen.

168

Abb. 27   Struktur der Zeitschriften nach Gattungen

Gattung[1)	Anzahl	%	Rücklauf	%
A	14	11	3	8
B	35	28	10	26
C	42	33	14	37
D	35	28	10	26
Zusammen	126	100	38[2)	100

1) Gattung A: Aktuelle Illustrierte, Programmpresse

Gattung B: Frauenzeitschriften, Modezeitschriften, unterhaltende
Wochenblätter

Gattung C: Motorpresse, Hobbyzeitschriften, Sportpresse,
Kinder- und Jugendzeitschriften

Gattung D: Bildung, Kultur, Wissenschaft;
Erziehung, Gesundheit;
Bau und Wohnung, Garten;
Gesellschaft, Politik, Wirtschaft.

2) Einschließlich eines Objekts ohne Angabe der Gattung

a) Vorhandensein von Werbeabteilungen

Der Fragebogen erkundigte sich nach dem Vorhandensein einer Abonnements-
Werbeabteilung und nach einer Anzeigen-Werbe (oder Verkaufs)-Abteilung. sieben
der 62 antwortenden Verlage bzw. Titel verfügen nicht über eine Abo-
Werbeabteilung.

Die Einrichtung von Anzeigen-Werbeabteilungen ist noch weiter verbreitet: nur zwei Verlage bzw. Objekte melden keine derartige Abteilung bzw. Funktion.

Trotz der relativ niedrigen absoluten Zahlen von 21 bzw. 38 Verlagen wurde der Übersichtlichkeit halber neben der Darstellung der absoluten Werte auch prozentuiert. Lediglich bei den KWS-Verlagen wurde dies unterlassen. (Abb. 28).

Abb. 28   Vorhandensein von Werbeabteilungen

Abteilung	Zeitungs-Verlage		KWS-[1) Verlage	Zeitschriften-Verlage		Alle Verlage	
	Anzahl	%	Anzahl	Anzahl	%	Anzahl	%
Abo-Werbeabteilung							
vorhanden	20	95	1	34	90	55	89
nicht vorhanden	1	5	2	4	10	7	11
Zusammen	21	100	3	38	100	62	100
Anzeigen-Werbeabteilung							
vorhanden	20	95	3	37	97	60	97
nicht vorhanden	1	5	-	1	3	2	3
Zusammen	21	100	3	38	100	62	100

1)   KWS = Kauf-, Wochen-, Sonntagszeitungen

b) Organisationsformen von Werbefunktionen

Die Werbefunktionen können als verlagseigene Abteilung organisiert oder aber (allein oder zusätzlich) an selbständige Unternehmen ausgegliedert sein.

Abgesehen von den wenigen Fällen, wo diese Frage nicht beantwortet wurde, läßt sich feststellen, daß die Abonnenten-Werbung von den meisten Verlagen hausintern allein vorgenommen wird. Dies gilt für 20 der 21 Zeitungsverlage und für immerhin drei Viertel = 29 der 38 Zeitschriftenverlage. Ahnlich verhält es sich mit der Organisation der Anzeigen-Werbeabteilung, wobei jedoch bei den Zeitschriften der Anteil der Verlage noch größer ist, die auch diese Funktion hausintern selbst vornehmen.

Abb. 29   **Organisation von Werbefunktionen**

	Zeitungs-Verlage		KWS-Verlage	Zeitschriften-Verlage		Alle Verlage	
	Anzahl	%	Anzahl	Anzahl	%	Anzahl	%
Abo-Werbefunktion							
intern[1]	20	95	1	29	76	50	81
extern	-	-	1	3	8	4	6
beides	-	-	-	3	8	3	5
Zusammen	21[2]	100	3[2]	38[2]	100	62[2]	100
Anzeigen-Werbefunktion							
intern[1]	19	90	3	32	84	54	87
extern	1	5	-	3	8	4	6
beides	-	-	-	3	8	3	5
Zusammen	21[2]	100	3	38	100	62[2]	100

1)   intern organisiert: eigene Abteilung
       extern organisiert: ausgegliedert, (z.B. an Grosso-Werber)

2)   Einschließlich Verlage ohne Angabe der Organisationsform

Aus den Antworten geht nicht hervor, in welchem Ausmaß eine als extern gekenn-
zeichnete Werbefunktion von tatsächlich juristisch selbständigen Unternehmungen
oder aber von beispielsweise konzernangehörigen Service-Stellen, von Anzeigen-
ringen oder dergleichen wahrgenommen wird (Abb. 29).

c) Größe von Werbeabteilungen

Die Umfrage erfaßte die Strukturierung der beiden Arten von Werbeabteilungen in
zweifacher Hinsicht: Einmal nach der Anzahl der betreuten Objekte und zum anderen nach der Personalstärke.

ca) Anzahl der betreuten Objekte

Laut Abb. 30 geben je etwa zwei Drittel der Zeitungsverlage an, daß die Werbeabteilungen nur für ein Objekt zuständig sind. Der Schwerpunkt liegt bei den Zeitschriftenverlagen mit je rund der Hälfte der Angaben bei "4 und mehr Objekte". Bei
dieser Gattung gibt es doppelt so oft eine eigene Anzeigenwerbeabteilung wie eine
eigene Abo-Werbeabteilung (8 zu 4).

cb) Personalstärke

Die durchschnittliche Anzahl der Mitarbeiter beträgt nach Abb. 31 bei der Abonnenten-Werbeabteilung aller Verlage 4,9 Personen, bei der Anzeigen-Werbeabteilung
9,4 Personen. Die Durchschnittswerte für die einzelnen Gattungen scheinen nicht in
allen Fällen ganz plausibel, doch dürften hier Verzerrungen durch unterschiedliche
Handhabung der Angaben je nach externer oder interner Organisation der Werbefunktion entstanden sein.

172

Abb. 30   Anzahl der betreutenObjekte

Abteilung	Zeitungs-Verlage	KWS-Verlage	Zeitschriften-Verlage	Alle Verlage
Abo-Werbeabteilung	7,0	12,0	3,4	4,9
Anzeigen-Werbeabteilung	15,3	17,0	7,6	9,4

Abb. 31   Anzahl der Mitarbeiter in Werbeabteilungen

	Zeitungs-Verlage		KWS-Verlage	Zeitschriften-Verlage		Alle Verlage	
	Anzahl	%	Anzahl	Anzahl	%	Anzahl	%
Abo-Werbefunktion							
1 Objekt	14	67	-	4	11	18	29
2-3 Objekte	4	19	1	7	18	12	19
4. u. mehr Objekte	2	10	-	20	53	22	35
Zusammen	21[1]	100	3[1]	38[1]	100	62[1]	100
Anzeigen-Werbefunktion							
1 Objekt	13	62	1	8	21	22	35
2-3 Objekte	4	19	2	9	24	15	24
4 u. mehr Objekte	3	14	-	18	47	21	34
Zusammen	21[1]	100	3	38[1]	100	62[1]	100

1)   Einschließlich der Mitarbeiter in Werbeabteilungen

C. Anzahl und Ausbildung der Werbefachleute

Eine erfolgreiche Berufstätigkeit in der Werbung hat in der Regel eine qualifizierte Ausbildung der Werbefachleute zur Voraussetzung.

Um Übereinstimmungen oder aber auch etwaige Abweichungen der tatsächlichen Ausbildungswege von den als ideal gewünschten Ausbildungswegen festzustellen, war vorgesehen, in allen Bereichen der Werbewirtschaft sowohl nach dem Ist-Zustand wie auch nach dem Soll-Zustand, also der idealen Ausbildung, zu fragen.

Dies wurde auch bei der zeitlich zuerst durchgeführten Untersuchung von Werbeabteilungen werbungtreibender Unternehmen getan. Es hat sich jedoch herausgestellt, daß die Beantwortung nach der Ist-Ausbildung eher ein Hemmnis für die Gesamtumfrage gewesen ist. Vielfach wurde von den antwortenden Firmen für einzelne vorhandene Werbefachleute oder aber auch insgesamt diese Frage nicht beantwortet. Über die Gründe können nur Spekulationen angestellt werden. Da zu vermuten ist, daß die Frage nach den Ist-Zustand der Ausbildung womöglich in manchen Fällen zur Nichtbeantwortung des ganzen Fragebogens geführt hat, haben wir uns entschlossen, bei den Umfragen im Bereich Werbeagenturen und im Bereich Presseverlage auf die Feststellung des Ist-Zustandes ganz zu verzichten.

Aus diesem Grund ist es nur bei den werbungtreibenden Unternehmen (mit den oben angedeuteten Einschränkungen) möglich, das Ideal mit der Realität, also den gewünschten Soll-Zustand mit dem vorhandenen Ist-Zustand der Ausbildungs-Qualifikation zu vergleichen.

I. Die Verteilung der Werbefachleute auf die verschiedenen Werbeberufe

Die folgenden Berufe gelten als typische Werbeberufe in betrieblichen Werbeabteilungen:

Werbeleiter, Werbesachbearbeiter, Werbeassistent, Werbegrafiker/ Art Director, Designer, Werbefotograf, Werbetexter, Mediaplaner.

An sonstigen Berufen wurden von den Unternehmen noch genannt:

Controller, Displaygestalter, Druckvorlagenhersteller, Fotolaborant, Merchandiser, Redakteur, Werbemitteleinkäufer.

174

Aufgrund der niedrigen Fallzahlen wurden die zuletzt genannten Berufe nicht weiter berücksichtigt. Eine Sonderstellung nimmt der Messefachmann ein, der relativ häufig genannt wurde, obwohl er nicht zu den Werbeberufen im engeren Sinne zählt.

Abb. 32 **Verteilung der erfaßten Werbefachleute auf die verschiedenen Werbeberufe**

	Anzahl der Unternehmen Fachkraft				Anzahl der erfaßten Fachkräfte	
	beschäftigt		nicht beschäftigt			
Werbeberufe	abs.	%	abs.	%	abs.	%
Werbeleiter	49	86	8	14	76	14
Werbesach-bearbeiter	37	65	20	35	147	27
Werbeassistent	23	40	34	60	40	7
Mediaplaner	10	18	47	83	13	2
Werbegrafiker/ Art Director	17	30	40	70	42	8
Werbetexter	8	14	49	86	12	2
Designer	10	18	47	83	29	5
Werbefotograf	8	14	49	86	16	3
Messefachmann	17	30	40	70	45	8
Lehrling/Azubi	13	22	44	77	17	3
Sonstige	25	44	32	56	103	19

(Basis: 57 Unternehmen; Basis: 540 Fachkräfte)

175

Mit Abstand am meisten vertreten sind die Berufe mit beratender und koordinieren-
der Tätigkeit. Von den 57 Unternehmen, die diese Frage beantwortet haben, verfügen 86 % über (mindestens) einen Werbeleiter, 65 % über Werbesachbearbeiter
und 40 % über Werbeassistenten. Es fällt jedoch auf, daß 14 % der Unternehmen
keinen Werbeleiter haben. Es ist anzunehmen, daß dann diese Funktion von einem
rangniedrigeren Mitarbeiter oder von der Marketingleitung übernommen wird.

Die werblichen "Spezialberufe" sind mit höchstens 30 % vertreten. Sie lassen sich
den Bereichen Gestaltung, Messen und Ausstellungen sowie Mediaplanung zuordnen. Da diese Funktionen der Werbegestaltung und Mediadurchführung lt. Abb. 22
zu 94 % bzw. 93 % einer Agentur übertragen oder mit Hilfe einer Agentur
durchgeführt werden, ist das seltene Vorhandensein der betreffenden Berufe
verständlich.

Aus der Anzahl der Werbefachleute läßt sich wiederum eine Häufigkeits-Rangfolge
aufstellen:

1. Werbesachbearbeiter
2. Werbeleiter
3. Messefachmann
4. Werbegrafiker/Art Director
5. Werbeassistent
6. Designer
7. Werbefotograf
8. Mediaplaner
9. Werbetexter.

Faßt man die Berufe der Werbeberatung zu einer Gruppe zusammen, so nehmen
diese fast die Hälfte aller erfaßten Werbefachleute ein. Der hohe Anteil der Sachbearbeiter (27 %) läßt sich auf das breite Spektrum der Werbeaufgaben zurückführen. Da in den meisten Abteilungen eine leitende Position vorgesehen ist, stellen
die Werbeleiter mit 14 % ebenfalls eine hohe Quote.

Der Anteil der Messefachleute liegt mit 8 % an dritter Stelle, wodurch die anhaltend
positive Entwicklung der Messewirtschaft verdeutlicht wird. [204]

Die gestalterischen Berufe stellen insgesamt nur einen Anteil von 18 % dar. Die relativ geringen Prozentsätze der einzelnen Berufe unterstreichen noch einmal die
häufige und weitgehende Verlagerung von Gestaltungsaufgaben an außen-
stehende Stellen (Werbeagenturen).

[204] Vgl. ZAW, 1986, S. 219 ff.

Von allen 540 erfaßten Werbefachleuten lassen sich bei der Differenzierung nach Branchen 469 einer der vier Gruppen zuordnen, wobei eine ungleichmäßige Verteilung auffällt. Die 19 Unternehmen des Food-Bereiches beschäftigen im Schnitt 4,3 Werbefachleute, die 15 des Drug-Bereiches 10,6, die 10 Unternehmen Elektronik/Optik/Bürotechnik 15,8 und die 10 der Branche Hausrat und Haushaltsgeräte 9,1 Werbefachleute.

Die relativ hohe Zahl von durchschnittlich 15,8 beschäftigten Werbefachleuten bei Elektronik/Optik/Bürotechnik ist dadurch zu erklären, daß hier eine produktspezifische Werbung notwendig ist. Hierfür sind entsprechende Kenntnisse erforderlich, die im allgemeinen nur die Mitarbeiter der eigenen Werbeabteilung besitzen.

Betrachtet man die Häufigkeiten der Fachleute in den einzelnen Berufen, so lassen sich auch hier Unterschiede in den Rangfolgen erkennen:

(1)   Food-Bereich   (2)   Drug-Bereich

1.   Werbesachbearbeiter   1.   Werbesachbearbeiter
2.   Werbeleiter   2.   Werbeleiter
3.   Werbegrafiker/Art Director,   3.   Werbeassistent
     Werbeassistent   4.   Werbegrafiker/Art Director
5.   Designer   5.   Werbefotograf,
6.   Messefachmann   Mediaplaner
7.   Werbetexter   7.   Designer
8.   Werbefotograf,   8.   Messefachmann
     Mediaplaner.   9.   Werbetexter.

(3)   Elektronik/Optik/Bürotechnik   (4)   Hausrat und Haushaltsgeräte

1.   Werbesachbearbeiter   1.   Werbesachbearbeiter
2.   Messefachmann   2.   Werbegrafiker/Art Director
3.   Werbeleiter   3.   Werbeleiter,
4.   Werbeassistent   Designer
5.   Werbegrafiker/Art Director   5.   Werbefotograf
6.   Designer   6.   Werbeassistent,
7.   Werbefotograf,   Messefachmann,
     Werbetexter,   Werbetexter
     Mediaplaner.   9.   Mediaplaner.

Die stärkste Branchenabhängigkeit weist der Beruf des Messefachmanns auf. Der Sektor Elektronik/Optik/Bürotechnik bietet ihm die größten Einsatzmöglichkeiten. Die gestalterischen Berufe nehmen in der Branche Hausrat und Haushaltsgeräte eine höhere Rangposition ein als in den übrigen. Die Werbeträger für die hier hergestellten Produkte sind oft Kataloge oder Prospekte, für deren Zusammenstellung und Gestaltung aus verschiedenen Gründen häufig eigene Fachleute günstiger sind.

Da zwei der 63 Unternehmen die Frage nach der Beschäftigtenzahl nicht beantwortet haben, können von den 540 angegebenen Werbefachleuten in die Differenzierung nur 526 einbezogen werden. Deren Verteilung auf die drei Größenklassen zeigt erhebliche Unterschiede: Während die 21 Unternehmen der Klasse bis 500 Mitarbeiter durchschnittlich 2,7 Fachleute beschäftigen, weist die mittlere Klasse einen Schnitt von 8,3 und die Klasse der größten Unternehmen einen von 14,9 Werbefachleuten auf (Abb. 33).

Die folgenden Rangordnungen verdeutlichen die unterschiedliche Nachfrage nach den einzelnen Werbefachleuten in den drei Größenklassen.

(1)	bis 500 Beschäftigte	(2)	500 bis 2.000 Beschäftigte
1.	Werbeleiter	1.	Werbesachbearbeiter
2.	Werbesachbearbeiter	2.	Werbeleiter
3.	Werbeassistent	3.	Werbegrafiker/Art Director
4.	Werbegrafiker/Art Director	4.	Werbeassistent
5.	Messefachmann.	5.	Designer
		6.	Mediaplaner
		7.	Messefachmann,
			Werbefotograf
		9.	Werbetexter.

(3)   über 2.000 Beschäftigte

1. Werbesachbearbeiter
2. Werbeleiter
3. Messefachmann
4. Werbeassistent,
   Werbegrafiker/Art Director
6. Designer
7. Werbefotograf,
   Werbetexter
9. Mediaplaner.

178

Abb. 33   Differenzierung der erfaßten Werbefachleute
nach Beschäftigtenzahl

| | Anzahl der erfaßten Fachkräfte in Unternehmen mit | | | | | |
| | bis 500 Beschäftigten | | 500 - 2.000 Beschäftigten | | über 2.000 Beschäftigten | |
Werbeberufe	abs.	%	abs.	%	abs.	%
Werbeleiter	16	30	21	12	37	12
Werbesachbearbeiter	11	21	24	14	107	30
Werbeassistent	8	15	14	8	18	6
Mediaplaner	-	-	7	4	6	2
Werbegrafiker/ Art Director	5	9	16	9	18	6
Werbetexter	-	-	2	1	10	3
Designer	-	-	11	6	17	6
Werbefotograf	-	-	5	3	10	3
Messefachmann	3	6	5	3	36	12
Lehrling/Azubi	-	-	9	5	7	2
Sonstige	10	19	61	35	32	11

Basis: Basis: Basis:
53 Fachkräfte   175 Fachkräfte   298 Fachkräfte

Auffällig ist wiederum die jeweilige Stellung des Messefachmanns. Da sich die Messefachleute auf wenige Unternehmen der Klasse mit mehr als 2.000 Beschäftigten konzentrieren, ergibt sich der hohe Prozentsatz von 12 % und damit die wichtige Position in der Rangfolge. Hervorzuheben ist weiterhin, daß die Betriebe bis 500 Mitarbeiter außer dem Werbegrafiker keine weiteren Gestalter beschäftigen. Auch sind hier keine Mediaplaner vertreten. Für die Werbeberatungsberufe lassen sich keine besonderen Unterschiede zwischen den Größenklassen feststellen.

II. Die Ausbildungswege der erfaßten Werbefachleute

Von den 63 befragten Unternehmen haben 48 auf die Frage nach dem Ausbildungsweg ihrer Werbefachleute geantwortet; jedoch sind aufgrund unvollständiger Angaben nur 40 Antworten auswertbar. (Vgl. Einführungsbemerkung zu I., S. 173))

Es wurden hauptsächlich die Ausbildungswege der Werbeleiter, -sachbearbeiter und -assistenten aufgezeigt, was auf deren häufigeres Vorkommen in betrieblichen Werbeabteilungen zurückzuführen ist. Den Befragten wurden fünf mögliche Abschlüsse des Ausbildungsweges vorgegeben:

- Schulabschluß
- Volontariat / Trainee
- Duale Ausbildung
- Fachschulbesuch
- Hochschulstudium.

Diese wurden wiederum nach bestimmten Zweigen oder Fachrichtungen untergliedert. Zur weiteren Analyse des Ist-Zustandes wurde nach Alter und Geschlecht gefragt Eine Übersicht über die Ausbildungswege aller aufgeführten Werbefachleute zeigt Abb. 34.

Von den 172 angegebenen Werbefachleuten erlangte ca. ein Drittel die Hochschulreife, wovon wiederum über zwei Drittel ein Studium aufnahmen. 22 % aller Werbefachleute haben studiert (19 % mit Abschluß), 30 % besuchten eine Fachschule (29 % mit Abschluß) und 74 % durchliefen eine duale Ausbildung (73 % mit Abschluß). Diese Verteilung macht deutlich, daß der derzeitige Schwerpunkt werbefachlicher Ausbildung im praktischen Bereich zu sehen ist.

Der Anteil der Werber mit einer mehr oder weniger direkt auf die Werbung zugeschnittenen abgeschlossenen Ausbildung erweist sich auf allen Ebenen als relativ gering:

180

Abb. 34   Ausbildungswege aller erfaßten Werbefachleute

Ausbildungswege		Anzahl aller erfaßten Werbefachleute		
		abs.	%	
Hauptschule/Mittlere Reife		116	67	
Hochschulreife/Abitur		56	33	
Volontariat/Trainee		29	17	
Werbekaufmännische Lehre	m.A.[1] o.A.	25 1	15 1	
Grafische o.ä. Lehre	m.A. o.A.	17 1	10 1	Sa 74 % ab- züglich 5
Kaufmännische Lehre allgemein	m.A. o.A.	56 2	33 1	Doppel- nennungen
sonstige Lehre	m.A. o.A.	31 -	18 -	
Werbefachschule	m.A. o.A.	37 -	22 -	Sa 30 % ab- züglich 6
sonstige Fachschule	m.A. o.A.	19 2	11 1	Doppel- nennungen
FHS Wirtschaft oder HWF	m.A. o.A.	12 1	7 1	Sa 22 % ab- züglich 1
Universität Wirtschaftswissenschaft	m.A. o.A.	8 2	5 1	Doppel- nennung
anderes Studium	m.A. o.A.	14 1	8 1	

(Basis: 172 Fachkräfte)

1)   m.A. = mit Abschluß, o.A. = ohne Abschluß

15 % werbekaufmännische Lehre, 22 % Werbefachschule und 12 % Studium der Wirtschaft an einer Fachhochschule oder Universität. Die Zahlen bestätigen die breitgefächerten Zugangsmöglichkeiten für Tätigkeiten in der Werbung. Das Problem der fehlenden Ausbildungsprofile scheint sich hier anzudeuten.

Obwohl die Werbung als junger Wirtschaftszweig nicht so stark von Konventionen geprägt ist, fällt auf, daß der Anteil der Frauen insgesamt nur 26 % beträgt. Diese Minderheit wird noch deutlicher in den Führungs-Positionen erkennbar

Das Durchschnittsalter aller Werbefachleute liegt bei 41 Jahren.

Um den tatsächlichen Ausbildungsweg der Befragten mit dem idealen vergleichen zu können, wurden alle möglichen Kombinationen der Ebenen Lehre, Fachschule und Hochschule zusammengestellt. Da nach dem gesamten Ausbildungsweg der Werbefachleute gefragt wurde, betreffen diese auch Ausbildungen ohne Abschluß.

Abb. 35 **Ausbildungskombinationen aller erfaßten Werbefachleute**

Ausbildungskombinationen	Anzahl der erfaßten Werbefachleute	
	abs.	%
Lehre	73	42
Fachschule	11	6
Hochschule	19	11
Lehre + Fachschule	40	23
Lehre + Hochschule	16	9
Fachschule + Hochschule	1	1
Lehre + Fachschule + Hochschule	1	1
Schulabschluß	11	6

(Basis: 172 Fachkräfte)

Es zeigt sich, daß nur ein Drittel der befragten Werbefachleute zwei oder drei Ausbildungsmöglichkeiten kombiniert haben. Hiervon wird der größte Teil, 23 %, von der Kombination Duale Ausbildung / Besuch einer Fachschule gestellt. Da auch die Verbindung Lehre / Studium mit 9 % relativ häufig anzutreffen ist, wird ersichtlich, daß die Kombinationsmöglichkeiten hauptsächlich zum Erlernen praktischer Fähigkeiten und deren theoretischer Fundierung genutzt werden.

Im folgenden werden die Ausbildungswege der wichtigsten Gruppen von Werbefachleuten getrennt dargestellt.

1. Werbeleiter

Von den 40 erfaßten Werbeleitern erlangten 55 % einen Hauptschulabschluß bzw. die mittlere Reife und 45 % die Hochschulreife. Von den letzteren hat wiederum die Hälfte (23 %) ein Studium aufgenommen, das hauptsächlich im Bereich der Wirtschaftswissenschaften abgeschlossen wurde. Insgesamt läßt sich jedoch erkennen, daß nur 13 % der befragten Werbeleiter ein solches Studium erfolgreich absolviert haben. Eine Fachschule besuchten 58 % der Werbeleiter, 10 % von ihnen sogar zwei. 73 % der Werbeleiter gelangten über die duale Ausbildung zu ihrer Position, wobei 35 % eine allgemeine kaufmännische und 18 % eine werbekaufmännische Ausbildung absolvierten. Eine grafische Lehre wurde von 13 % der Befragten durchlaufen. Die Angaben über das Geschlecht verdeutlichen, daß es besonders in der fieien Wirtschaft für Frauen immer noch fast unmöglich ist, eine Führungsposition zu erlangen: Nur zwei Werbeleiter (5 %) sind Frauen.

Das Durchschnittsalter der Werbeleiter beträgt 47 Jahre.

183

Abb. 36   Ausbildungswege der erfaßten Werbeleiter

Ausbildungswege		Anzahl der erfaßten Werbeleiter	
		abs.	%
Hauptschule/Mittlere Reife		22	55
Hochschulreife/Abitur		18	45
Volontariat/Trainee		11	28
Werbekaufmännische Lehre	m.A.	7	18
	o.A.	1	3
Grafische o.ä. Lehre	m.A.	5	13 Sa 73 % ab-
	o.A.	-	- züglich 2
			Doppel-
Kaufmännische Lehre	m.A.	14	35 nennungen
allgemein	o.A.	1	3
Sonstige Lehre	m.A.	3	8
	o.A.	-	-
Werbefachschule	m.A.	18	45 Sa 58 % ab-
	o.A.	1	3 züglich 4
			Doppel-
Sonstige Fachschule	m.A.	7	18 nennungen
	o.A.	1	3
FHS Wirtschaft	m.A.	1	3
oder HWF	o.A.	1	3
Universität	m.A.	4	10
Wirtschaftswissenschaft	o.A.	-	- Sa 23 %
Anderes Studium	m.A.	2	5
	o.A.	1	3

(Basis: 40 Werbeleiter)

Die häufigste Ausbildungs-Kombination der Werbeleiter besteht in der Verbindung einer dualen Ausbildung mit dem Besuch einer Fachschule. Das weist darauf hin, daß für den Werbeleiter eine durch theoretisches Wissen fundierte praktische Ausbildung in der Praxis am gebräuchlichsten ist. Hierfür sprechen ebenfalls diejenigen, die sowohl eine Lehre als auch ein Studium absolviert haben (10 %). Für einen führenden Beruf wie den des Werbeleiters ist es auffällig, daß nur 23 % ein Studium durchlaufen haben, wobei sogar nur 10 % das Studium mit anderen Ausbildungsmöglichkeiten kombiniert haben. Eine Kombination Fachschule und Hochschule (mit oder ohne Lehre) kommt überhaupt nicht vor.

Abb. 37   Ausbildungskombinationen der erfaßten Werbeleiter

Ausbildungs-kombinationen	Anzahl der erfaßten Werbeleiter	
	abs.	%
Lehre	6	15
Fachschule	3	8
Hochschule	5	13
Lehre + Fachschule	20	50
Lehre + Hochschule	4	10
Fachschule + Hochschule	-	-
Lehre + Fachschule + Hochschule	-	-
Schulabschluß	2	5

(Basis: 40 Werbeleiter)

Im Drug-Bereich und in den Branchen Elektronik/Optik/Bürotechnik sowie Hausrat und Haushaltsgeräte liegt der Schwerpunkt der Ausbildung wie bei der Gesamtheit der befragten Werbeleiter auf der Kombination duale Ausbildung und Fachschule. Im Food-Bereich wurden dagegen andere Möglichkeiten annähernd gleich genutzt. Auffällig ist der geringe Anteil der Akademiker in den zuerst genannten Bereichen (Drug 13 %, Elektronik/Optik/Bürotechnik 17 %), während er im Food-Bereich 38 % beträgt.

2. *Werbesachbearbeiter*

Wie Abb. 38 zeigt, erlangten lediglich 29 % der erfaßten Werbesachbearbeiter die Hochschulreife (von denen jedoch alle ein Studium aufgenommen haben, und zwar meist Wirtschaftswissenschaften).

13 % der Sachbearbeiter absolvierten eine Werbefachschule, 10 % eine sonstige Fachschule. Bemerkenswert ist, daß 60 % der 48 Sachbearbeiter eine duale Aus-bildung abgeschlossen haben, die sich zu 33 % auf eine allgemeine kaufmänni-sche, zu 10 % auf eine grafische und jeweils zu 8 % (n = 4 !) auf eine werbekaufmännische oder auf eine sonstige Lehre verteilt.

Abb. 38   Ausbildungswege der erfaßten Werbesachbearbeiter

Ausbildungswege		Anzahl der erfaßten Werbesachbearbeiter		
		abs.	%	
Hauptschule/Mittlere Reife		34	71	
Hochschulreife/Abitur		14	29	
Volontariat/Trainee		5	10	
Werbekaufmännische Lehre	m.A.	4	8	
	o.A.	-	-	
Grafische o.ä. Lehre	m.A.	5	10	
	o.A.	-	-	Sa 60 %
Kaufmännische Lehre	m.A.	16	33	
allgemein	o.A.	-	-	
Sonstige Lehre	m.A.	4	8	
	o.A.	-	-	
Werbefachschule	m.A.	6	13	
	o.A.	-	-	Sa 21 % ab-
				züglich 1 Dop-
Sonstige Fachschule	m.A.	5	10	pelnennung
	o.A.	-	-	
FHS Wirtschaft	m.A.	6	13	
oder HWF	o.A.	-	-	
Universität	m.A.	3	6	Sa 29 %
Wirtschaftswissenschaft	o.A.	2	4	
Anderes Studium	m.A.	3	6	
	o.A.	-	-	

(Basis: 48 Werbesachbearbeiter)

Die Berufsausbildung der Werbesachbearbeiter besteht mit 38 % am häufigsten im Absolvieren einer Lehre ohne eine zusätzliche Ausbildung (Abb. 39). Auffällig ist der relativ hohe Anteil von 15 % derjenigen, die direkt nach dem Schulabschluß in das Berufsleben eingetreten sind und sich auch weiterhin keiner externen Ausbildung unterzogen haben. Addiert man die beiden genannten Prozentsätze, so ergibt sich mit 53 % ein hoher Anteil von Werbesachbearbeitern mit niedrigem Ausbildungsniveau.

Der Frauenanteil liegt mit 38 % in dieser Berufsgruppe verhältnismäßig hoch (was eventuell mit deren niedrigerem Ausbildungsniveau zusammenhängt!). Das Durchschnittsalter der Sachbearbeiter liegt bei 40 Jahren.

Die Differenzierung nach Branchen bringt keine aussagefähigen Abweichungen.

In allen Beschäftigtengrößenklassen liegt der Schwerpunkt auf der rein dualen Ausbildung. Mit zunehmender Unternehmensgröße steigt aber der Anteil der akademisch ausgebildeten Sachbearbeiter.

Abb. 39   Ausbildungskombinationen der erfaßten Werbesachbearbeiter

Ausbildungs- kombinationen	Anzahl der erfaßten Werbesachbearbeiter	
	abs.	%
Lehre	18	38
Fachschule	5	10
Hochschule	7	15
Lehre + Fachschule	4	8
Lehre + Hochschule	6	13
Fachschule + Hochschule	-	-
Lehre + Fachschule + Hochschule	1	2
Schulabschluß	7	15

(Basis: 48 Werbesachbearbeiter)

3. Werbeassistent

Von den 42 Werbeassistenten erlangten lt. Abb. 40 lediglich 21 % die
Hochschulreife, wovon nur ein Drittel diesen Abschluß zum Studium nutzte.
Insgesamt liegt der Akademikeranteil bei 7 %. (n = 3 !)

Die Werbefachschulen stellen mit 26 % den größten Anteil der Fachschulen, die
insgesamt von 36 % der Assistenten besucht werden. Hieraus ergibt sich, daß nur
ca. ein Viertel aller Befragten den von einer Werbefachschule verliehenen Titel
"Werbeassistent" aufweisen kann. Die anderen benutzen die ungeschützte, grundsätzlich wenig besagende Berufsbezeichnung "Assistent" ohne eine solche Vorbildung.

Sehr bedeutsam ist der große Anteil von 86 %, die eine duale Ausbildung als Berufsgrundlage gewählt haben, wobei eine allgemeine kaufmännische Lehre mit 48
% am häufigsten abgeschlossen wurde. Auch die werbekaufmännische Ausbildung
ist mit 21 % relativ stark vertreten.

Die Unterscheidung nach dem Geschlecht (31 % Frauen) sowie das Durchschnittsalter von 39 Jahren sind ähnlich wie beim Werbesachbearbeiter.

In Abb. 41 wird zunächst die Aufgliederung der Ausbildungswege der Assistenten
mit dualer Ausbildung ersichtlich. Während 55 % nur eine Lehre abgeschlossen
haben, kombinierten 31 % eine solche mit einer Fachschule, aber nur einer mit einen Studium.

Sowohl nach Branchen als auch nach Unternehmensgrößen zeigen sich keine be-
merkenswerten Differenzierungen.

Abb. 40   Ausbildungswege der erfaßten Werbeassistenten

Ausbildungswege		Anzahl der erfaßten Werbeassistenten		
		abs.	%	
Hauptschule/Mittlere Reife		33	79	
Hochschulreife/Abitur		9	21	
Volontariat/Trainee		4	10	
Werbekaufmännische Lehre	m.A.	9	21	
	o.A.	-	-	
Grafische o.ä. Lehre	m.A.	1	2	Sa 86 %
	o.A.	1	2	abzüglich
				2 Doppel-
Kaufmännische Lehre	m.A.	20	48	benennungen
allgemein	o.A.	-	-	
Sonstige Lehre	m.A.	7	17	
	o.A.	-	-	
Werbefachschule	m.A.	11	26	
	o.A.	-	-	Sa 38 % ab-
				züglich 1 Dop-
Sonstige Fachschule	m.A.	4	10	pelnennung
	o.A.	1	2	
FHS Wirtschaft	m.A.	1	2	
oder HWF	o.A.	-	-	
Universität	m.A.	-	-	Sa 7 %
Wirtschaftswissenschaft	o.A.	-	-	
Anderes Studium	m.A.	2	5	
	o.A.	-	-	

(Basis: 42 Werbeassistenten)

In Abb. 41 wird der hohe Anteil der Werbeassistenten mit dualer Ausbildung deutlich. Während 55 % nur eine Lehre abgeschlossen haben, kombinierten weitere 31 % diese mit einem Fachschulbesuch. Ein Assistent hat zur Lehre eine Hochschule absolviert. Insgesamt beträgt der "Akademikeranteil" bei den Werbeassistenten nur 7 %, wodurch das Übergewicht der Praktikerausbildung bei dieser Berufsgruppe hervorgehoben wird.

Abb. 41   Ausbildungskombinationen der erfaßten Werbeassistenten

Ausbildungs-kombinationen	Anzahl der erfaßten Werbeassistenten	
	abs.	%
Lehre	23	55
Fachschule	2	5
Hochschule	2	5
Lehre + Fachschule	13	31
Lehre + Hochschule	1	2
Fachschule + Hochschule	-	-
Lehre + Fachschule + Hochschule	-	-
Schulabschluß	1	2

(Basis: 42 Werbeassistenten)

4. Werbegestalter

Wie weiter oben zu sehen war, machen die gestalterischen Berufe mit 18 % aller Werbeberufe in den befragten Unternehmen nur einen kleinen Anteil aus. Aufgrund der hieraus resultierenden geringen Fallzahlen bezüglich der Spezialberufe Werbegrafiker/Art Director, Designer, Werbefotograf und Werbetexter erschien es sinnvoll, diese zu einer Gruppe mit dem Oberbegriff "Gestalterisch tätige Werbefachleute" zusammenzufassen. Eine Differenzierung nach Branche und Beschäftigungszahl ist auch hierbei nicht möglich, da die konsolidierte Fallzahl mit n = 20 immer noch sehr niedrig ist.

Von den acht Personen, die die Hochschulreife erlangten, weisen sieben auch ein abgeschlossenes Studium nach. Obwohl in der Regel keine exakten Angaben über die Fachrichtung gemacht werden, handelt es sich meist um Studiengänge im künstlerischen und gestalterischen Bereich. Von den drei Befragten, die eine Fachschule absolvierten, besuchte keiner eine Werbefachschule. Es wurden Fachschulen für Grafik und Design sowie eine Fotofachschule angegeben.

Die meisten der gestalterisch Tätigen gelangten über eine praktische Ausbildung in Form einer Lehre zur Werbung. Von diesen nehmen die grafisch und die kaufmännisch Ausgebildeten jeweils ein Viertel ein. Auffallend hoch in dieser Berufsgruppe ist der Anteil derjenigen, die ein Traineeprogramm oder ein Volontariat abgeschlossen haben (Letzteres meist bei Textern).

Der Frauenanteil beträgt knapp ein Drittel, das Durchschnittsalter 38 Jahre. (Abb.42)

5. Media-Planer

Wegen nur sieben Fällen verzichten wir auf eine Interpretation. Der Altersdurchschnitt beträgt 37 Jahre. (Abb. 43)

192

Abb. 42   Ausbildungswege der gestalterisch tätigen Werbefachleute

Ausbildungswege		Anzahl der gestalterisch tätigen Werbefachleute abs.
Hauptschule/Mittlere Reife		12
Hochschulreife/Abitur		8
Volontariat/Trainee		6
Werbekaufmännische Lehre	m.A. o.A.	2 -
Grafische o.ä. Lehre	m.A. o.A.	4 -
Kaufmännische Lehre allgemein	m.A. o.A.	2 1
Sonstige Lehre	m.A. o.A.	8 -
Werbe-Fachschule	m.A. o.A.	- -
sonstige Fachschule	m.A. o.A.	3 -
FHS Wirtschaft oder HWF	m.A. o.A.	2 -
Universität Wirtschaftswissenschaft	m.A. o.A.	- -
Anderes Studium	m.A. o.A.	5 -

(Basis: 20 gestalterisch tätige Werbefachleute)

Abb. 43   Ausbildungswege der erfaßten Media-Planer

Ausbildungswege		Anzahl der erfaßten Media-Planer
		abs.
Hauptschule/Mittlere Reife		4
Hochschulreife/Abitur		3
Volontariat/Trainee		1
Werbekaufmännische Lehre	m.A. o.A.	2 -
Grafische o.ä. Lehre	m.A. o.A.	- -
Kaufmännische Lehre allgemein	m.A. o.A.	1 -
Sonstige Lehre	m.A. o.A.	- -
Werbefachschule	m.A. o.A.	2 -
sonstige Fachschule	m.A. o.A.	- -
FHS Wirtschaft oder HWF	m.A. o.A.	1 -
Universität Wirtschaftswissenschaft	m.A. o.A.	1 -
Anderes Studium	m.A. o.A.	2 -
Geschlecht weiblich männlich		3 4

(Basis: 7 Mediaplaner)

III. Zur heutigen Ausbildung der Werbefachleute

In den Ausführunge des Abschnitts II. wurde wiederholt auf die teilweise niedrige Ausbildung der Werbefachleute hingewiesen, z.b. auf den geringen Anteil von Hochschulabsolventen.

Wir möchten an dieser Stelle ausdrücklich betonen, daß dies die Ergebnisse einer zehn Jahre zurückliegenden Erhebung sind.

Heute dürfte - wie in allen Bereichen der Wirtschaft, ja der gesamten Gesellschaft - auch in der Werbung die durchschnittliche Ausbildung höher sein als damals. Leider können wir das aber weder nachweisen noch quantifizieren.

Auf die Probleme beim Abfragen der vorhandenen Qualifikation haben wir im Eingangsabschnitts dieses Kapitels aufmerksam gemacht. Die mit dieser Problematik zusammenhängende große No-Response-Quote bei der damaligen Umfrage hat uns davon abgehalten, eine Aktualisierung auch dieses Teilbereichs der Befragung vorzunehmen.

D. Ausbildungsanforderungen an Werbefachleute

(Idealvorstellungen)

Wie an anderer Stelle bereits festgestellt wurde, ist das Berufsbild "Allround-Werbefachmann" eher ein theoretisches Konstrukt, das auf den Wunschvorstellungen von werbefachlichen Verbänden beruht. Würde ein solches Berufsbild im Rahmen einer Erhebung abgefragt, so träte dabei ein extrem vielfältiges und unspezifisches Anforderungsprofil zutage, dem wohl niemand genügen könnte. [205] Stattdessen gibt es eine Fülle von Spezialisten in der Werbung, über deren Arbeitsgebiet sehr genaue Vorstellungen bestehen.

Im Rahmen der Untersuchungen bei den drei Bereichen wurden die wichtigsten Werbe-Spezialisten innerhalb der jeweiligen Gruppe aufgeführt, und die Verantwortlichen wurden um Angabe des "idealen" Ausbildungsweges gebeten. Weitere Einzelheiten ergeben sich aus den bereichsspezifischen Unterabschnitten.

I. Werbungtreibende Unternehmen

Auf die Frage nach dem idealen Ausbildungsweg für Werbefachleute antworten insgesamt 49 Unternehmen, jedoch nicht alle für jeden Beruf. Für den Werbeleiter, den Sachbearbeiter und den Assistenten wird nach den beiden Strukturdaten Branche und Firmengröße differenziert. Aufgrund zu geringer Fallzahlen muß bei allen anderen Berufen auf eine solche Differenzierung verzichtet werden. Genaue Bezeichnungen der einzelnen Ausbildungsebenen wurden nur teilweise angegeben, so daß zunächst von den vorgeschlagenen Kombinationen ausgegangen wird. Die Gesamtzahlen der ersten vier Berufe enthält Abb. 44, die der übrigen vier Abb. 45.

1. Werbeleiter

Die Anforderungen an die Ausbildung des Werbeleiters sind sehr hoch angesetzt. 31 % aller Befragten hält die Kombination einer dualen Ausbildung mit einem Studium in Verbindung mit dem Besuch einer Fachschule für ideal. Ebenfalls hoch eingestuft wird die Verknüpfung Studium und Fachschule von 25 % sowie das Studium ohne zusätzliche Ausbildung (14 %). Insgesamt befürworten 80 % der Befragten ein Hochschulstudium (mit oder ohne Kombination) für den Werbeleiter.

---

[205] Vgl. Jaspert, F., 1972, S. 302

Daraus ist zu erkennen, daß das Studium als optimale Voraussetzung für die Ausübung einer leitenden Position angesehen wird, wobei allerdings eine praktische Tätigkeit ebenfalls wichtig genommen wird.

Bei den Angaben der Studienrichtung stehen die Wirtschaftswissenschaften mit dem Schwerpunkt Marketing sowie Visuelle Kommunikation im Vordergrund. Für angemessen halten viele Befragte auch den Studiengang Publizistik.

Eine duale Ausbildung allein hält kein Befragter für die Position des Werbeleiters für ausreichend. In Verbindung mit einer zusätzlichen theoretischen Schulung gilt sie jedoch bei der Hälfte der Betriebe als wünschenswerte Berufsgrundlage. In diesem Zusammenhang wurden in erster Linie die kaufmännische, insbesondere die werbekaufmännische Ausbildung in einem Verlag, einer Bank oder einer Agentur, oder eine grafische Lehre hervorgehoben.

Der Prozentsatz derjenigen, die lediglich den Besuch einer Fachschule als ausreichend ansehen, liegt mit 10 % relativ niedrig. Zur Weiterbildung nach einer abgeschlossenen Lehre oder einem Studium wird die Fachschule dagegen von 66 % der Befragten hoch eingeschätzt.

Für den Food-Bereich und den Drug-Bereich ergeben sich im Vergleich mit der Gesamtheit keine hervorzuhebenden Unterschiede. Die Unternehmen der Branche Elektronik/Optik/Bürotechnik stellen überdurchschnittlich hohe Anforderungen an die Ausbildung ihrer Werbeleiter. Hier hält die Hälfte der Befragten eine Kombination der drei Ausbildungsmöglichkeiten für ideal. Ein Drittel befürwortet ein Studium mit dem Besuch einer Fachschule.

Alle Befragten der Branche Hausrat und Haushaltsgeräte fordern den Besuch einer Fachschule, und zwar zu 30 % in Verbindung mit einer dualen Ausbildung, jeweils zu 20 % ohne Kombination oder zusammen mit einem Studium.

Zwei Drittel der Unternehmen der kleineren Beschäftigtenklasse halten die Werbefachschule für einen wichtigen Ausbildungsbestandteil, wobei sie in Kombination mit einem Studium am häufigsten genannt wurde. In den beiden größeren Klassen läßt sich ein höheres Anforderungsniveau erkennen, was sich in dem doppelt so hohen Anteil für die Kombination aller Ausbildungsmöglichkeiten ausdrückt.

2. Werbesachbearbeiter

Die für den Werbesachbearbeiter als ideal eingestuften Formen der Berufsvorbereitung ergeben ein Ausbildungsprofil, dessen Schwerpunkt im Bereich der praktischen Ausbildung liegt. Drei Viertel der Befragten sehen die Lehre als optimale Berufsgrundlage, wobei sie nach Meinung von jedem zweiten Antwortenden mit dem Besuch einer Fachschule kombiniert werden sollte. 23 % halten die duale Ausbildung sogar allein für ausreichend.

Auch für den Werbesachbearbeiter gilt die kaufmännische, insbesondere die werbekaufmännische Lehre als bevorzugte Grundlage. Daneben wurde von einigen Befragten die Ausbildung zum Drucker hervorgehoben.

Das Hochschulstudium scheint in den Augen der befragten Werbeleiter für Sachbearbeiter eine weniger bedeutende Rolle zu spielen. Hierfür sprechen sich nur 21 % aus. Als Studienrichtung wurde übereinstimmend die Betriebswirtschaftslehre mit dem Schwerpunkt Marketing oder Visuelle Kommunikation vorgeschlagen.

Für den Sachbearbeiter wird die Werbefachschule von 72 %, hauptsächlich als Zusatzbildungsmöglichkeit zur Lehre und zum Studium, hoch eingeschätzt.

Differenziert man die als ideal vorgegebenen Ausbildungskombinationen, so ergeben sich zwischen den vier Branchengruppen nur geringe Unterschiede.

Mit zunehmender Unternehmensgröße läßt sich ein höheres Anforderungsniveau an die Ausbildung auch des Werbesachbearbeiters feststellen. Während in den kleineren Unternehmen die rein duale Ausbildung am häufigsten als ideal angesehen wird, liegt der Schwerpunkt der mittelgroßen Unternehmen auf der Kombination Lehre und Fachschule. Auch in der Klasse mit mehr als 2.000 Beschäftigten halten 30 % diese Kombination für ideal, jedoch wünscht davon jeder zweite Befragte zusätzlich ein Studium.

3. Werbeassistent

35 der 42 befragten Werbeleiter geben die Werbefachschule als ideale Aus- und Weiterbildungsmöglichkeit für Werbeassistenten an. Ein Drittel hält sogar den ausschließlichen Besuch einer solchen Schule für ausreichend.

Die duale Ausbildung wird von 57 % befürwortet, wobei sie am häufigsten in Kombination mit einer Fachschule gesehen wird. Auch für diesen Werbeberuf mit beratender Tätigkeit gilt eine kaufmännische bzw. werbekaufmännische Lehre (61 %) als am besten geeignete duale Ausbildung.

Ähnlich wie für den Sachbearbeiter wird für den Assistenten ein Hochschulstudium nicht sehr hoch eingeschätzt.

Der Food-Bereich und die Branchen Elektronik/Optik/Bürotechnik sowie Hausrat und Haushaltsgeräte halten die Werbefachschule als Ausbildungs- oder Weiterbildungsmöglichkeit nach Abschluß einer Lehre für ideal, während der Drug-Bereich den Schwerpunkt auf die duale Ausbildung setzt. Weitere relevante Unterschiede innerhalb der Branchengruppen sind nicht zu erkennen.

Auch für den Werbeassistenten bewerten die größten Unternehmen eine akademische Ausbildung höher als die beiden anderen Klassen. Die meisten Betriebe dieser Größenklasse sehen jedoch die Werbefachschule als optimale Ausbildungsmöglichkeit für Assistenten, während die kleineren und mittleren Betriebe die Kombination Lehre/Fachschule betonen. Es zeigt sich wieder mit zunehmender Unternehmensgröße eine höhere Bewertung der theoretischen Ausbildung.

4   Media-Planer

Für den Ausbildungsweg des Media-Planers verlangt die Hälfte der Unternehmen eine praktische Ausbildung, wobei jedoch nur 13 % ausschließlich mit einer Lehre zufrieden sind. Auch für diesen Beruf läßt sich eine Bevorzugung der werbekaufmännischen Lehre in Agenturen oder Verlagen feststellen.

Den Besuch einer Fachschule befürworten zwei Drittel, und zwar zu 25 % als einzige Berufsgrundlage.

Ein Drittel der Unternehmen hält ein abgeschlossenes Studium für den Media-Planer für erstrebenswert, wobei davon die Hälfte die rein akademische Ausbildung als ideal ansehen. Über die am besten geeigneten Studienrichtungen ergaben sich unterschiedliche Auffassungen: Neben den Fächern Wirtschaftswissenschaften und Germanistik wurden auch die Studiengänge Journalistik, Publizistik und Psychologie genannt.

5.   Werbegrafiker/Art Director

Für den Werbegrafiker wurde von 26 % die reine Fachschulausbildung als ideal genannt. Weitere 34 % befürworten eine solche neben einer Lehre, einem Studium oder einer Kombination aus beiden. Hierfür wurden Werbefachschulen oder Kunstakademien mit den Schwerpunkten Grafik und Design vorgeschlagen.

Abb. 44   Der ideale Ausbildungsweg für Werbefachleute (I)

Ausbildungs-kombinationen	Beratende Berufe							
	Werbeleiter		Werbe-Sachbearbeiter		Werbe-Assistent		Media-Planer	
	abs.	%	abs.	%	abs.	%	abs.	%
Lehre	-	-	9	23	6	14	4	13
Fachschule	5	10	5	13	14	33	8	25
Hochschule	7	14	1	3	-	-	6	19
Lehre + Fachschule	5	10	16	41	12	29	9	28
Lehre + Hochschule	5	10	1	3	1	2	1	3
Fachschule + Hochschule	12	25	3	8	4	10	2	6
Lehre + Fachschule + Hochschule	15	31	4	10	5	12	2	6

(Basis: 49 Unternehmen   39 Unternehmen   42 Unternehmen   32 Unternehmen)

Anmerkung: Ein Schulabschluß als einzige Voraussetzung für Werbefachleute in Unternehmen wurde nicht genannt.

59 % halten ein Studium für ideal, wovon ein Drittel keine zusätzliche Ausbildung für nötig erachtet. Der Rest verteilt sich in etwa gleichmäßig auf die drei möglichen Kombinationen. Als Studienfächer wurden Kunst, Gebrauchsgrafik und Grafik-Design genannt.

Die duale Ausbildung für den Werbegrafiker findet mit 43 % weniger Anklang; zudem wird sie hauptsächlich in Kombination mit anderen Möglichkeiten geschätzt. Die Begründung hierfür läßt sich aus der geringen Anzahl anerkannter Berufsbilder für diesen Bereich ableiten. Im engeren Sinn kommen lediglich die Lehren für Druck und Satz in Betracht.

6. Designer

Zwei Drittel der Unternehmen befürworten eine akademische Ausbildung für den Beruf des Designers. Hierbei sieht wiederum der größte Prozentsatz (34 %) der Befragten eine Lehre als ideale Ergänzung zum Studium. In erster Linie wurden die Studienrichtungen Grafik-Design, Industrie-Design, Kunst, Gestaltung genannt.

In der Hälfte der Antworten kommt eine positive Einstellung gegenüber der Fachschule, insbesondere gegenüber "Kunstakademien" [206] und Fachschulen für Grafik-Design zum Ausdruck. Hiervon sehen wiederum die Hälfte einen solchen Fachschulbesuch nicht als berufsbegleitende Weiterbildung, sondern als ausreichende Ausbildung für den Designer.

Insgesamt wird eine grafische oder handwerkliche Lehre von 47 % befürwortet, wobei allerdings ein Drittel eine rein duale Ausbildung für unzulänglich hält.

7. Werbefotograf

Mit 62 % liegt der Anteil derjenigen, die für den Werbefotografen eine duale Ausbildung gutheißen, relativ hoch im Vergleich mit den übrigen Möglichkeiten. Mehr als ein Drittel hält eine Lehre sogar ausschließlich für die optimale Berufsgrundlage. Übereinstimmend haben die Unternehmen hierfür eine Fotografenlehre vorgeschlagen.

Die Fachschule als Ausbildungsmöglichkeit wurde von knapp der Hälfte bejaht, wobei die meisten einer zusätzlichen dualen und/oder akademischen Ausbildung hohe Bedeutung beimessen. Es kommen vor allem die Fachschulen für Fotografie oder Grafik-Design in Frage.

---

[206] Diese wurden von den Befragten offenbar teils den Fachschulen, teils den Hochschulen zugerechnet.

Erstaunlicherweise sehen nur 30 % der Befragten im Studium die ideale Ausbildungsmöglichkeit für den Werbefotografen, obwohl sich der Fachhochschulstudiengang Foto-Design anbieten würde. Hier spielt wohl Unkenntnis über die Zuordnung der Einrichtungen in den Hochschul- oder Fachschulbereich eine Rolle.

8. Werbetexter

74 % der Werbeleiter halten den Besuch einer Werbefachschule für Texter unerläßlich, wobei jeder Zweite keine weitere Ausbildung für nötig hält. Die hohe Einschätzung der Fachschulausbildung für den Werbetexter ist darauf zurückzuführen, daß auf den anderen beiden Ebenen keine speziellen Fachrichtungen für diesen Beruf existieren.

Aus diesem Grund sieht auch nur jeder Dritte die duale Ausbildung als gute Berufsgrundlage an, wobei hauptsächlich die werbekaufmännische Lehre und das Pressevolontariat hervorgehoben wurden.

Ein Studium wurde ebenfalls nur von etwa einem Drittel befürwortet, und zwar zur Hälfte nur in Verbindung mit einer Fachschule. Als einzige Studienrichtung scheint die Germanistik für den Beruf des Werbetexters in Frage zu kommen.

II. Werbeagenturen

Mit dem Agentur-Fragebogen wurde die ideale Ausbildung für Berufe abgefragt, die speziell in Werbeagenturen vorkommen. Ob es sich um "echte Berufe" oder um spezialisierte Tätigkeiten handelt, ist dabei unerheblich. Entscheidend ist, daß es spezialisierte Werbefachleute sind, für die im Agenturbereich Bedarf besteht. [207]

---

[207] Vgl. Troost, H., 1961, S. 5

Abb. 45   Der ideale Ausbildungsweg für Werbefachleute (II)

Ausbildungs-kombinationen	Gestaltende Berufe							
	Werbegrafiker/ Art Director		Designer		Werbe-Fotograf		Werbe-Texter	
	abs.	%	abs.	%	abs.	%	abs.	%
Lehre	2	6	3	10	10	35	4	13
Fachschule	9	26	7	23	5	17	12	39
Hochschule	7	20	5	17	5	17	3	10
Lehre + Fachschule	3	9	1	3	4	14	5	16
Lehre + Hochschule	5	14	8	27	1	3	1	3
Fachschule + Hochschule	4	11	4	13	1	3	5	16
Lehre + Fachschule + Hochschule	5	14	2	7	3	10	1	3

(Basis: 35 Unternehmen   30 Unternehmen   29 Unternehmen   31 Unternehmen)

Anmerkung: Ein Schulabschluß als einzige Voraussetzung für Werbefachleute in Unternehmen wurde nicht genannt.

Die Auswertung erbringt zwei Ergebnisse: Zum einen die Häufigkeit der Nennungen innerhalb der Ausbildungsstätten, zum anderen die durchschnittliche Gewichtung oder Benotung. Die in Prozent ausgedrückte Häufigkeit dient zur besseren Vergleichbarkeit der Ergebnisse.

Die entsprechenden Tabellen befinden sich als Abb. 46 - Abb. 49 jeweils nach den besprochenen Berufen.

1. Kundenberater/Kontakter (Assistent)

Im Kontakt findet der künftige Agenturmitarbeiter ein interessantes und umfangreiches Arbeitsfeld, das von ihm ein hohes persönliches Engagement und ausgeprägte Fähigkeiten verlangt. In Zusammenhang damit werden an den Kontaktassistenten auch hohe Eingangsvoraussetzungen gestellt.

Für Interessenten mit Hauptschulabschluß und Mittlerer Reife besteht nur eine geringe Chance, die erstrebenswerte Position des Kontakters einzunehmen. Das Abitur ist mit 95 % der Nennungen eine wesentliche Voraussetzung und wird als sehr wichtig (1,3) angesehen. Neben der hohen Allgemeinbildung wird vom angehenden Kontakter eine gründliche werbefachliche Ausbildung verlangt, die nach Meinung von 66 % der Befragten ihren Anfang in einer werbekaufmännischen Lehre nehmen soll.

Aufbauend hierauf soll das werbefachliche Wissen durch den Besuch einer Werbefachschule erweitert und vertieft werden. Diese Ausbildungsform wird von 82 % der Agenturen für wichtig (1,8) erklärt.

Um die vom Kontakter erwarteten absatzwirtschaftlichen Kenntnisse zu erlangen, wird ein wirtschaftswissenschaftliches Studium an einer Fachhochschule oder Universität für wichtig bis sehr wichtig (1,5) gehalten. Dabei liegt die Fachhochschule mit 68 % leicht hinter den Nennungen von 75 % für die universitären Studiengänge der Volks- und Betriebswirtschaft.

Ein Volontariat, welches das theoretische Wissen in die praktischen Anwendungen überführen soll, wird von 48 % der Agenturen für wichtig (1,6) gehalten.

Mit zunehmender Agenturgröße ergibt sich eine Präferenz der akademischen Ausbildung. Lehre und Werbefachschule verlieren leicht an Bedeutung.

Die in der Literatur geforderten hohen Anforderungen an die theoretischen und praktischen Fähigkeiten des Kontakters sind nach den Nennungen auch deckungsgleich mit seinem Ausbildungsprofil. Ein hohes Ausbildungsniveau ist demnach unabdingbare Eingangsvoraussetzung für den Beruf des Kontakters. (Abb. 46)

2. Verkaufsförderer

Der Verkaufsförderer hat einem Beruf, der Organisationstalent und Flexibilität verlangt. Praktische Erfahrung und deren zielgerichtete Umsetzung auf die gestellte Aufgabe sind unabdingbar. Diese praktische Komponente ist vielleicht mit ein Grund für die relativ geringe Resonanz bezüglich des Ausbildungsweges (die höchste Nennung liegt bei 59 %).

Um als Verkaufsförderer erfolgreich tätig sein zu können, soll der potentielle Bewerber mindestens über die Mittlere Reife verfügen, die von 55 % der Agenturen als sehr wichtig (1,4) angesehen wird oder über das Abitur, auf das 52 % der Nennungen entfallen.

Die werbekaufmännische Lehre zur Vermittlung des praktischen sowie werbefachlichem Fundaments gehört für 34 % der Agenturen zum nächstwichtigem Ausbildungsschritt. Eine eindeutige Präferenz kommt den Werbefachschulen zu: 59 % halten sie für wichtig.

Daß ein Verkaufsförderer unbedingt ein wirtschaftswissenschaftliches Studium vorweisen muß, kann man nach den Ergebnissen nicht sagen. Doch entfallen immerhin 36 % der Nennungen auf ein betriebswirtschaftliches Studium an einer Fachhochschule.

Ein Trainee, das im Grunde genommen nur die berufliche Qualifikation verbessern kann, wird von 23 % der Agenturen für wichtig (1,5) gehalten (Abb. 47)

3. Fachmann für Direkt-Marketing

Ein Kommunikationsfachmann, der die direkte Kommunikation mit geringen Streuverlusten zum Konsumenten sucht, ist der Fachmann für Direkt-Marketing. Sein Berufsfeld scheint sich in der Werbeagentur noch nicht recht etabliert zu haben. So fand auch die Abfrage nach seinem Ausbildungsweg nur eine relativ geringe Resonanz. Die höchsten Nennungen liegen bei der Werbefachschule mit 52 %.

Abb. 46   Optimale Ausbildung für Eingangsberufe in Werbeagenturen (I)

Berufsbezeichnung: Beratungs-/Kontakt-Assistent

Ausbildung	Alle Agenturen (n=44)			Kleine Agenturen[1] (n = 29)			Mittlere Agenturen[1] (n = 8)		Große Agenturen[1] (n = 7)	
	abs.	%	Ø-Note	abs.	%	Ø-Note	abs.	Ø-Note	abs.	Ø-Note
Schule										
Hauptschule	3	7	1,7	2	7	2,0	1	1,0	-	-
Mittlere Reife	7	16	1,7	5	17	1,8	2	1,5	-	-
Abitur	42	95	1,3	27	93	1,3	8	1,5	7	1,0
Lehre										
Werbekaufmännische	29	66	2,0	21	72	1,4	4	1,5	4	2,3
andere kaufm.	16	36	2,1	12	41	2,0	3	2,0	1	3,0
grafische o.ä.	5	11	2,2	5	17	2,2	-	-	-	-
Fachschule										
Werbefachschule	36	82	1,8	27	93	1,7	6	2,0	3	2,0
Sonstige	2	5	2,0	1	3	2,0	1	2,0	-	-
Studium										
Fachhochschule Wirtschaft	30	68	1,5	18	62	1,4	7	1,9	5	1,2
Fachhochschule Design	1	2	1,0	-	-	-	1	1,0	-	-
Universität Wirtschaftswissenschaft	33	75	1,5	20	69	1,6	6	1,5	7	1,3
Volontariat/Trainee	21	48	1,6	12	41	1,7	5	1,4	4	1,5

1) Kleine   = bis 40 Beschäftigte
   Mittlere = 41 bis 100 Beschäftigte
   Große   = mehr als 100 Beschäftigte

Bedingt durch die geringen Fallzahlen der Nennungen lassen sich beim Fachmann für Direkt-Marketing keine klaren Aussagen über einen sinnvollen Ausbildungsweg machen. Jedoch zeigen sich tendenzielle Anhaltspunkte. Der Fachmann für Direkt-Marketing soll einen mittleren Bildungsabschluß oder die allgemeine Hochschulreife haben, was von 50 % der Agenturen für wichtig (1,5) gehalten wird.

Eine werbekaufmännische Lehre wird von 43 % der Agenturen befürwortet. Neben der werbekaufmännischen Lehre wird mit 27 % der Nennungen auch eine andere kaufmännische Lehre als sinnvoll (1,8) angesehen.

Ein Studium an einer Fachhochschule (Wirtschaft) wird von 41 % der Agenturen als eine gute Ergänzung der betriebswirtschaftlichen und insbesondere der Marketingkenntnisse befürwortet. Das Hochschulstudium wird aufgrund der Nennungen (21 %) nur zweitrangig eingestuft. Ein Volontariat wird von 23 % für erforderlich angesehen. (Abb. 47)

4. Media-Planer

Vom Streufachmann zum "Kommunikations-Berater" ist der Beruf des Media-Planers in den letzten Jahren avanciert. Nicht mehr reines Denken in Reichweitenwerten innerhalb der Zielgruppe, sondern intensive Auseinandersetzung mit den subtilen Einzelheiten des Kommunikationsprozesses wird heute von Media-Planer erwartet.

Die Mittlere Reife bildet mit 50 % der Nennungen, das Abitur mit 64 % der Nennungen das notwendige Rüstzeug für eine berufliche Ausbildung. Der Besuch einer Werbefachschule wird von 66 % der Agenturen als wichtige Voraussetzung (2,0) dem Interessenten nahegelegt.

Ein Studium erweist sich anscheinend nicht als unbedingt erforderlich. Das wirtschaftswissenschaftliche Studium an einer Universität (39 %) oder einer Fachhochschule (46 %) hat aus Sicht der Agenturen einen relativ niedrigen Stellenwert. Diese Tatsache überrascht. Die in der Literatur hervorgehobene "Verwissenschaftlichung dieses Spezialgebietes der Werbung" [208] kommt zumindest in den hier erfragten Eingangsvoraussetzungen für den Media-Planer nicht voll zum Ausdruck. Lediglich die Agenturen mit mehr als 100 Beschäftigten präferieren ein wirtschaftswissenschaftliches Hochschulstudium (mit 57 %, Note 2,0) stärker als die übrigen Agenturen. (Abb. 47)

---

[208] Vgl. Dohmen, J., 1971, S. 67; auch Kröter, H., 1977, S. 59

5. Media-Abwickler

Die dispositivem Arbeiten im Media-Bereich einer Werbeagentur werden vom Media-Abwickler übernommen. Mediaeinkauf und Mediadurchführung verlangen auf diesem Gebiet kaufmännisch-organisatorische Fähigkeiten. Die daraus resultierenden Anforderungen an seine Vorbildung sind folgende: Die Mittlere Reife wird von 80 % mit wichtig (1,6) gewertet und bildet neben dem Abitur, auf das aber nur 34 % der Nennungen fallen, einen ausreichenden Schulabschluß für den Einstieg ins Berufsleben.

Der werbekaufmännischen Lehre kommt bei der Berufsausbildung ein besonderer Stellenwert zu: 66 % der Agenturen halten eine derartige Lehre für wichtig (1,5). Aber auch eine sonstige kaufmännische Lehre wird von 34 % der Befragten als eine gute Berufsbasis gesehen.

Der Besuch einer Werbefachschule bedeutet kein absolutes "Muß", denn ihn halten nur 43 % der Befragten für wichtig (2,0).

Der akademisch vorgebildete Interessent ist für den Bereich des Mediaeinkaufs und der Mediadurchführung wohl überqualifiziert. Auf das Studium als Voraussetzung für den Einstieg in den Beruf des Media-Abwicklers fallen nur wenige (14 % FH, 5 % Uni) Nennungen, die dann einen akademischen Abschluß auch für weniger wichtig (2,8 - 3,0) halten. Bei den Agenturen mit mehr als 40 Beschäftigten verliert das Studium sogar noch mehr an Bedeutung.

Ein Trainee gilt auch nur für 18 % der Agenturen als wichtige (2,0) Voraussetzung für den Beruf des Media-Abwicklers. (Abb. 47)

6. Werbetexter

Die Formulierkunst des Texters schafft die Kommunikation zum Verbraucher. Der Schwerpunkt seiner Arbeit liegt auf der geistigen Ebene und gibt daher dem Außenstehenden wenig Einblick in sein Kenntnisspektrum. Gerade deshalb ist es problematisch, verbindliche Anforderungen an seine Ausbildung zu stellen. Trotzdem gilt es, die Frage nach einem geeigneten Anforderungsprofil aus Sicht der Agenturen zu beantworten, um zumindest Anhaltspunkte für einen zweckmäßigen Werdegang aufzuzeigen.

Beim Bereich "Schule" entfallen auf das Abitur 93 % der Nennungen, die diesen Abschluß mit äußerst wichtig (1,1) bewerten, was den Forderungen einer sehr umfassenden Allgemeinbildung an den Texter entspricht.

Abb. 47 Optimale Ausbildung für Eingangsberufe in Werbeagenturen (II)

Alle Agenturen (n = 44)

Ausbildung	Berufsbezeichnungen											
	Fachmann für Verkaufsförderung			Fachmann für Direkt-Marketing			Media-Planer			Media-Abwickler		
	abs.	%	Ø-Note	abs.	%	Ø-Note	abs.	%	Ø-Note	abs.	%	Ø-Note
Schule												
Hauptschule	2	5	2,5	2	5	2,5	4	9	1,8	11	25	1,4
Mittlere Reife	24	55	1,4	22	50	1,5	22	50	1,7	35	80	1,6
Abitur	23	52	1,5	22	50	1,5	28	64	1,3	15	34	2,2
Lehre												
Werbekaufmännische	15	34	1,9	19	43	1,7	29	66	1,6	29	66	1,5
andere kaufm.	11	25	2,0	12	27	1,8	7	16	2,1	15	34	1,9
grafische o.ä.	3	7	2,0	1	2	3,0	3	7	2,7	3	7	1,7
sonstige	2	5	1,5	2	5	2,0	1	2	1,0	1	2	1,0
Fachschule												
Werbefachschule	26	59	2,0	23	52	1,9	29	66	2,0	19	43	2,0
Sonstige	2	5	3,0	2	5	3,0	3	7	2,7	1	2	2,0
Studium												
Fachhochschule Wirtschaft	16	36	1,9	18	41	1,8	20	45	2,0	6	14	2,8
Fachhochschule Design	3	7	2,7	1	2	3,0	2	5	3,0	2	5	2,5
Universität Wirtschafts-wissenschaft	9	20	2,1	9	20	2,2	17	39	2,1	2	5	3,0
Volontariat/Trainee	10	23	1,5	10	23	1,7	7	16	1,6	8	18	2,0

Auf die Ausbildungsebene "Lehre" entfallen relativ wenige Nennungen. Lediglich die werbekaufmännische Lehre halten 34 % der Agenturen für wichtig (2,2).

Der Werbefachschule wird mit 68 % mehr Aufmerksamkeit geschenkt. Diese Ausbildungsform, die unter anderem eine gewisse Grundausbildung in der Technik des Textens vermittelt, gibt den künftigen Texter auf allen Gebieten der Werbung und der übergreifenden Marketingkommunikation eine gute Übersicht und vermittelt die nötigen werbefachlichen Kenntnisse. Der Besuch dieser Schule erscheint auch aufgrund der Gewichtung (1,8) als empfehlenswert.

Über ein Studium kann nach den Nennungen keine klare Aussage gemacht werden. Zwar kommt den wirtschaftswissenschaftlichen Studiengängen mit 41 % an einer Hoch- und mit 36 % an einer Fachhochschule eine besondere Bedeutung zu, was jedoch nicht auf eine eindeutige Präferenz dieser Studiengänge schließen läßt. Gerade beim Texter zeigt sich nämlich die Vielfalt der Rekrutierungsmöglichkeiten. So entfallen immerhin in dieser Rubrik unter den Punkt "sonstige", im Gegensatz zu den anderen Berufen, 27 % der Nennungen. Hier werden Studienrichtungen wie Germanistik, also die Sprach- und Literaturwissenschaften und Journalistik aufgeführt. Ein Volontariat bzw. Trainee wird von 36 % der Firmen befürwortet. (Abb. 48)

7. Layouter/Art Director

Der Beruf des Layouters zählt zu den Neigungsberufen in der Werbeagentur. Künstlerische Fähigkeiten und psychologisches Einfühlungsvermögen werden von ihm verlangt. Unter dem Aspekt eines späteren Aufstiegs zum Art-Director soll hier der Ausbildungsweg des Layouters betrachtet werden.

Als wichtige (1,8) Basisqualifikation wird das Abitur mit 68 % gegenüber der Mittleren Reife mit 64 % der Nennungen leicht bevorzugt. Eine relativ große Übereinstimmung herrscht bezüglich der Art der Lehre. 73 % der Befragten halten eine grafische o.ä. Lehre für wichtig (1,6), um die handwerklichen Fähigkeiten für diesen Beruf zu erwerben. Durch die Zusammenarbeit mit den anderen Abteilungen, wie Text und Kontakt, wird vom Layouter ein großes Maß an Übersicht über sämtliche Werbeprobleme verlangt.[209] Um sich diese Zusammenhänge anzueignen, wird von 32 % der Agenturen der Besuch einer Werbefachschule als sinnvoll bezeichnet.

---

[209] Vgl. Troost, H., 1961, S. 41

Die absolute Präferenz, wohl auch im Hinblick auf die Aufstiegsmöglichkeit zum Art-Director, geben die Agenturen dem Studium an einer Fachhochschule für Design. Fast alle Befragten (93 %) empfinden diese Ausbildung für einen Layouter als sehr wichtig (1,3).

Als effiziente Einführung in das Berufsleben halten 25 % der Agenturen ein Trainee mit der Note 1,6 für wichtig. Bei der Differenzierung der Aussagen nach Größe der Agenturen präferieren die Agenturen mit mehr als 40 Beschäftigten die grafische o.ä. Lehre und das Grafik-Designstudium etwas stärker als die kleineren Agenturen. (Abb. 48)

8.   Reinzeichner

Der Aufgabenbereich des Reinzeichners stellt ein wichtiges Bindeglied zwischen Layout und Produktion dar. Durch sein fachliches Wissen trägt er bei der Herstellung reproduktionsfähiger Vorlagen zum Erfolg einer Werbemaßnahme bei.

Eine gute schulische Vorbildung in Form der Mittleren Reife ist nach Meinung von 82 % der Agenturen eine wichtige Voraussetzung für den Reinzeichner.

Im Anschluß daran soll der Interessent für diesen Beruf eine Lehre absolvieren. 86 % halten hier eine Ausbildung im grafischen oder einem artverwandten Gewerbe für wichtig (1,5). Der hohe Prozentsatz zeigt, welche Bedeutung dieser Ausbildungsform bei der Vermittlung handwerklicher Kenntnisse beigemessen wird.

Für den Reinzeichner kann der Besuch der Werbefachschule aufgrund der geringen Nennungen und der niedrigen Gewichtung (2,6) zur Verbesserung seiner beruflichen Qualifikation nicht unbedingt empfohlen werden. Mehr Effizienz versprechen sich 34 % der Agenturen in diesem Fall von einem Studium an einer Fachhochschule für Design.

Die Traineeausbildung wird für einen Reinzeichner offenbar nicht als sehr notwendig empfunden, da sie nur 14 % Befürworter findet.

Bei einer Differenzierung der Anforderungen für den Reinzeichner nach Agenturgrößen bleibt hervorzuheben, daß die Agenturen von 41-100 Beschäftigten stärker das Abitur präferieren (63 %). Die Agenturen mit mehr als 100 Beschäftigten finden einstimmig (100 %) eine grafische Lehre (mit 1,3) sehr wichtig. (Abb. 48)

9. Produktioner (Druck)

Sowohl Neigung auf technischem als auch auf kaufmännischen Gebiet bilden die beste Voraussetzung für diesen Beruf. Das breite Feld der Druck- und Reproduktionsverfahren, in Verbindung mit der Kenntnis der Leistungsfähigkeit und Preiswürdigkeit der Herstellungsbetriebe, bietet dem Produktioner die Gelegenheit, eigenverantwortlich die Agentur- und Kundeninteressen in diesem Bereich zu optimieren.

Relativ deutlich heben sich bei den Schulabschlüssen die Nennungen für die Mittlere Reife ab: 71 % halten diesen Abschluß für einen angehenden Produktionsfachmann für wichtig (1,5).

Uneinigkeit herrscht bei der Auswahl der sinnvollsten Lehre für den Produktioner, was auch aufgrund seiner heterogenen Anforderungen nicht verwunderlich ist. Die Mehrheit der Agenturen (39 %) geben hier einer grafischen o.ä. Lehre den Vorzug, wobei die werbekaufmännische Lehre mit 36 % der Nennungen nur unwesentlich schlechter abschneidet. Relativ viele (30 %) äußern sich auch in der Rubrik "sonstige Lehre". Vermerkt wird an dieser Stelle die Drucker-Lehre oder die Setzer-Lehre, die beide als sehr wichtig (1,2) empfunden werden.

Ein großes Votum kommt der Werbefachschule mit 57 % der Nennungen zu, was oft mit dem Zusatz "Schwerpunkt Drucktechnik" geschieht. Auch wenn dieser Schwerpunkt nicht an allen Werbefachschulen vertreten ist, zeigt sich doch wieder die technisch-kaufmännische Anforderungskonstellation für den Produktioner.

Dem Studium als Ausbildungsqualifikation wird kein besonderer Wert beigemessen. 18 % nennen hier ein Wirtschaftsstudium, halten es jedoch mit 2,5 für nicht so wichtig. (Abb. 48)

212

Abb. 48 Optimale Ausbildung für Eingangsberufe in Werbeagenturen (III)

Alle Agenturen (n = 44)

Berufsbezeichnungen

Ausbildung	Texter			Grafiker/Layouter/Art Director			Reinzeichner			Produktioner		
	abs.	%	Ø-Note	abs.	%	Ø-Note	abs.	%	Ø-Note	abs.	%	Ø-Note
Schule												
Hauptschule	2	5	2,0	4	9	1,8	17	39	1,6	9	20	1,4
Mittlere Reife	7	16	1,7	28	64	1,6	36	82	1,8	31	70	1,5
Abitur	41	93	1,1	30	68	1,8	12	27	2,8	17	39	2,1
Lehre												
Werbekaufmännische	15	34	2,2	6	14	2,2	3	7	2,3	16	36	1,6
andere kaufm.	8	18	2,3	2	5	3,0	3	7	2,3	11	25	2,0
grafische o.ä.	4	9	3,0	32	73	1,6	38	86	1,5	17	39	1,8
sonstige	2	5	2,5	1	2	2,0	4	9	1,8	13	30	1,2
Fachschule												
Werbefachschule	30	68	1,8	14	32	2,1	10	23	2,6	25	57	2,0
Sonstige	3	7	2,7	5	11	1,6	6	14	2,3	5	11	2,2
Studium												
Fachhochschule Wirtschaft	16	36	1,8	1	2	2,0	1	2	2,0	8	18	2,5
Fachhochschule Design	2	5	3,0	41	93	1,3	15	34	2,3	6	14	2,5
Universität Wirtschaftswissenschaft	18	41	1,8	1	2	3,0	1	2	3,0	3	7	2,7
Sonstiges	12	27	1,6	-	-	-	-	-	-	3	7	1,0
Volontariat/Trainee	16	36	1,6	11	25	1,6	6	14	2,0	8	18	1,8

III. Presseverlage

In gleicher Weise wie die Chefs von Werbeagenturen wurden die Verlags- bzw. Objektleiter der Zeitungs- und Zeitschriftenverlage gebeten, die "ideale" Ausbildungsqualifikation für verschiedene Berufsfunktionen im Verlagsbereich zu charakterisieren. Dabei wurde ebenfalls nach den Voraussetzungen Schule, Lehre, Fachschule und Studium gefragt. Die entsprechenden Tabellen befinden sich jeweils hinter den besprochenen Berufen. Der Kommentar beschränkt sich auf die Hauptergebnisse der zusammenfassenden Gruppe "Alle Verlage".

1. Werbeleiter Abonnentenwerbung

Zwei Drittel aller Antwortenden setzen hier das Abitur voraus, das mit 1,6 relativ wichtig bewertet wird. Ebenfalls je zwei Drittel der Befragten äußern sich in bezug auf die Lehre für eine verlagskaufmännische bzw. werbekaufmännische Ausbildung, wobei die verlagkaufmännische mit 1,5 noch wichtiger erscheint als die werbekaufmännische mit 1,7. Die höchste Konzentration findet sich bei der Angabe Werbefachschule mit 72 % der Befragten (1,8). Demgegenüber fällt die Forderung nach einem Studium stark zurück: ein Drittel spricht sich für ein Fachhochschulstudium Wirtschaft aus, allerdings mit der unwichtigen Bewertung von 2,4. Ein Universitätsstudium wird sogar nur von 23 % als erforderlich angesehen. (Abb. 49)

2. Werbesachbearbeiter Abonnentenwerbung

Sozusagen erwartungsgemäß fallen die Anforderungen an die ideale Ausbildung für den Werbesachbearbeiter generell niedriger aus als an den Werbeleiter. In schulischer Hinsicht erwarten hier 69 % eine Mittlere Reife, die mit 1,5 allerdings als besonders wichtig angesehen wird. Nur die Hälfte der Befragten fordert das Abitur mit einer geringeren Wertigkeit von 2,5. Einen absoluten Spitzenwert bezüglich der Gewichtung (1,4) hat das Erfordernis einer verlagskaufmännischen Lehre, für das sich 63 % der Befragten aussprechen. Etwas weniger häufig wird die werbekaufmännische Lehre als Voraussetzung angegeben, mit einem Gewichtungsfaktor von 1,9. Nennenswerte Voraussetzung wäre noch die Werbefachschule, von gut der Hälfte der Befragten (allerdings nur mit der Bewertung 2,2) genannt. Ein Studium wird praktisch nicht gefordert; allenfalls ein Fachhochschulstudium Wirtschaft, für das sich 23 % der Befragten aussprechen, jedoch nur mit der Gewichtung 2,6 (Abb. 50)

Abb. 49   Optimale Ausbildung für Werbeberufe im Verlagswesen (I)

Berufsbezeichnung: Werbeleiter (Abonnenten-Werbung)

Ausbildung	Alle Verlage (n = 62)			Zeitungs-Verlage[1] (n = 24)			Zeitschriften-Verlage (n = 38)		
	abs.	%	Ø-Note	abs.	%	Ø-Note	abs.	%	Ø-Note
Schule									
Hauptschule	6	10	2,5	5	21	2,4	1	3	3,0
Mittlere Reife	24	39	1,7	14	58	1,7	10	26	1,7
Abitur	41	66	1,6	13	54	1,9	28	74	1,5
Lehre									
verlagskaufmännische	43	69	1,5	17	71	1,3	26	68	1,7
werbekaufmännische	42	68	1,7	16	67	1,9	26	68	1,7
andere kaufm.	4	6	2,3	1	4	2,0	3	8	2,3
grafische o.ä.	8	13	2,3	2	8	2,3	6	16	2,0
Fachschule									
Werbefachschule	45	72	1,8	16	67	1,9	29	76	1,7
Studium									
Fachhochschule Wirtschaft	22	35	2,4	6	25	2,7	16	42	2,3
Fachhochschule Design	11	18	2,7	4	17	3,0	7	18	2,6
Universität Wirtschafts-wissenschaft	14	23	2,6	4	17	3,0	10	26	2,4
Volontariat/Trainee	11	18	1,7	5	21	1,6	6	16	1,8

1) Einschließlich Kauf-, Wochen- und Sonntagszeitungen (KWS)

Abb. 50   Optimale Ausbildung für Werbeberufe im Verlagswesen (II)

Berufsbezeichnung: Werbesachbearbeiter (Abonnenten-Werbung)

Ausbildung	Alle Verlage (n = 62)			Zeitungs-Verlage[1] (n = 24)			Zeitschriften-Verlage (n = 38)		
	abs.	%	Ø-Note	abs.	%	Ø-Note	abs.	%	Ø-Note
Schule									
Hauptschule	8	13	1,9	6	25	1,8	2	5	2,0
Mittlere Reife	43	69	1,5	15	63	1,5	28	74	1,5
Abitur	35	56	2,5	9	38	2,7	5	13	2,2
Lehre									
verlagskaufmännische	39	63	1,4	18	75	1,4	21	55	1,5
werbekaufmännische	35	56	1,9	12	50	2,1	23	60	1,8
andere kaufm.	6	10	2,5	1	4	3,0	5	13	2,4
grafische o.ä.	3	5	2,7	1	4	3,0	2	5	2,5
Fachschule									
Werbefachschule	35	56	2,2	13	54	2,6	22	58	1,9
Studium									
Fachhochschule Wirtschaft	14	23	2,6	5	21	2,8	9	24	2,6
Fachhochschule Design	5	8	3,0	4	17	3,0	1	3	3,0
Universität Wirtschafts-wissenschaft	7	11	3,0	4	17	3,0	3	8	3,0
Volontariat/Trainee	8	13	1,9	4	17	1,3	4	11	2,5

1) Einschließlich Kauf-, Wochen- und Sonntagszeitungen (KWS)

3. Leiter Anzeigenverkauf (Werbung)

Für diese Funktion wird noch häufiger als für den Werbeleiter das Abitur verlangt, nämlich von 79 % der Befragten - und zwar mit dem hohen Wert von 1,6. Sehr stark ist auch die Konzentration beim Verlangen nach einer verlagskaufmännischen Lehre: 74 %, Durchschnittswert 1,4. Auch die werbekaufmännische Lehre kommt mit 60 % der Befragten und 1,7 noch relativ häufig zum Zuge. Ferner ist der Wunsch nach einem Besuch der Werbefachschule mit 63 % überdurchschnittlich hoch (Gewichtungsfaktor 1,8). Bemerkenswert ist, daß bei dieser Leitungsfunktion ein Studium sehr häufig verlangt wird: Je ein Drittel plädieren für ein Fachhochschulstudium Wirtschaft (Faktor 2,3) bzw. ein Universitätsstudium Wirtschaftswissenschaft mit der Benotung 2,6. (Abb. 51)

4. Gebietsrepräsentant Anzeigenverkauf (Werbung)

Ähnlich, wenn auch zahlenmäßig etwas geringer ausgeprägt, stellen sich die Ausbildungsanforderungen für den Gebietsrepräsentanten im Anzeigenverkauf dar. Hier überwiegt die Mittlere Reife mit 52 % (Wert 1,6), das Abitur mit 39 % und dem Wert 2,0. Die verlagskaufmännische Lehre wird mit 63 % (1,6) relativ noch stärker einer werbekaufmännischen Lehre (47 %, Faktor 1,9) vorgezogen. Für die Werbefachschule sprechen sich gut die Hälfte (53 %) der Befragten aus, jedoch mit einem schwachen Wert von nur 2,3.

Bezüglich des Studiums ist die Gesamtanforderung ähnlich wie beim Leiter Anzeigenverkauf, doch überwiegt hier das Fachhochschulstudium (42 %) eindeutig gegenüber dem Universitätsstudium (23 %). Auch sind die Gewichtungsfaktoren mit 2,5 und 2,9 relativ schwach. Ähnlich wie beim Vergleich Werbesachbearbeiter gegenüber dem Werbeleiter scheint auch hier beim Gebietsrepräsentanten in Vergleich zu seinem "vorgesetzten" Leiter Anzeigenverkauf eine generelle Niedrigerbewertung der erforderlichen Qualifikationsgänge vorgenommen zu werden. (Abb. 52)

5. Media-Forscher, -Planer, -Berater

Völlig anders stellt sich das Bild für den Bereich dieser Media-Experten dar. Zunächst einmal wird hier von 71 % das Abitur gefordert, und zwar mit dem bedeutenden Wert 1,5. Der Rest votiert für die Mittlere Reife. Der Hauptschulabschluß, der bei den anderen Berufen noch Nennungen zwischen 6 und 8 Fällen auf sich zieht, spielt hier mit 2 Nennungen überhaupt keine Rolle.

217

Abb. 51 Optimale Ausbildung für Werbeberufe im Verlagswesen (III)

Berufsbezeichnung: Leiter Anzeigenverkauf (Werbung)

Ausbildung	Alle Verlage (n = 62)			Zeitungs-Verlage[1] (n = 24)			Zeitschriften-Verlage (n = 38)		
	abs.	%	Ø-Note	abs.	%	Ø-Note	abs.	%	Ø-Note
Schule									
Hauptschule	7	11	1,6	7	29	1,6	-	-	-
Mittlere Reife	19	31	1,9	11	46	2,2	8	21	1,6
Abitur	49	79	1,6	19	79	1,7	30	79	1,5
Lehre									
verlagskaufmännische	46	74	1,4	19	79	1,4	27	71	1,5
werbekaufmännische	37	60	1,7	16	67	1,8	21	55	1,7
andere kaufm.	6	10	2,5	3	13	2,3	3	8	2,7
grafische o.ä.	7	11	2,9	4	17	3,0	3	8	2,7
Fachschule									
Werbefachschule	39	63	1,8	18	75	1,7	21	55	1,9
Studium									
Fachhochschule Wirtschaft	23	37	2,3	7	29	2,4	16	42	2,3
Fachhochschule Design	9	14	2,8	6	25	2,8	3	8	2,7
Universität Wirtschaftswissenschaft	21	34	2,6	7	29	2,7	14	37	2,6
Volontariat/Trainee	13	21	1,7	5	21	2,0	8	21	1,5

1) Einschließlich Kauf-, Wochen- und Sonntagszeitungen (KWS)

Abb. 52 Optimale Ausbildung für Werbeberufe im Verlagswesen (IV)

Berufsbezeichnung: Gebietsrepräsentant Anzeigenverkauf (Werbung)

Ausbildung	Alle Verlage (n = 62)			Zeitungs-Verlage[1] (n = 24)			Zeitschriften-Verlage (n = 38)		
	abs.	%	Ø-Note	abs.	%	Ø-Note	abs.	%	Ø-Note
Schule									
Hauptschule	7	11	1,7	7	29	1,7	-	-	-
Mittlere Reife	32	52	1,6	18	75	1,7	14	37	1,6
Abitur	24	39	2,0	8	33	2,6	16	42	1,7
Lehre									
verlagskaufmännische	39	63	1,6	19	79	1,5	20	53	1,7
werbekaufmännische	29	47	1,9	15	63	2,0	14	37	1,8
andere kaufm.	10	16	2,4	5	21	2,6	5	13	2,2
grafische o.ä.	7	11	2,7	5	21	2,6	2	5	3,0
Fachschule									
Werbefachschule	33	53	2,3	15	63	2,6	18	47	2,1
Studium									
Fachhochschule Wirtschaft	26	42	2,5	8	33	2,9	18	47	2,3
Fachhochschule Design	9	14	2,9	6	25	3,0	3	8	2,7
Universität Wirtschafts-wissenschaft	14	23	2,9	6	25	3,0	8	21	2,8
Volontariat/Trainee	13	21	1,9	6	25	2,2	7	18	1,7

1) Einschließlich Kauf-, Wochen- und Sonntagszeitungen (KWS)

Abb. 53 **Optimale Ausbildung für Werbeberufe im Verlagswesen (V)**

Berufsbezeichnung: Mediaforscher, Mediaplaner, Mediaberater

Ausbildung	Alle Verlage (n = 62)			Zeitungs-Verlage[1] (n = 24)			Zeitschriften-Verlage (n = 38)		
	abs.	%	Ø-Note	abs.	%	Ø-Note	abs.	%	Ø-Note
Schule									
Hauptschule	2	3	2,0	2	8	2,0	-	-	-
Mittlere Reife	17	27	1,7	8	33	1,4	9	24	1,9
Abitur	44	71	1,5	15	63	1,6	29	76	1,5
Lehre									
verlagskaufmännische	26	42	1,9	11	46	1,9	15	39	1,9
werbekaufmännische	30	48	1,5	14	58	1,2	16	42	1,7
andere kaufm.	7	11	2,3	3	13	2,3	4	11	2,3
grafische o.ä.	4	6	3,0	2	8	3,0	2	5	3,0
Fachschule									
Werbefachschule	27	43	2,1	12	50	1,9	15	39	2,3
Studium									
Fachhochschule Wirtschaft	28	45	2,0	11	46	2,1	17	45	2,0
Fachhochschule Design	7	11	2,9	5	21	2,8	2	5	3,0
Universität Wirtschaftswissenschaft	28	45	1,8	8	33	2,4	20	53	1,6
Volontariat/Trainee	15	24	1,7	5	21	2,4	10	26	1,4

1) Einschließlich Kauf-, Wochen- und Sonntagszeitungen (KWS)

Soweit eine Lehre gefordert wird (je die Hälfte plädiert für verlagskaufmännische bzw. werbekaufmännische Ausbildung), wird der Wert relativ hoch angesetzt: 1,9 für die Verlagslehre, 1,5 für die werbekaufmännische Lehre. Anzahl und Bewertung der Nennungen für Werbefachschule halten sich im Rahmen der anderen Berufe. Dagegen bildet die Forderung nach einem Studium die absolute Ausnahme: Je knapp die Hälfte aller Befragten (45 %) verlangen ein Fachhochschulstudium oder ein Universitätsstudium, jeweils im Fachbereich Wirtschaft. Hierbei wird das Uni-Studium mit 1,8 gegenüber dem Fachhochschulstudium mit 2,0 höher bewertet. Aus dieser 90-%igen Forderung nach einem Studium könnte man diesen Verlagsberuf als den wissenschaftlichen Beruf - jedenfalls in der Meinung der befragten Verlagsleiter - bezeichnen. (Abb. 53)

6. Werbetexter

Zwei Drittel der Antwortenden erwarten bei einem Werbetexter das Abitur (1,9), 39 % die Mittlere Reife (1,8). Eine Lehre wird nicht so häufig verlangt wie bei anderen Berufen. Wenn überhaupt, dann dominiert die werbekaufmännische Ausbildung - 45 % - mit dem Gewichtungsfaktor 1,5. Einen gleich hohen Rang (1,5), vergeben 55 % für die Werbefachschule.

Etwas unentschlossen scheinen die befragten Verlagsleiter zu sein, wenn es um eine Antwort nach dem Erfordernis Studium geht. Nur rund je ein Fünftel fordern ein Studium an einer Fachhochschule für Wirtschaft, für Design oder an einer Universität. Die Bedeutungsfaktoren liegen hier mit maximal 2,5 auch relativ niedrig. Bemerkenswert bei diesem Beruf ist noch, daß das Volontariat mit 16 Fällen (= 25 %) und dem Gewichtungsfaktor 1,9 hier als überdurchschnittlich wichtig angesehen wird. (Abb. 54)

7. Werbegrafiker

Was die Schulbildung angeht, dominiert hier eindeutig, und zwar mit 69 %, die Mittlere Reife - sie erzielt den Gewichtungsfaktor 1,6. Bei der Frage nach einer Lehre wird von mehr als der Hälfte der Befragten - erwartungsgemäß - eine grafische Ausbildung genannt. und zwar mit dem Spitzenwert von 1,3. Halbwegs konkurrenzfähig ist noch die werbekaufmännische Lehre, für die sich 24 % der Befragten mit 1,9 aussprechen. Die Hälfte der Verlagsmanager erwartet eine Werbefachschule mit dem ebenfalls bedeutenden Wert 1,5. Hohes Ansehen genießt offenbar eine Designerausbildung an einer Fachhochschule: 61 % gewichten diese Qualifikation mit 1,7 relativ hoch (Abb. 55)

Abb. 54 Optimale Ausbildung für Werbeberufe im Verlagswesen (VI)

Berufsbezeichnung: Werbetexter

Ausbildung	Alle Verlage (n = 62)			Zeitungs-Verlage[1] (n = 24)			Zeitschriften-Verlage (n = 38)		
	abs.	%	Ø-Note	abs.	%	Ø-Note	abs.	%	Ø-Note
Schule									
Hauptschule	6	10	3,0	6	25	2,0	-	-	-
Mittlere Reife	24	39	1,8	11	46	2,2	13	34	1,5
Abitur	39	63	1,9	15	63	1,8	24	63	1,9
Lehre									
verlagskaufmännische	20	39	2,2	10	42	2,2	10	26	2,2
werbekaufmännische	28	45	1,5	15	63	1,3	13	34	1,7
andere kaufm.	4	6	2,8	2	8	3,0	2	5	2,5
grafische o.ä.	8	13	2,3	3	13	2,3	5	13	2,2
Fachschule									
Werbefachschule	34	55	1,5	17	71	1,5	17	45	1,5
Studium									
Fachhochschule Wirtschaft	13	21	2,6	6	25	2,7	7	18	2,6
Fachhochschule Design	12	19	2,5	8	33	2,4	4	11	2,8
Universität Wirtschaftswissenschaft	11	18	2,8	7	29	2,9	4	11	2,8
Volontariat/Trainee	16	25	1,9	4	17	2,3	12	32	1,8

1) Einschließlich Kauf-, Wochen- und Sonntagszeitungen (KWS)

Abb. 55   **Optimale Ausbildung für Werbeberufe im Verlagswesen (VII)**

Berufsbezeichnung: Werbegrafiker

Ausbildung	Alle Verlage (n = 62)			Zeitungs-Verlage[1] (n = 24)			Zeitschriften-Verlage (n = 38)		
	abs.	%	Ø-Note	abs.	%	Ø-Note	abs.	%	Ø-Note
<u>Schule</u>									
Hauptschule	7	11	1,9	6	25	1,8	1	3	2,0
Mittlere Reife	43	69	1,6	17	71	1,5	26	68	1,7
Abitur	18	29	2,2	8	33	2,8	10	26	1,8
<u>Lehre</u>									
verlagskaufmännische	10	16	2,6	4	17	2,8	6	16	2,5
werbekaufmännische	15	24	1,9	7	29	2,1	8	21	1,8
andere kaufm.	5	8	2,2	2	8	3,0	3	8	1,7
grafische o.ä.	32	52	1,3	13	54	1,0	19	50	1,6
<u>Fachschule</u>									
Werbefachschule	30	48	1,5	13	54	1,9	17	45	1,7
<u>Studium</u>									
Fachhochschule Wirtschaft	9	14	2,6	5	21	3,0	4	11	2,0
Fachhochschule Design	38	61	1,7	14	58	1,9	24	63	1,6
Universität Wirtschafts-wissenschaft	8	13	3,0	5	21	3,0	3	8	3,0
Volontariat/Trainee	8	13	2,0	4	17	1,8	4	11	2,3

1) Einschließlich Kauf-, Wochen- und Sonntagszeitungen (KWS)

E. Soll-Ist-Vergleich der Ausbildungsprofile

I. Werbeleiter

Die Anforderungen der Praxis an die Ausbildung des Werbeleiters zielen vor allem auf die Kombination eines Studiums mit einer Fachschule oder mit einer abgeschlossenen Lehre. Erstaunlicherweise kann aber kein Werbeleiter diesem Anspruch gerecht werden: Der häufigste Ausbildungsweg besteht in der Verbindung von Lehre und Fachschule. Den hohen Anforderungen wird also nur unzureichend entsprochen.

Hierfür lassen sich unterschiedliche Gründe anführen. Durch die Integration der Werbung in die Marketing- Kommunikation haben sich für den Beruf des Werbeleiters ganz neue Dimensionen eröffnet. Es ist anzunehmen, daß ein Teil der befragten Werbeleiter nicht erst in den letzten Jahren in diese Position aufgerückt ist. Da die Führungsaufgaben im Bereich der Werbung immer anspruchsvoller geworden sind, ist es verständlich, daß die Anforderungen an die Ausbildung ebenfalls gestiegen sind.

Abb. 56   Der Soll-Ist-Vergleich für den Werbeleiter

Ausbildungs-kombinationen	Ist-Werte %	Soll-Werte %
Lehre	15	-
Fachschule	8	10
Hochschule	13	14
Lehre + Fachschule	50	10
Lehre + Hochschule	10	10
Fachschule + Hochschule	-	25
Lehre + Fachschule + Hochschule	-	31
Schulabschluß	5	-

Basis:
40 Werbeleiter

Basis:
49 Unternehmen

II. Werbesachbearbeiter

Für den Beruf des Werbesachbearbeiters steht die duale Ausbildung als ideale Berufsvorbereitung mit 77 % an erster Stelle, wobei jedoch zu 41 % auf einen zusätzlichen Fachschulbesuch Wert gelegt wird. Auch in der Praxis liegt der Schwerpunkt auf dieser Ausbildungsebene; allerdings wurde die Fachschule nur von einer kleineren Anzahl als Weiterbildungsmöglichkeit genutzt. Obwohl die Kombination von Lehre und Studium in der Praxis relativ häufig auftritt (21 %), scheint diese Verknüpfung von theoretischem und praktischem Wissen in den Augen der Unternehmen eine weniger adäquate Ausbildung darzustellen.

Der Sachbearbeiter sollte sich nach ihrer Meinung während einer Lehre praktisches und kaufmännisches Wissen aneignen und außerdem spezielle werbefachliche Fähigkeiten auf einer Werbefachschule erlangen. Der mit 10 % nur geringe Anteil derjenigen, die dieser Idealvorstellung entsprechen, läßt sich vielleicht damit begründen, daß dem Sachbearbeiter in der Regel ein breites Aufgabenspektrum mit hoher Verantwortung übertragen wird, so daß ihm häufig Zeit und Energie für die zusätzliche Beanspruchung durch den Besuch einer Werbefachschule fehlen.

Abb. 57   Der Soll-Ist-Vergleich für den Werbesachbearbeiter

Ausbildungs-kombinationen	Ist-Werte %	Soll-Werte %
Lehre	38	23
Fachschule	8	13
Hochschule	8	3
Lehre + Fachschule	10	41
Lehre + Hochschule	19	3
Fachschule + Hochschule	-	8
Lehre + Fachschule + Hochschule	2	10
Schulabschluß	15	-

Basis: Basis:
48 Werbesachbearbeiter 39 Unternehmen

III. Werbeassistent

Nach Meinung von 83 % der befragten Firmen sollte die Ausbildung eines Werbeassistenten im Besuch einer (Werbe)Fachschule liegen, wobei sogar ein Drittel der Unternehmen keine weiteren Anforderungen stellt. Von 29 % wird die Kombinationen mit einer dualen Ausbildung als angemessen empfunden. Dieser Prozentsatz wird in der Praxis sogar noch übertroffen. Insgesamt liegt der Anteil derjenigen, die die Werbefachschule absolvieren, mit 35 % jedoch weit unter den Vorstellungen der Befragten. Stattdessen weist über die Hälfte aller Assistenten lediglich eine abgeschlossene Lehre als Berufsgrundlage auf.

Die positive Bewertung der Werbefachschulen dürfte darauf zurückzuführen sein, daß diese ein umfassendes werbefachliches Fundament für die Ausbildung zum Assistenten liefern und in der Regel nach einer Abschlußprüfung einen anerkannten Titel verleihen. Ein Grund für die relativ geringe Inanspruchnahme einer solchen Institution könnte in der zusätzlichen hohen Belastung durch ein berufsbegleitendes Abendstudium liegen. Zudem macht die regionale Konzentration der Werbefachschulen auf wenige Großstädte einen Besuch für viele "Assistenten" unmöglich.

Abb. 58   Der Soll-Ist-Vergleich für den Werbeassistenten

Ausbildungs-kombinationen	Ist-Werte %	Soll-Werte %
Lehre	55	14
Fachschule	2	33
Hochschule	5	-
Lehre + Fachschule	33	29
Lehre + Hochschule	2	2
Fachschule + Hochschule	-	10
Lehre + Fachschule + Hochschule	-	12
Schulabschluß	2	-

Basis: Basis:
42 Werbeassistenten   42 Unternehmen

IV. Werbegrafiker/Art Director

Für die Ausbildung zum Werbegrafiker bzw. zum Art Director ergibt sich eine Idealvorstellung, die das Studium und/oder den Besuch einer Werbefachschule in unterschiedlichen Kombinationen umfaßt. Bezüglich der akademischen Ausbildung wird dieser Vorstellung realiter in etwa entsprochen. Bei der Fachschule zeigen sich größere Abweichungen: Insgesamt betrachten 61 % der Befragten einen Fachschulbesuch als wünschenswert. Diesen Anforderungen entsprechen jedoch nur 25 % der aufgeführten Mitarbeiter, und zwar in Verbindung mit einer Lehre. Die Kombination eines Fachschulbesuchs mit einem Hochschulstudium, die von 26 % der Befragten befürwortet wird, kommt in der Praxis nicht vor. Die duale Ausbildung wird von 42 % der Werbeleiter für gut befunden, und zwar hauptsächlich in Kombination mit einem Studium oder noch zusätzlich hierzu mit einem Fachschulbesuch. Es weisen fast alle erfaßten Werbegrafiker eine solche Berufsgrundlage auf.[210]

Abb. 59   Der Soll-Ist-Vergleich für den Werbegrafiker/ Art Director

Ausbildungs-kombinationen	Ist-Werte abs.	Soll-Werte %
Lehre	2	6
Fachschule	-	26
Hochschule	1	20
Lehre + Fachschule	2	8
Lehre + Hochschule	3	14
Fachschule + Hochschule	-	11
Lehre + Fachschule + Hochschule	-	14
Schulabschluß	-	-

	Basis: 8 Werbegrafiker	Basis: 35 Unternehmen

---

[210] Da insgesamt nur acht Grafiker in der Stichprobe vorkommen, ist eine tiefgehende Analyse nicht möglich. Das gleiche gilt für die Ist-Werte der Designer und der Mediaplaner.

V. Designer

Die neun Designer haben alle eine duale Ausbildung durchlaufen, wobei zwei zusätzlich ein Studium absolvierten. Eine Lehre befürworten allerdings nur 47 % der Befragten, während 64 % von ihnen ein abgeschlossenes Studium bevorzugen. Eine besonders hohe Differenz zeigt sich im Vergleich der Soll- und Ist-Werte der Fachschulausbildung. Keiner der aufgeführten Designer entspricht den Wünschen von 46 % der befragten Unternehmen nach einer solchen Schulung. [211] Es ist anzunehmen, daß dem Designer nach Meinung der Befragten im Rahmen eines Hochschul- oder Fachschulstudiums eher ein adäquates Wissen vermittelt werden kann als durch die für diese Berufszweige zur Verfügung stehende Druckerlehre oder andere handwerkliche Lehren.

Abb. 60   Der Soll-Ist-Vergleich für den Designer

Ausbildungs- kombinationen	Ist-Werte abs.	Soll-Werte %
Lehre	7	10
Fachschule	-	23
Hochschule	-	17
Lehre + Fachschule	-	3
Lehre + Hochschule	2	27
Fachschule + Hochschule	-	13
Lehre + Fachschule + Hochschule	-	7
Schulabschluß	-	-

Basis: Basis:
9 Designer   30 Unternehmen

[211] Möglicherweise war einem Teil der Befragten die zwischenzeitlich erfolgte Umwandlung von (Kunst-)Fachschulen in Fach-Hoch- schulen nicht bewußt.

VI. Mediaplaner

Der Mediaplaner sollte nach Meinung des Großteils der Befragten eine (Werbe)Fachschule besuchen. 25 % halten diese sogar als einzige Ausbildungsform für optimal, während 28 % sie in einer Kombination mit einer Lehre wünschen. Insgesamt liegt der Anteil der akademisch ausgebildeten Mediaplaner mit drei von sieben über dem von den Unternehmen gewünschten Anteil. Es ist daher anzunehmen, daß aus der Sicht der Befragten ein Studium nicht immer eine adäquate Berufsvorbereitung für den Mediaplaner bieten kann. Ein Grund für diese Minderbewertung könnte darin liegen, daß sich der Mediabereich erst in letzter Zeit weit ausgebreitet hat und daß bisher noch kein diesen Ansprüchen entsprechender Studiengang eingerichtet werden konnte.

Auch im Bereich der rein dualen Ausbildung ergeben sich Diskrepanzen zwischen dem derzeitigen Stand und den Vorstellungen der Praxis: Nach Meinung der Befragten reicht eine Lehre als Berufsgrundlage nicht aus.

Abb. 61   Der Soll-Ist-Vergleich für den Mediaplaner

Ausbildungs-kombinationen	Ist-Werte abs.	Soll-Werte %
Lehre	2	13
Fachschule	-	25
Hochschule	2	19
Lehre + Fachschule	1	28
Lehre + Hochschule	-	3
Fachschule + Hochschule	1	6
Lehre + Fachschule + Hochschule	-	6
Schulabschluß	1	-

Basis:
7 Mediaplaner

Basis:
32 Unternehmen

Die geringen Fallzahlen bei den drei zuletzt besprochenen Berufen erlauben keine fundierten Rückschlüsse. Immerhin sind die gefundenen Differenzen zwischen dem Ist und dem Soll oder Ideal auch hier weitgehend plausibel.

Die noch kleineren Fallzahlen bei den Werbefotografen und Textern ließen es allerdings ratsam erscheinen, hier von einer Gegenüberstellung abzusehen.

F. Die Beurteilung der vorhandenen Ausbildungswege

I. Werbungtreibende Unternehmen

Insgesamt gaben 38 der 63 erfaßten Unternehmen Beurteilungen über die gegenwärtigen Ausbildungsmöglichkeiten für Werbefachleute ab. Die Antwortverweigerungen wurden z.T. mit ungenügendem eigenen Informationsstand und unzureichender Erfahrung begründet, wobei eine fehlende Transparenz des gesamten Lehrangebots beklagt wurde. Diese Kommentare weisen bereits auf eine nicht ausreichende Zusammenarbeit der Wirtschaftspraxis und dem Bildungsbereich hin.

Einige der befragten Unternehmen zeigten sich generell mit dem Aus- und Weiterbildungsmöglichkeiten für Werbefachleute einverstanden und stellten sogar eine erhebliche Verbesserung in der letzten Zeit fest. Der Großteil der Betriebe brachte jedoch eine starke Unzufriedenheit zum Ausdruck.

Als grundlegendes Problem erweist sich der zu geringe Praxis-Bezug der Ausbildung. Nach Meinung der Befragten sollte eine auf den späteren Beruf hinführende fachliche Grundausbildung stärker in die Lehrpläne einbezogen werden.

Gewünscht wird ebenfalls eine stärkere Vereinheitlichung und Standardisierung der vorgegebenen Richtlinien, um für die einzelnen Einrichtungen auf den drei Ebenen Lehre, Fachschule und Studium ein jeweils gleiches Qualitätsniveau zu gewährleisten.

Als weiteren Kritikpunkt führen die Befragten die unterschiedliche regionale Verteilung der schulischen Ausbildungsstätten an, z.B. die Konzentration von dualer Ausbildung und Werbefachschulen auf relativ wenige Orte.

Im folgenden werden die Beurteilungen der werbefachlichen Ausbildungsmöglichkeiten, differenziert nach den drei genannten Ebenen, dargestellt.

1. Duale Ausbildung

Im Bereich der dualen Ausbildung wird besonders das Problem des Lehrstellenmangels hervorgehoben. Zum einen wurde die zu geringe Anzahl der hierfür zur Verfügung stehenden Plätze beklagt (die eine Konzentration der werbefachlichen Berufsschulklassen auf wenige Orte zur Folge hat), zum anderen seien die Möglichkeiten, sich durch eine Lehre speziell auf einen Werbeberuf vorzubereiten, generell sehr eingeschränkt.

Besonders in der Ausbildung zu einer gestalterischen Tätigkeit würden hierfür kaum adäquate Fachkenntnisse vermittelt, wobei für den Beruf des Werbetexters überhaupt kein Angebot bestehe. Aus diesem Grund wird sogar teilweise ein Traineeprogramm der Lehre vorgezogen. Durch die ungleichmäßige regionale Verteilung der Berufsschulen ergeben sich in den Augen der Befragten für die Lehrlinge oft unzumutbare Entfernungen.

Das Problem der wenig praxisgerechten werbefachlichen Ausbildung tritt nach Meinung der Unternehmen besonders beim Beruf des Werbeleiters in Erscheinung. Offenbar werden im Rahmen einer dualen Ausbildung nur allgemeine Grundlagen vermittelt, die für eine leitende Position nicht ausreichen.

2.   Fachschulausbildung

Die Werbefachschule wird im allgemeinen als Lieferant einer theoretischen Wissensgrundlage positiv bewertet; die Vermittlung praktischer Fähigkeiten wird nach Meinung einer Reihe von Befragten in den Lehrplänen jedoch zu wenig berücksichtigt.

Wie schon angedeutet, werden besonders im Bereich der Fachschulausbildung erhebliche Diskrepanzen zwischen den Unterrichtsinhalten der einzelnen Institute festgestellt. Nach Meinung der Befragten bietet die Werbefachschule dem Grafiker und dem Texter keine ausreichende Möglichkeit, um das notwendige fachliche Wissen zu erlangen.

Außer diesen Kritikpunkten wurden jedoch auch positive Urteile abgegeben. So wurde besonders ein fundierter und vielseitiger Unterricht durch gute Lehrkräfte aus der Praxis gelobt. Insgesamt wird die Werbefachschule also unterschiedlich bewertet.

3.   Hochschulausbildung

Die Beurteilung der werbefachlichen Hochschulausbildung deckt ebenfalls unterschiedliche Aspekte auf. Während die Betriebswirtschaftslehre und die Psychologie als gute Grundlagen hervorgehoben werden, heißt es demgegenüber, es würden zu wenige Studiengänge angeboten, die schwerpunktmäßig die Werbung zum Inhalt haben.

Für alle Berufsgruppen wird die derzeitige akademische Ausbildung insgesamt als zu praxisfremd bezeichnet. Besonders für Führungskräfte, z.B. für den Werbeleiter, könne sie den Anforderungen nicht entsprechen. Bezüglich der Fachkenntnisse werde zu wenig konzeptionelles und koordinierendes Denken geschult. Einige der Befragten beklagten auch allgemein zu hohe Zulassungsvoraussetzungen, besonders für den Studiengang Grafik-Design.

II. Werbeagenturen

Für die ausgewählten Agenturberufe stehen gegenwärtig hauptsächlich die vier klassischem Ausbildungsmöglichkeiten Lehre, (Werbe-)Fachschule, Fachhochschule/Kunsthochschule und Universität zur Verfügung.

Diese Ausbildungsmöglichkeiten waren von den Befragten entweder mit "1 sehr gut", mit "2 gut", mit "3 zufriedenstellend" oder mit "4 unbefriedigend" zu bewerten. Bei der Beantwortung der Frage wurden selbstverständlich keine umfassendem Kenntnisse aller Ausbildungsmöglichkeiten bzw. -stätten vorausgesetzt. Die Bewertung sollte lediglich nach der persönlichen Erfahrung vorgenommen werden.

Die Auswertung bringt zwei Ergebnisse. Zum einem die Häufigkeit der Nennungen und zum anderen die durchschnittliche Bewertung der jeweiligen Ausbildungsmöglichkeiten für die betreffenden Berufe.

Die ausgewählten Berufe wurden bei dieser Frage um drei weitere ergänzt, bei denen das spezielle Interesse auf die Praxisnähe der angegebenen Ausbildungsmöglichkeiten abzielt. (Abb. 62)

1.   *Duale Ausbildung*

Die duale Ausbildung zeichnet sich durch die enge Verbindung zwischen Theorie (Besuch einer Berufsschule) und Praxis (Ausbildung im Unternehmen) aus. Je nach Berufsziel besteht die Möglichkeit einer werbekaufmännischem, einer anderen kaufmännischen oder auch einer handwerklich ausgerichteten Lehre.

Für dem Kontakt-Assistenten wird die Lehre von 66 % der Agenturen als eine gute (2,4) Ausbildungsmöglichkeit angesehen, wobei hier eigentlich nur die werbekaufmännische oder eine andere kaufmännische Lehre in Betracht kommt. Für den Senior-Kontakter fallen die Nennungen etwas niedriger aus. 59 % der Agenturen nennen die Lehre hier mit der Note 2,5.

Eine Lehre für den Layouter bzw. Art-Director wird von nur 50 % der Agenturen als zufriedenstellend (2,6) beurteilt. Der angehende Grafiker muß auf eine artverwandte Lehre zurückgreifen, die ihm nicht das notwendige Rüstzeug für sein späteres Berufsleben in der Agentur vermitteln kann.

Ein ähnliches Bild ergibt sich beim Reinzeichner. Hier wird die Lehre von 66 % der Agenturen als gute (1,8) Ausbildungsmöglichkeit beurteilt. Es zeigt sich, daß beim Reinzeichner ebenfalls eine Divergenz zwischen seinem Anforderungsprofil und den Zustimmungen zur Lehre besteht. So präferierten bei der Frage nach einem sinnvollen Ausbildungsweg für den Reinzeichner 87 % der Agenturen eine grafische Lehre.

Eine zweckmäßige Lehre wäre für den angehenden Reinzeichner beispielsweise die Ausbildung zum Druckvorlagenhersteller, die den Auszubildenden mit dem Reproduktionstechniken vertraut macht. Eine höhere Zufriedenheit bezüglich der Lehre zeigt sich bei den großen Agenturen, bei denen 86 % die Lehre als gut (1,8) beurteilen.

Für den Texter ist eine Lehre nicht besonders geeignet. Sie wird von nur 39 % der Agenturen als eine zufriedenstellende (2,9) Ausbildungsart genannt.

Bein Media-Planer beurteilen 55 % der Befragten die Lehre als gute bis zufriedenstellende (2,5) Möglichkeit.

Höher fallen die Nennungen für die Lehre beim Media-Abwickler aus. Hier bewerten 75 % die Lehre als gute (1,9) Ausbildungsmöglichkeit. Der Produktioner findet ebenfalls eine gute Ausbildungsmöglichkeit in der Lehre. Dies bestätigen die 82 % der Nennungen allgemein und sogar alle Agenturen mit über 100 Beschäftigten.

Wegen seiner unterschiedlichen Tätigkeitsbereiche auf dem kaufmännischen wie auch auf dem technischen Sektor kann eine werbekaufmännische, grafische oder eine Druckerlehre als eine praxisnahe Ausbildungsart für den Produktioner angesehen werden.

Keine einheitliche Zustimmung findet die Lehre beim Verkaufsförderer und dem Fachmann für Direct-Marketing. So halten beim Verkaufsförderer nur 48 % und beim Fachmann für Direct-Marketing nur 46 % die Lehre für eine gute Ausbildungsmöglichkeit.

Den niedrigsten Stellenwert nimmt die Lehre für den Fachmann für Public Relations ein. Sie wird nur von 32 % der Agenturen als mäßig zufriedenstellend (3,4) erachtet. Hier kommt eigentlich nur die werbekaufmännische Lehre in Betracht, die jedoch dem journalistisch ausgerichteten Tätigkeitsfeld des Fachmannes für Public Relations offenbar nicht gerecht wird.

Anders wird die Lehre für den Buchhalter bzw. Kostenrechner eingeschätzt. Die hierfür zweckmäßige (werbe)kaufmännische Lehre wird von 77 % der Befragten als gute (1,6) Ausbildungsart angesehen.

Zusammenfassend läßt sich sagen, daß die Lehre durch ihren dualen Charakter eine praxisnahe Ausbildung ermöglichen müßte. Die Ergebnisse zeigen jedoch ein etwas anderes Bild. Dies ist sicherlich ein Resultat des Fehlens geeigneter dualer Ausbildungsmöglichkeiten für die werbefachlichen Spezialberufe. Ob hier durch eine zukünftige Erweiterung des Angebots an Ausbildungsmöglichkeiten Abhilfe geschaffen werden kann, ist zweifelhaft, da aufgrund der geringen vorhandenen Stellen in den Werbeagenturen eine speziell auf diese Berufe ausgerichtete Lehre nicht praktikabel erscheint.

234

2.   Fachschulausbildung

Die Werbefachschule ist die einzige Ausbildungsmöglichkeit, die ausschließlich auf die Vermittlung von werbefachlichen Kenntnissen ausgerichtet ist. Sie bietet den meist bereits in der Werbung tätigen Personen eine gute Zusatzqualifikation.

Die Fachschule vermittelt dem Kontakt-Assistenten eine gute Ausbildung. So bewerten 77 % der Befragten diese Ausbildungsebene mit 2,1. Für den Senior-Kontakter wird die Fachschule von 68 % als gute (2,3) Ausbildungsmöglichkeit beurteilt.

Die Fachschule wird als Ausbildungsort für den Layouter/Art Director von 55 % der Agenturen mit mäßig gut (2,4) etwas zurückhaltender bewertet.

Noch geringeren Zuspruch erhält die (Werbe-)Fachschule als Ausbildungsebene für den Reinzeichner. Hierauf entfallen nur 46 % der Nennungen, die die in der Fachschule vermittelten Ausbildungsinhalte für gut (2,3) halten.

Ein etwas besseres Bild zeigt die Fachschule bei der Ausbildung zum Texter. Ihr wird von 66 % der Agenturen eine gute (2,2) Ausbildung für den Texter zuge-schrieben. Dies erscheint verständlich, da die Werbefachschule unter anderem eine gewisse Grundausbildung in den Techniken des Textens vermittelt. [212]

Für die Berufe im Mediabereich wird die Fachschule als eine gute Ausbildungsstelle angesehen. Das meinen 68 % der Befragten für den Beruf des Media-Planers und 59 % für den des Media-Abwicklers. Allerdings wird als idealer Ausbildungsweg des Media-Abwicklers der Besuch einer Werbefachschule nur von 43 % der Agenturen unterstützt. Dies liegt sicherlich darin begründet, daß der Media-Abwickler im Gegensatz zum Media-Planer hauptsächlich kaufmännisch-/organisatorische Tätigkeiten versieht, so daß die Vermittlung von werbefachlichen Kenntnissen etwas in den Hintergrund tritt.

Für den Produktioner wird die Wissensvermittlung einer Werbe-Fachschule von 64 % der Befragten als eindeutig gute (2,0) Ausbildungsmöglichkeit bezeichnet.

Einen besonderen Stellenwert erhält die Fachschule für den Verkaufsförderer. Für diesen Beruf erachten 73 % der Werbeagenturen die Fachschule als einen guten (2,1) Ausbildungsweg. Anzumerken ist hier, daß für den Besuch einer Werbe-fachschule im Rahmen des Ausbildungsprofils nur 59 % plädierten.

Auch der Fachmann für Direct-Marketing findet in der Werbefachschule die passende Ausbildung. Dies bestätigen 59 % der befragten Werbeagenturen. Ähnlich gelagerte Ergebnisse liegen für den PR-Fachmann vor. Hier sprechen der Fachschule 55 % eine zufriedenstellende (2,6) Ausbildung zu.

---

[212] Vgl. ZAW, 1984/1, S. 37 - 48

Einen geringeren Zuspruch erhält die Werbefachschule als Ausbildungsmöglichkeit für den Buchhalter. Lediglich 30 % der Agenturen halten sie für zufriedenstellend (2,9). Höhere Werte findet die Fachschule für den Buchhalter jedoch bei den großen Agenturen. Von ihnen halten immerhin 57 % die Werbefachschule für einen guten (2,0) Ausbildungsweg.

Zusammenfassend läßt sich festhalten, daß die Werbefachschulen bei den Werbeagenturen insgesamt ein hohes Ansehen genießen. Als Institution, die sich ausschließlich mit Werbung befaßt, ist dieser Sachverhalt auch nicht weiter verwunderlich. Doch vermag die Werbefachschule für die grafisch ausgerichteten Spezialberufe wie Layouter und Reinzeichner keine sehr praxisnahen Ausbildungsinhalte zu vermitteln.

3. Fachhochschulausbildung

Die Fachhochschule bietet gegenüber der Universität durch ihre Zugangsmöglichkeiten relativ vielen die Möglichkeit eines Studiums. Demgemäß versucht die Fachhochschule, einen starken Praxisbezug in das Studium einfließen zu lassen.

Für den Kontakter bewerten 77 % der Agenturen das Studium an einer Fachhochschule als eine geeignete Ausbildung (2,2). Dabei sei unterstellt, daß es sich hierbei um die Fachrichtung Wirtschaft handelt. Für den Senior-Kontakter wird diesem Studium eine noch höhere berufliche Verwendbarkeit zugesprochen: 81 % mit 2,0.

Als die wohl geeignetste Ausbildungsstätte erweist sich die Fachhochschule für den Layouter bzw. Art-Director. Den Ausbildungsinhalten dieser Institution werden somit auch von 86 % der Agenturen eine gute (1,6) Verwendbarkeit für die Agenturpraxis bescheinigt. Daß es sich hierbei um Fachbereiche für Design handelt, ist offenkundig.

Als Ausbildungsstätte für einen angehenden Reinzeichner wird die Fachhochschule von den Agenturen zurückhaltender beurteilt. 46 % der Befragten bewerten eine derartige Ausbildungsmöglichkeit mit gut bis zufriedenstellend (2,5).

Die Wissensvermittlung für den Texter in einer Fachhochschule wird von 61 % der Agenturen als gut (2,1) erachtet. Um welche Fachbereiche es sich dabei handeln soll, ist nicht klar.

Die 55 % der Agenturen, die eine Ausbildung am der Fachhochschule für einen Media-Planer mit gut (2,3) beurteilen, können damit wiederum nur die Fachbereiche Wirtschaft meinen.

Durch die geringe Anzahl der Nennungen (25 %), die den Media-Abwickler zukommen, zeichnet sich deutlich ab, daß für diesen Beruf ein Studium an einer Fachhochschule keinen großen Nutzen bringt.

34 % der Agenturen bewerten die Studieninhalte an einer Fachhochschule für den Produktioner mit gut (2,1). Die geringe Anzahl der Nennungen entspricht dem Anforderungsprofil für den Produktioner. Ob die Agenturen die Fachhochschule für Druck mit in ihre Überlegungen einbezogen haben, sei dahingestellt.

Einem Fachmann für Verkaufsförderung attestiert genau die Hälfte der Befragten eine gute (2,0) Verwendbarkeit seines in der Fachhochschule erlernten Wissens. Das Fachhochschulstudium wird für den Direct-Marketing-Fachmann von 48 % der Befragten als eine gute (2,3) Ausbildungsmöglichkeit eingeschätzt. Ebenfalls an den Fachhochschulstudiengang Wirtschaft werden die meisten von den 59 % der Werbeagenturen gedacht haben, die diese Ausbildungsmöglichkeit für den PR-Fachmann mit gut (2,3) bewerteten.

Zum Buchhalter/Kostenrechner äußern sich lediglich 34 % der Agenturen, die einem Fachhochschulstudium auch nur eine zufriedenstellende (2,7) Wissensvermittlung in seinem Bereich bescheinigen.

Differenziert man die Bewertung der Fachhochschule nach der Größe der Agenturen, so weicht die Gruppe der Agenturen bis 40 Beschäftigte nicht wesentlich vom Gesamtergebnis ab. Die Agenturen mit 40 bis 100 Beschäftigten setzen bei einigen Berufen klarere Akzente und bewerten die Fachhochschule im Durchschnitt besser. Bei den Agenturen mit mehr als 100 Beschäftigten ist eine deutlich positivere Haltung gegenüber der praktischen Verwendbarkeit eines Fachhochschulstudiums zu erkennen. Bei allen Berufen liegen hier die Nennungen (teilweise weit) über dem Durchschnitt.

Abschließend bleibt festzustellen, daß die Agenturen die werbefachliche Verwendbarkeit eines Fachhochschulstudium für den Einsatzbereich der abgefragten Berufe recht gut beurteilt haben. Diese Tatsache kann dennoch nicht für alle Berufe zu der Empfehlung führen, ein derartiges Studium zu absolvieren.

In Anbetracht der weiter oben ermittelten Anforderungsprofile würde ein Fachhochschulstudium zwar keinen Nachteil bringen, jedoch auch nicht von großem beruflichem Vorteil sein, sondern teilweise schlicht eine Überqualifikation darstellen.

4.   Universitätsausbildung

Die traditionelle Art der wissenschaftlichen Hochschulen stellen die Universitäten dar. Ihre Aufgabe wird in der Pflege der Wissenschaft in Forschung und Lehre gesehen. Nicht primär der Praxisbezug in den Lehrinhalten wird angestrebt, vielmehr soll erreicht werden, einen breiten Wissensfundus in Verbindung mit einem hohen, vorwiegend theoretischen Qualitätsstandard zu vermitteln. Wie die Agenturen diese Ausbildungsstätte für ihre Zwecke einschätzen, zeigt die letzte Spalte in Abb. 62.

Ein wirtschaftswissenschaftliches Studium an einer Universität sehen 71 % der Agenturen als eine gute Ausbildung für einen Junior-Kontakter an. Noch höher wird die Universität für den Beruf des Senior-Kontakters bewertet: Für diese Führungskraft, von der neben einem profunden Fachwissen ein hohes Maß an Selbständigkeit und Eigenverantwortlichkeit verlangt wird, halten 86 % die universitäre Ausbildung für gut (1,6). Große Agenturen sprechen dieser Ausbildungsform sogar einstimmig (100 %) eine sehr gute (1,3) Verwendbarkeit in der Praxis zu.

Für die grafischen Berufe scheint eine universitäre Ausbildung nicht von großem Nutzen zu sein. Beim Layouter bzw. Art-Director meinen immerhin noch 30 % der Agenturen, daß ein derartiges Studium von zufriedenstellender (2,8) Verwendbarkeit wäre.

Eindeutig als unbefriedigend (4,0) - und man könnte auch sagen als unnötig - wird ein Universitätsstudium jedoch für den Reinzeichner angesehen, wofür nur 16 % sprechen. Bei einer Differenzierung der Auswertung bei Agenturen mit mehr als 100 Beschäftigten ergibt sich eine bessere Bewertung der universitären Ausbildung für den Layouter bzw. Art-Director. Hier bescheinigen 43 % diesen Studium eine gute (2,0) praktische Verwendbarkeit.

Annähernd so viele Nennungen wie bei der Fachhochschule geben die Agenturen bei der Universität (59 %) für dem Beruf des Texters ab. Die Bewertung des universitären Studiums schneidet jedoch etwas besser ab (1,8). Hier wurden vermutlich Studiengänge wie Publizistik oder Germanistik in die Erwägungen mit einbezogen.

Auch für die Aufgaben eines Media-Planers wird der Universität von 52 % der Befragten eine gute (1,8) Ausbildung bescheinigt. Dieses Ergebnis steht in leichtem Widerspruch zu den Fragen nach der idealen Ausbildung. Dort wurde lediglich von 39 % der Befragten ein (wirtschaftswissenschaftliches) Studium für wichtig erachtet.

Daß gut ausgebildete Media-Abwickler oder Produktioner nicht über ein Universitätsstudium verfügen müssen, ergab sich bereits weiter oben. Dementsprechend äußern sich auch jeweils nur 14 % der Agenturen, die eine universitäre Ausbildung für diese Berufe mit wenig befriedigend (3,8) bewerten.

Eine Universität vermittelt einen Anwärter für den Beruf des Fachmanns für Verkaufsförderung nach Meinung von 34 % der Agenturen lediglich zufriedenstellende (2,9) Kenntnisse.

Dieselbe Anzahl der Nennungen (34 %) entfällt auf den Fachmann für Direct-Marketing. Auch für diesen Beruf bieten die (wirtschaftswissenschaftlichen) Lehr- und Ausbildungsinhalte einer Universität nur eine mäßige gute (2,6) Umsetzungsmöglichkeit in der Agentur-Praxis.

Journalistische Kenntnisse gehören mit zu den wesentlichen Anforderungen eines Fachmanns für Public Relations. Ein publizistisches Studium mit wirtschaftlichen Schwerpunktfächern wäre deshalb sinnvoll für die Ausübung dieses Berufes. Ob die 61 % der Agenturen gerade an diese Fachrichtung dachten, als sie sich zum Beruf des Fachmannes für Public Relations äußerten, bleibt offen. Die universitäre Ausbildung für diesen Spezialisten beurteilen sie jedoch mit gut (1,9).

Die geringe Anzahl der Nennungen (18 %) und die mäßige Bewertung (3,4) lassen erkennen, daß die Ausbildung an der Universität nicht auf die praktischen Belange eines Buchhalters/Kostenrechners abgestimmt ist.

Ein Studium an einer Universität ist auf eine möglichst umfassende wissenschaftliche Ausbildung ausgerichtet. Davon können selbstverständlich später nur diejenigen profitieren, die ihr Tätigkeitsfeld in einem entsprechenden beruflichen Rahmen finden. Die Bewertung der Universität aus Sicht der Agenturen zeigt deshalb auch deutlich, für welche Berufe dieses Studium von Nutzen sein kann.

III. Presseverlage

Die Ausbildungsmöglichkeiten für Werbeberufe bei Presseverlagen sind ähnlich denen bei Werbeagenturen. Aus diesem Grund wurden die Verlagsleiter über ausgewählte Werbeberufe in ihrem Bereich mit einem analogen Fragebogen wie bei den Werbeagenturen befragt. (Abb. 63)

1. Duale Ausbildung

Eine Lehre wird von 69 % der Befragten für die Ausbildung des Werbeleiters Abonnentenwerbung für ratsam gehalten, wenn auch nur mit der Note 2,4. Mit dem Spitzenwert von 82 % Zustimmung und der Note 1,7 wird die Lehre für den Werbesachbearbeiter/Abonnentenwerbung sozusagen als unverzichtbare Voraussetzung angesehen. Hohe Werte mit 72 bzw. 71 % und den Noten 2,3 bzw. 2,0 erhält die Lehre auch für den Leiter Anzeigenverkauf und den Gebiets-Repräsentanten Anzeigenverkauf.

Dagegen fällt die Lehre für den Mediaforschers mit nur 58 % Zustimmung und der Note 2,8 sowie des Werbetexters mit 50 % (2,9) erheblich ab. Beim Werbegrafiker hält man eine (zweifellos grafische) Lehre zu 61 % mit der Note 2,1 für sinnvoll.

2. Fachschulausbildung

Die (Werbe-)Fachschule wird von 82 % der Verlage mit der Benotung 1,8 für den Werbeleiter als gute Ausbildungsmöglichkeit beurteilt. Nur geringfügig darunter

Abb. 62 Beurteilung der Ausbildungsmöglichkeiten für Werbeberufe in Agenturen

Ausbildungsmöglichkeiten

Beruf	Dual (Lehre)			Fachschule			Fachhochschule			Universität		
	abs.	in %	Ø-Note	abs.	in %	Ø-Note	abs.	in %	Ø-Note	abs.	in %	Ø-Note
Beratung/Kontakt Assistent (Junior)	29	66	2,4	34	77	2,1	34	77	2,2	31	70	2,1
Beratung/Kontakt (Senior)	26	59	2,5	30	68	2,3	36	82	2,0	38	86	1,6
Grafiker/Layouter/ Art Director	22	50	2,6	24	55	2,4	38	86	1,6	13	30	2,8
Reinzeichner	29	66	1,8	20	45	2,3	20	45	2,5	7	16	4,0
Texter	17	39	2,9	29	66	2,2	27	61	2,1	26	59	1,8
Media-Planer	24	55	2,5	30	68	2,3	24	55	2,3	23	52	1,8
Media-Abwickler	33	75	1,9	26	59	2,1	11	25	2,9	6	14	3,8
Produktioner	36	82	1,8	28	64	2,0	15	34	2,1	6	14	3,8
Fachmann für Verkaufs- förderung	21	48	2,2	32	73	2,1	22	50	2,0	15	34	2,9
Fachmann für Direkt- Marketing	20	45	2,4	26	59	2,2	21	48	2,3	15	34	2,6
Fachmann für Public- Relations	14	32	3,4	24	55	2,6	26	59	2,3	27	61	1,9
Buchhalter/Kosten- rechner	34	77	1,6	13	30	2,9	15	34	2,7	8	18	3,4
Alle 12 Berufe		58	2,3		60	2,3		55	2,2		41	2,7

liegt die zahlenmäßige Unterstützung und die Benotung (im Durchschnitt aber immer noch bei gut) für die Berufe des Werbesachbearbeiters, des Leiters Anzeigenverkauf und des Gebietsrepräsentamten Anzeigenverkauf.

Dagegen sind nur 58 % der Verlage der Meinung, die Fachschule sei eine richtige Ausbildungsmöglichkeit für den Mediaforscher.

Erheblich höhere Werte erhält sie dagegen wieder für den Werbetexter, nämlich 72 % mit der Note 1,6 und für den Werbegrafiker, 64 % und Note 1,7.

3. *Fachhochschulausbildung*

Rund zwei Drittel der Verlage sind der Meinung, daß eine Fachhochschulausbildung für die Berufe des Abo-Werbeleiters, des Werbeleiters Anzeigenverkauf und des Werbegrafikers gut (Noten zwischen 1,7 und 2,0) geeignet sei.

Noch besser schneidet die Fachhochschule für den Mediaforscher ab: 71 % der Verlage bewerten diese Ausbildung mit der Durchschnittsnote 1,8.

Einen geringeren Stellenwert scheint die Fachhochschule in der Meinung der Verlagsleiter für die Ausbildung des Werbetexters, des Gebietsrepräsentanten Anzeigenverkauf und des Werbesachbearbeiters zu haben. Dafür sprechen sich nur zwischen 35 und 50 % aus, wobei die Noten zwischen 2,4 und 2,8 liegen.

4. *Universitätsausbildung*

Die Presseverlage scheinen eine Universitätsausbildung für die meisten abgefragten Berufe eher als eine Überqualifikation anzusehen. Am ehesten noch halten sie ein Universitätsstudium für den Mediaforscher geeignet: 61 % verleihen dieser Ausbildung die Durchschnittsnote 1,8. Für die Leitungsfunktionen Werbeleiter Abonnentenwerbung und Leiter Anzeigenverkauf bewertet man ein Universitätsstudium mit Noten vom 2,8 bzw. 2,4 nur zu 42 % bzw. 48 %.

Eigenartigerweise sind nur 34 % (mit der relativ schlechten Bewertung von 3,1) der Meinung, ein Universitätsstudium sei für den Gebietsrepräsentanten Anzeigenverkauf sinnvoll.

Für eine universitäre Ausbildung des Werbetexters sprechen sich noch 39 % der Befragten aus (offenbar denken sie hierbei an ein Studium der Germanistik oder Publizistik), bewerten es aber nur mit 2,8.

Ein Universitätsstudium wird für den Werbesachbearbeiter und Werbegrafiker nur von je knapp einem Drittel als sinnvoll angesehen; die Noten liegen hierbei zwischen 3,2 und 3,5.

Abb. 63 Beurteilung der Ausbildungsmöglichkeiten für Werbeberufe in Verlagen

Beruf	Ausbildungsmöglichkeiten											
	Dual (Lehre)			Fachschule			Fachhochschule			Universität		
	abs.	in %	Ø-Note	abs.	in %	Ø-Note	abs.	in %	Ø-Note	abs.	in %	Ø-Note
Werbeleiter Abonnentenwerbung	43	69	2,4	51	82	1,8	43	69	2,1	26	42	2,8
Werbesachbearbeiter Abonnentenwerbung	51	82	1,7	43	69	1,9	22	35	2,7	18	29	3,5
Leiter Anzeigenverkauf (Werbung)	45	72	2,3	43	69	2,0	40	64	2,1	30	48	2,4
Gebietsrepräsentant Anzeigenverkauf (Werbung)	44	71	2,0	41	66	2,0	31	50	2,4	21	34	3,1
Mediaforscher, -planer, -berater	36	58	2,8	36	58	2,6	44	71	1,8	38	61	1,8
Werbetexter	31	50	2,9	45	72	1,6	25	40	2,8	24	39	2,8
Werbegrafiker	38	61	2,1	40	64	1,7	40	64	1,7	19	31	3,2
Alle 7 Berufe		68	2,3		69	1,9		59	2,1		43	2,7

242

G. Resümee

Die Beurteilung der gegenwärtigen Ausbildungsmöglichkeiten für Werbefachleute hat teilweise erhebliche Abweichungen zwischen den Anforderungen der Praxis und der Realität des Ausbildungswesens aufgezeigt. Ein großer Teil der Befragten in allen Bereichen - Werbungtreibende Unternehmen, Werbeagenturen, Presseverlage - beklagt die zuwenig praxisgerechte Ausbildung auf allen Ausbildungsebenen, von der Lehre bis zum Hochschulstudium.

Es ist müßig, darüber zu sinnieren, ob die Werbewirtschaft eine Bringschuld gegenüber den Ausbildungsinstitutionen hat, oder ob umgekehrt die Lehreinrichtungen sich stärker dafür interessieren müssen, welche Bedürfnisse die Praxis zeigt. Auch allgemeine Schuldzuweisungen von der Art "die Hochschulen bilden zu theoretisch aus" oder "die Praxis hat falsche Vorstellungen vom der Rolle der Ausbildungseinrichtungen" führen nicht weiter. Nur eine Intensivierung der Kooperation zwischen Wissenschaft (Lehre) und Praxis kann die werbefachliche Ausbildung im Interesse aller Beteiligten, nicht zuletzt auch der Schüler/Studenten, verbessern.

Eine wichtige Katalysatorrolle bei diesem Optimierungsversuch fällt den Fach- und Berufsverbänden zu. Stärker noch als bisher sollten diese nicht nur auf Bundesebene, sondern vor allem in den Regionalgruppen oder Ortsclubs das Gespräch zwischen den Beteiligten suchen. Dazu gehört selbstverständlich, daß sich die Verbände - auch dies stärker als bisher! - nach allen Seiten öffnen und es nicht als "Unterwanderung durch die Theorie" betrachten, wenn Hochschullehrer, also Universitätsprofessoren und Professoren an Fachhochschulen, gemeinsam mit Berufsschullehrern zur Diskussion zusammenkommen.

Nach Meinung der Befragten tritt das Problem des zu geringen Praxisbezugs in der Lehre vor allem bei der Hochschulausbildung in Erscheinung. Das ist nicht verwunderlich, da hier einerseits der Werbeanteil wie geschildert extrem niedrig ist und da andererseits die Mehrzahl der Studenten über keinerlei einschlägige Praxis vor oder während des Studiums verfügt. (Die relative Praxisferne - definiert als das Nichtvorhandensein eigener Berufserfahrung in den Wirtschaftssektoren, mit denen sich ihre Lehre befaßt - gilt allerdings auch für die Mehrzahl der Lehrenden an Universitäten).

Abhilfe schaffen könnte ein verstärkter Austausch von Praktikern als Gastdozenten an Hochschulen und von Hochschullehrern als zeitweilige Praktiker in der Wirtschaft. Ansätze hierzu lassen sich in der Schaffung sogenannter Praxissemester für Hochschullehrer in einigen Bundesländern erkennen. Weiter wäre von Vorteil die (Wieder-)Einführung von studienbegleitenden Praktika für die Studenten. Ebenfalls in diese Richtung zielt das Anfertigen von Diplomarbeiten mit Themen aus der Praxis. Auch hier ist jedoch wieder Bedingung, daß der betreuende Hochschullehrer mitzieht.

Während das bisher Gesagte hauptsächlich für die Hochschulausbildung im Fach Marketing/Werbung gilt, also für angehende Werbefachleute in beratenden Berufspositionen, stellt sich die Theorie-Praxis-Diskrepanz bei einem Teil der Design-Ausbildungsstätten noch stärker, jedenfalls bei Fach- und besonders bei Kunsthochschulen.

Der Beruf des Grafik-Designers ist ein in sich eigenständiger Ausbildungszweig. Der primäre Diskussionspunkt beim Thema Ausbildung ist die Diskrepanz zwischen Theorie und Praxis. Die Schulen, die das Basismaterial für den Beruf vermitteln sollen, sind der Ansicht, heute sehr praxisnah auszubilden. Im Gegensatz dazu steht die Meinung der Praktiker, nach deren Auffassung sich das Studium "... an der Berufspraxis von 1960 orientiert". [213]

Leider haben viele Studenten keine praxisnahen Ausbildungsmöglichkeiten. Die Schuld an dieser Misere gibt Kath zum Teil den Lehrenden: "Es ist eine unverzeihliche Schuld der Dozenten und Professoren, jungen Menschen Hoffnung für eine Berufskarriere als Grafiker zu machen, die in keiner Weise der Realität und dem Können entsprechen." [214]

Die bevorzugten Berufswünsche der Studenten für ihr späteres Tätigkeitsfeld richten sich auf den kulturellen Bereich. Kaum einer der Studienanfänger will Grafiker werden, um Produktwerbung zu gestalten. Am Ende werden aber nur wenige mit Gestaltung im Bereich von Kultur und Umweltschutz eine ausreichende Beschäftigung finden. [215]

Der weitaus überwiegende Teil der Grafik-Design-Absolventen findet im Bereich Werbung - in Werbeagenturen, in Werbeabteilungen von Industrieunternehmen oder in Grafik-Design-Ateliers - einen Arbeitsplatz. Obwohl diese Tatsache allgemein bekannt ist, wird, nach Aussage vieler Autoren und Praktiker, einer praxisorientierten Ausbildung wenig Beachtung geschenkt.

"Viele Lehrer nehmen keine Notiz vom praktischen Leben, in den sich ihre Schüler später mit den erworbenen Kenntnissen zurechtfinden müssen, sondern halten ihre Schüler an, sich in ihren gestalterischen Inspirationen nicht von Seitenblicken der Werbung ablenken zu lassen " [216]

Diese Aspekte bestätigt eine Umfrage bei deutschen Werbeagenturen, die sich mit der Frage beschäftigte, welche Fähigkeiten und welche Kenntnisse den Absolventen fehlen. Nahezu 80 % der befragten Agenturen beklagten die fehlende Anpassungsfähigkeit der Absolventen an Agenturpraxis und Arbeitsrhythmus.

---

[213] Habermann, H., et al, 1975, S. 6

[214] Kath, J., 1974, S. 93 f.

[215] Vgl. Fleischmann, G., 1981, S. 21

[216] Gitzel, D., 1979, S. 74

Weiterhin wurde die fehlende Motivation für die Zielsetzung der Werbeagenturen von 63 % und die Unfähigkeit zu kreativem Denken und Arbeiten zu 37 % beanstandet. Sogar Mängel bei technischen Kenntnissen wurden zu 58 % beklagt.[217]

Für die Werbefachschulen gelten in bezug auf die Vereinheitlichung der Lehrpläne und die Integration praxisnaher Probleme in den Unterricht ähnliche Grundsätze wie für die Hochschulausbildung. Aufgrund der hohen zeitlichen und psychischen Belastung durch die berufsbegleitende Abendschulung wäre es sinnvoll, die Studierenden in der Zeit der Weiterbildung im Betrieb weniger zu beanspruchen. Dieses bedeutet allerdings verstärkte Rücksicht und Entgegenkommen von Seiten der Unternehmen.

Um den besonders geschätzten praxisnahen Unterricht durch erfahrene Fachkräfte aus den Betrieben weiterhin zu gewährleisten, sollten auch diese in ihrer beruflichen Tätigkeit eine zeitweise Entlastung erhalten. Gleichzeitig sollte allerdings die Schulung ihrer pädagogischen Fähigkeiten nicht vernachlässigt werden.

Bezüglich der dualen Ausbildung wurden von den Unternehmen kaum konkrete Kritikpunkte aufgeführt; doch zeigt die Befragung, daß für einige Berufe eine Lehre, wie sie bisher existiert, als wenig nützlich erachtet wird. Um auf dieser Ebene ein breiteres Spektrum an Einstiegsberufen zu schaffen, müßten insbesondere im gestalterischen Bereich neue Berufsbilder mit werbefachlichem Inhalt erstellt werden, z.B. für Werbetexter und Werbegrafiker.

Auffällig waren die hohen Nennungen von Werbeagenturen, die für zahlreiche Agenturberufe eine werbekaufmännische Lehre als wichtig empfanden. Macht man sich aber die geringe Zahl der Auszubildenden in diesem Lehrberuf klar, so fragt sich, ob die werbekaufmännische Lehre bei Berufsanfängern auf geringes Interesse stößt oder ob die Ausbildungsbetriebe - und das sind haupsächlich Werbeagenturen - nicht genügend Lehrplätze zur Verfügung stellen.

Zur praktischen Realisierung der dualen Ausbildung ist natürlich noch anzumerken, daß neben der Bereitstellung zusätzlicher Ausbildungsplätze auch die entsprechenden Berufsschulklassen, gegebenenfalls mit geringerer Schülerzahl, einzurichten sind.

---

[217] Vgl. Gitzel, D., 1979, S. 75

Nachwort

Welche Konsequenzen ergeben sich aus der vorliegenden Analyse?

Bei den werbefachlichen Berufen wird sich in absehbarer Zeit nicht vieles ändern. Insbesondere wird es keine ganz neuen Berufe geben. Die Euphorie, mit der einige beim Aufkommen der sogenannten neuen Medien vor Jahren zusätzliche Berufsbilder, z.B. für "Btx-Werber" sahen, hat sich in der Untersuchung als übertrieben oder verfrüht erwiesen. Der Einzug neuer Arbeitstechniken durch zunehmende "Elektronisierung" berührt natürlich auch die Berufe in der Werbung: Im Beratungs- und Verwaltungsbereich wird der Arbeitsplatz-Computer mehr und mehr zu einem selbstverständlichen Handwerkszeug. Ähnliches ist (Stichwort "Computer-Grafik") im Gestaltungsbereich inzwischen längst eingetreten. Wichtig bleibt festzuhalten, daß hierdurch aber nicht neue Berufe mit neuen Berufsbildern entstehen, sondern die traditionellen Berufsbilder nur durch neue Techniken (Hard- und Software) ausgedehnt werden.

Daß generell bei den Berufen in der Werbung - wie übrigens auch in anderen Arbeitsfeldern - eine im Laufe der Zeit immer höhere Ausbildungsqualifikation verlangt und von den Berufseinsteigern auch erworben wird, hat sich bei der Abfrage des Anforderungsprofils erwiesen. Wie stark das Wunsch-Soll vom Ist der Realität abweicht, wurde ebenfalls aufgezeigt. Offenbar ist für die meisten Berufe in der Werbung die Gefahr einer Überqualifikation nicht zu befürchten.

Die Ausbildungsmöglichkeiten für Werber sind von einer beeindruckenden Breite und Vielfalt. Kritik an der Ausbildung richtet sich weniger gegen das Fehlen von Ausbildungsstätten, sie bezieht sich eher auf die Inhalte der Ausbildung. Allerdings ist dies nichts Werbespezifisches: Auch in anderen Berufsfeldern werden manche Ausbildungsmöglichkeiten, je nach Standpunkt des Urteilenden, als praxisfremd, theorieüberfrachtet - oder aber als zu wenig theoretisch, zu sehr auf die Praktikerbelange abgestellt, beurteilt.

Auch unterschiedliche Auffassungen über den Sinn von Generalisten- versus Spezialisten-Konzepten spielen bei der Bewertung von Ausbildungsmöglichkeiten eine Rolle.

Wegen der zunehmend selbstverständlicher werdenden akademischen (d.h. Hochschul-)Ausbildung allgemein (das Diplom der neunziger ist das Abitur der fünfziger Jahre) wird für beratende Berufe in der Werbung ein Hochschulstudium, und zwar in der Regel ein betriebswirtschaftliches, selbstverständlich sein. Nur wer weder mittlere noch höhere Managementfunktionen anstrebt, wird mit einer geringeren (Allgemein-)Bildung auskommen.

Da aber, wie wir gesehen haben, die werbespezifischen Lehranteile beim ökonomischen Hochschulstudium fast vernachlässigenswert klein sind, drängt sich der zusätzlich Besuch einer spezifischen Werbeausbildung geradezu auf. Vor, neben oder nach dem Diplom eine Werbefachschule zu besuchen, bietet von der Berufsausbildung her eine optimale Voraussetzung für den Berufseinstieg.

Ähnlich verhält es sich bei den grafischen Berufen. Ein Designstudium an einer Fach- oder Kunsthochschule wird zunehmend selbstverständlich. Aber auch hier ist das Absolvieren einer einschlägigen Lehre oder, eingeschränkt, der Besuch einer (Werbe-)Fachschule, zusätzlich von Nutzen.

Ein Hochschul-Studiengang mit dem alleinigen Ausbildungsinhalt Werbung - wie wir es auf der Fachschulebene mit der Werbefachschule haben - scheint über die erwähnten (teilweisen) Ausnahmen hinaus nicht sinnvoll zu sein. Eine zu starke Spezialisierung würde die Flexibilität der Einsatzmöglichkeiten der Absolventen reduzieren. Inwieweit verstärkt sogenannte Vertiefungsrichtungen Werbung über die bisher schon mögliche Belegung von Marketing-Schwerpunkten anzustreben wären, hängt nicht zuletzt auch von der Lehr-Kompetenz der Professoren ab: Da es bisher kein "Werbe-Studium" gegeben hat, kann es auch keine akademisch ausgebildeten Fachvertreter für Werbelehre geben. Ausnahmen bilden Professoren an Fachhochschulen und Gesamthochschulen, die als frühere Werbe-Praktiker aus eigener Erfahrung und Verantwortung wissen, worüber sie lesen!

Der Arbeitsmarkt für Werbefachleute stellt sich überdurchschnittlich günstig dar. Von einer Arbeitslosigkeit im Ausmaß des gesamten Arbeitsmarktes kann hier nicht die Rede sein. Das hat vor allem zwei Gründe: Erstens wird der Wert der Werbung zur Überwindung der Absatzkrise immer stärker erkannt; es wird also gerade dann mehr geworben, wenn die Umsätze nicht von alleine laufen. Zweitens erkennen immer mehr erwerbswirtschaftliche und auch nicht erwerbswirtschaftliche Anbieter von Produkten und Leistungen die Bedeutung der Werbung, also auch solche Institutionen, die in der Vergangenheit wenig oder gar nicht geworben haben und folglich bisher keine Werbefachleute brauchten.

Daß man in der Werbung gut verdienen kann, weiß auch der Laie, zumindest hat er in Romanen oder Fernsehserien davon gehört. Was er dort dann meistens nicht hört, gilt allerdings in der Realität: Das gute Geld wird schwer und hart erarbeitet. Schon die erwähnte umfangreiche Ausbildungsqualifikation ist eine Investition, die der Berufsanfänger in zeitlicher und finanzieller Hinsicht auf sich nehmen muß. Ist er erst einmal im Beruf eingestiegen, so wird er die 35-Stunden-Woche, das generell arbeitsfreie Wochenende, kurz, die Vorstellung von der Werbung als einen angenehmen Freizeit-Job, sehr schnell vergessen müssen. Das wird er (oder sie) aber gerne, denn es gibt kaum ein faszinierenderes Berufsfeld.

Literaturverzeichnis

ADC (Hrsg.),	Der kleine Werbeweltaltlas, Düsseldorf 1984 (Art Directors Club für Deutschland)
Anton, M.,	Die Ziele der Werbung in Theorie und Praxis, Wiesbaden 1973
Alexandre, A.,	o.T., in: Novum, Nr. 3, 1982, S. 31
Alscher, W.,	Die Werbeausbildung an den Universitäten und Fachhochschulen, in: Tietz, B. (Hrsg.): Die Werbung; Handbuch der Kommunikations- und Werbewirtschaft, Band 3, Landsberg am Lech 1982
Altenbach, M.,	Heißt Frankenstein's Tochter Werbung? In: Absatzwirtschaft, Nr. 6, 1978, S. 11 - 15
Andermatt, W.,	Schule für Gestaltung Luzern, in: Biesele, I. (Hrsg.): Graphic Design Education, Zürich 1981, S. 114 - 125
Antonoff, R.,	Die Gestaltung durch Werbefotografie, in:Tietz, B. (Hrsg.): Die Werbung, Bd. 2, Landsberg 1982, S. 1058 - 1072
Antonoff, R. /Rösner, H./ Thiele, P. (Hrsg.),	Grundlagen der Vorlagengestaltung, in: Thiele, P., Rösner; H., Druckvorlagen, Frankfurt 1983, S. 21- 27
Apelt, W.,	Werbeabteilung und Werbewirtschaft, in: Adolf, H. E. u.a. (Hrsg.): Handbuch des Werbeleiters, München 1960
Arnold, D.,	Die aufbauorganisatorische Gestaltung betrieblicher Werbeaufgaben, Dissertation, Köln 1968
Bach, G.N.,	Mächtige und Handlanger im Streugeschäft, in: Absatzwirtschaft, Nr. 9/1970

Baer, K.,	Der Werbeassistent muß etwas vorstellen, in: Der Werber, 5/1977, S. 18 - 19
Bamberg, G./Baur, F.,	Statistik, München
Bataillard, V.,	Ein neues Marketinginstrument: Der Bildschirmtext, in: Der Organisator, 8/1979, S. 21 - 24
Baums, G.,	Die wilde Ehe, in: Manager Magazin, Heft 1, 1980
BDW (Hrsg.),	Berufsbild der Werbefachleute, in: Werbung 74/75, Bonn 1975
Beckmann, E.,	Werbung als Beruf, Paderborn 1977
Behrens, G.,	Das Wahrnehmungsverhalten der Konsumenten, Frankfurt 1982
Behrens, K.Chr.(Hrsg.),	Handbuch der Werbung, 2. Auflage., Wiesbaden 1975
Behrens, K.Chr.,	Begrifflich-systematische Grundlagen der Werbung - Erscheinungsformen der Werbung, in: Behrens, K. Chr. (Hrsg.): Handbuch der Werbung, Wiesbaden 1975
Behrens, K. Chr.,	Absatzwerbung, 2. Aufl., Wiesbaden 1976
Berger, B.,	Schulentwicklungen in vergleichender Sicht - USA, England, Frankreich, BRD, Schweiz und Österreich, Wien/München 1978
Bergler, R.,	Das Lehr- und Ausbildungsangebot für Marketing-Berufe an Hochschulen der Bundesrepublik Deutschland, in: ZAW (Hrsg.), ZAW-Kongress 1974: Werbung stellt sich der Diskussion, S. 5 - 15
Bergler/Andersen (Hrsg.),	Der Werbeleiter im Management (Lebendige Wirtschaft, Veröffentlichungen der Deutschen Volkswirtschaftlichen Gesellschaft e.V., Band 19), Darmstadt 1957

249

Bergler, R.,	Werbeberufe - Psychologische Leitstudie zur Entwicklung von werbefachlichen Berufsprofilen, in: Zentralausschuß der Werbewirtschaft (ZAW) (Hrsg.), Bonn 1972 (ZAW-Schriftenreihe, Band 7)
Beutel, P. /Schubö, W.,	SPSS 7 - Statistik-Programm-System für die Sozialwissenschaften, 1978
Binias, M.F.,	Werbemittlungen, in: Behrens, K.Chr. (Hrsg.) Handbuch der Werbung, Wiesbaden 1970
Birkigt, K.M./Stadler, M.,	Corporate Identity - Grundlagen, Funktionen, Fallbeispiele, München 1980
Bockstahler, K.B. (Hrsg.),	Arbeitsfeld Werbung, Frankfurt/M. 1973
Böhme, L.,	Heiter bis wolkig, in: Manager Magazin, Heft 10/1980
Böninger, P.,	Lassen Sie sich weiterbilden zum Marketingleiter, in: Marketing-Journal, 5/1980, S. 476 - 480
Bohrer, P.,	Die Vollzieher der betrieblichen Werbung, (Diss.), Köln 1962
Bolen, W.H.,	Advertising, New York 1981
Bourdon, D.,	Wir brauchen eine Elite Schule - Gegen die Mittelmäßigkeit der Werbeberufe, in: Marketing Journal 4/1978
Brackert, G.,	o.T., in: Aspekte, Zeitschrift der Berufsberatung, Nr. 4, Frankfurt 1975, S. 15 ff.
Brepohl, K.,	Die künftige Bedeutung neuer Kommunikationstechniken, in: Rost, D. /Strothmann, K.H. (Hrsg.): Handbuch der Werbung für Investitionsgüter

Brinkmann, G.,   Die Ausbildung von Führungskräften für die Wirtschaft
                              - Ein Forschungsbericht über Probleme der Hoch- und
                              Fachschulausbildung von Ingenieuren und Kaufleuten,
                              Köln 1967

Brockhoff, K.,   Marketing-Ausbildung - Ramsch?
                              in: Horizont, Nr. 37/1985, S. 27

Brose, H.W.   ,Die Entdeckung des Verbrauchers - ein Leben für die
                              Werbung, Düsseldorf 1958

Bürger, J.H.,   Werben wie die Profis, Landsberg 1986

Büttner, H. -J.,   Berufe in einer Werbeagentur, Marketing Journal
                              5/1969

Bundesanstalt für Arbeit,   Blätter zur Berufskunde, 2-XI GO 2:
                              Grafik-Designer, Bielefeld, Juni 1975

Bundesanstalt für Arbeit,   Blätter zur Berufskunde, 1-IV B 601:
                              Drucker, Bielefeld, April 1976/1

Bundesanstalt für Arbeit,   Blätter zur Berufskunde,
                              Schilder- und Lichtreklamehersteller, Bielefeld, 1976/2

Bundesanstalt für Arbeit,   Blätter zur Berufskunde, 2-XI GO 1:
                              Industrial-Designer, Bielefeld, Januar 1977/1

Bundesanstalt für Arbeit,   Blätter zur Berufskunde, 2-XI GO 4:
                              Foto-Designer, Bielefeld, Oktober 1977/2

Bundesanstalt für Arbeit,   Blätter zur Berufskunde, 2-X F 30:
                              Journalist/Journalistin, Bielefeld, September 1980

Bundesanstalt für Arbeit,   Blätter zur Berufskunde, 2-XI GO 4:
                              Foto-Designer/Foto-Designerin, Bielefeld 1981

Bundesanstalt für Arbeit,   Blätter zur Berufskunde, 3-IX AO 4:
                              Diplom-Kaufmann/Diplom-Kauffrau, Bielefeld,
                              September 1981/1

251

Bundesanstalt für Arbeit,	Blätter zur Berufskunde, 1-IX A 401: Werbekaufmann/Werbekauffrau, Bielefeld, Dezember 1981/2
Bundesanstalt für Arbeit,	Blätter zur Berufskunde, 1-III E 301: Schauwerbegestalter/in, Bielefeld, April 1982/1
Bundesanstalt für Arbeit,	Blätter zur Berufskunde, 1-III E 401: Fotograf/Fotografin, Bielefeld, Dezember 1982/2
Bundesanstalt für Arbeit,	Blätter zur Berufskunde, 1-IX A 106: Verlagskaufmann/Verlagskauffrau, Bielefeld 1986
Bundesinstitut für Berufsbildungsforschung (BIBB),	Problemanalyse zur Neuordnung des Ausbildungsberufes zum Werbekaufmann/Werbekauffrau,Forschungsprojekt Nr. 3.380, Werbekaufmann - Berlin 1981
Bundesinstitut für ... (BIBB),	Die anerkannten Ausbildungsberufe, Berufsbildung, Bielefeld 1979 und 1983
Bundesinstitut für ... (BIBB),	Kurzfassung der Istanalyse der Berufs- ausbildung zum Werbekaufmann, Berlin 1983
Bundesminister für Wirtschaft,	Das Berufsbild des Werbekaufmanns (für die praktische Ausbildung), Erlaß des Bundesministers für Wirtschaft vom 2.1.1952
Butter, W.,	Die Anzeigen, in: Tietz, B. (Hrsg.): Die Werbung, Bd. 2, Landsberg am Lech 1982, S. 1040-1057
Christoph, T.,	Internationale Markenzeichen, in: Novum, Nr. 10, 1982, o.S.
Clauß, G./Ebner, H.,	Statistik, Band 1, 4. Aufl., Thun 1982
Czermak, H.,	HDK-Untersuchung: Berufsfeld Grafikdesign, in: Information Nr. 1, Berlin 1981, S. 16-20
Dallmer, H. /Thedens, R.,	Das System des Direct-Marketing, in: Dallmer, H., Thedens, R. (Hrsg.): Handbuch des Direct-Marketing, Wiesbaden 1981, S. 13 - 29

Damm, C., Die Zeit der Einzelkämpfer ist vorbei - Die
Kommunikation erfordert einen Koordinator, in: Dohm,
H., Müller-Vogg, H. (Hrsg.):
So mache ich meine Werbung, München 1979, S. 13 -
15

Damrow, H., Die unternehmenseigene Werbeabteilung, in: Trauth,
P. J. (Hrsg.): Werbeleiterhandbuch, München 1973, S.
392 - 412

Damrow, H., Der Werbeleiter, in: Behrens, K.Chr. (Hrsg.):
Handbuch der Werbung, Wiesbaden 1975

Damrow, H., Was erwartet die Wirtschaft von einem richtigen
Werbefachmann? in: Betriebswirtschaftsmagazin,
8/1980, S. 359 - 361

Dettmer, H.O., Kopfgeld für Welt-Werbung, in: Werben und
Verkaufen Nr. 33 vom 19.8.1983, S. 34

Deutsche Marketing-Ver- Die Marketing-Ausbildung an Hochschulen im
einigung e.V.,Urteil ausgewählter Unternehmen,
Düsseldorf 1975

Deutsche Marketing-Ver- Wichtigste Investition: Weiterbildung der
einigung e.V., Führungskräfte, in: Absatzwirtschaft, Heft 11/1982

Deutsche Werbe- Das Mindestprogramm der Internationalen.
wissenschaftlicheHandelskammer für die
Gesellschaft (Hrsg), werbefachliche Ausbildung, Stuttgart 1966

Deutscher Designertag Übersicht über die deutschen Fachhoch-
(Hrsg.), schulen für Design, Düsseldorf 1984

Deutscher Kommuni- Die neue Ausbildungsordnung Werbekauf-
kationsverband BDW mann/-Kauffrau, Bonn 1990
(Hrsg.),

253

Deutscher Werbekalender	Taschenbuch für Marketing und Werbung, 33 Ausgabe, Düsseldorf 1995
Dichtl, E./Kaiser, A.,	Die Werbung in den Wirtschaftswissenschaften, in: Tietz, B. (Hrsg.): Die Werbung Bd. 1, Handbuch der Kommunikation und Werbewirtschaft, Landsberg am Lech 1981
Disch, W.K.A.,	Karriere im Marketing - Was die Praxis braucht, was die Schulung bieten kann, in: Marketing-Journal 1/1979
Disch, W.K.A.,	Karriere im Marketing, in: Marketing Journal, Heft 1/1979
Disch, W.K.A.,	Kommunikation ist Praxis, in: Marketing Journal 3/1979
Disch, W.K.A.	Wundersame Welt der Markenartikel, Marketing-Journal 1982
Dohmen, J.,	Media-Berufe in der Werbung, in: Lorenz, K.-J. (Hrsg.): Der Beruf des Werbefachmanns in der veränderten Welt von morgen, Köln 1971, S. 63 - 68
Dohmen, J.,	Werbung als Teilfunktion des Marketing, in: Ruland, J. (Hrsg.): Werbeträger, Einführung in die Praxis des Werbeträgereinsatzes, 3. Aufl., Bad Homburg 1972, S. 11 - 27
Dohmen, J.,	Planung von Werbemaßnahmen, in: Poth, L.G. et al. (Hrsg.): Praktisches Lehrbuch der Werbung, München 1975, S. 121 - 158
Dohmen, J.,	Planung von Werbemaßnahmen, in: Poth, L.G. et al. (Hrsg.): Praktisches Lehrbuch der Werbung, 2. Aufl., München 1979 S.121 - 158
Dorenbeck, B.,	Wo bleiben die zornigen jungen Leute der Werbung? in: Graphik Nr. 4/1981, S. 8

Dorner, R.,	Werbetexter - die wahren Poeten? Werbung-Publicité, 10/1981
Eggmann, H. /Fanger, U./ Hiestand, E.,	Fachklasse für Grafik, in: Visuelle Kommunikation, Zürich 1978, S. 29 - 44
Ehrlenbruch-Dorn, R.,	Zur Neubildung des Berufsbildes Werbekaufmann, in: Praxis der Werbung, Heft 4/1984
Ehrlenbruch-Dorn, R.,	o.T. (Leserbrief), in: Praxis der Werbung, Nr. 2/1984, S. 48
Ellenrieder, P.,	Die Stundenplan-Wünsche der Praxis, in: Absatzwirtschaft, Nr. 12, 1976
Ellenrieder, P.,	Anforderungen der Praxis an die Marketing-Ausbildung an Universitäten, Kurzfassung einer Befragung des Betriebswirtschaftlichen Instituts der Friedr. Alexander Universität Nürnberg, 1976
Engelhardt, W./ Hamman, P.,	Gemeinsam Probleme anpacken! in: Absatzwirtschaft, Heft 6/1980
Ernst, W. /Bretz, H.,	Der Werbefachmann in der Agentur, in: Lorenz, K.J. (Hrsg.): Der Beruf des Werbefachmanns in der veränderten Welt von morgen, Köln 1971, S. 108 - 111
Falkenhahn, H.G.,	Wir brauchen nicht nur Top-Manager, im: Werben und Verkaufen, Nr. 44 vom 4.11.1983, S. 1
Falkenstein, H.,	Die Werbung als integrierte Kommunikation mit prozeßnaher Planung, in: Tietz, B. (Hrsg.): Die Werbung, Bd. 1, Landsberg 1981, S. 154 - 170
Fanger, U.,	Visuelle Kommunikation, in: Visuelle Kommunikation, Zürich 1978, S. 9 - 14
FH Bielefeld,	Informationsbroschüre für Studienanfänger der Fachrichtung Design, Bielefeld 1984

Fischer, H.,	Direkt-Marketing - Volumen und Struktur des Marktes, in: Dallmer, H., Thedens, R. (Hrsg.): Handbuch des Direct-Marketing, Wiesbaden 1981, S. 31 - 48
Flechner, J.;	Fachkaufmann Marketing/Verkaufsförderung, in: BDVT-intern, Nr. 10/1983, S. 314
Fleischmamn, G.,	Das Projekt, oder: Nimm Deine Träume in die Hand, in: Aspekte aus Lehre, Forschung und Entwicklung, Bielefeld 1981
Frauenknecht, F.,	Die Werbeberufe, in: Zankl, H.L. (Hrsg.): Werbeleiter-Handbuch, München 1966, S.278 - 294
Fried, H.,	So wirbt man systematisch, Zürich 1974
Gass, F.U.,	Der Werbefachmann von morgen, in: Absatzwirtschaft Nr. 9/1970
Gayer, K.,	Der Beruf des Werbetexters, in: Lorenz, K.-J. (Hrsg.): Der Beruf des Werbefachmanns in der veränderten Welt von morgen, Köln 1371, S. 75 - 79
Geisbüsch, H.-G./ Weeser-Krell, L./ Geml. R. (Hrsg.),	Marketing, Landsberg 1987
Geisbüsch, H.-G./ Geml., R./ Lauer. M. (Hrsg.),	Marketing, Landsberg 1991
Geese, U.,	Whisky im Museum - Die wa(h)re Art, in: Kunst im Rahmen der Werbung, Marburg 1982, S. 86 - 112
Geschka, H./Reibnitz, V./ Tietz, B. (Hrsg.),	Kreativitätstechniken in Überblick, in: Die Werbung, Bd. 1, Landsberg 1981, S. 840 - 859

Gitzel, D.,   Grafik-Design-Absolventen im Spiegel der Praktiker,
                           in: 80 Format, Heft 4/1979, S. 74 - 75

Goldmann, K.E.,   Stellenbeschreibungen: Werbeagentur, in:
                           Marketing Journal Nr. 6/1974

Greminger, W.,   High Noon, in: Jahrbuch der Werbung, 1982, S. 18 -
                           19

Grunert, K.G./   Werbung - ihre gesellschaftliche und
Stupening, E.,   ökonomische Problematik, Frankfurt a.M. 1981

GWA,   Die Werbeagenturen GWA - Grundsätze und
                           Leistungen, März 1974

GWA,   Effizienz in der Werbung, Frankfurt 1982

GWA,   Dienstleistung Werbung - Ein Wachstumsmarkt,
                           Frankfurt/M. o.J. (Gesamtverband Werbeagenturen
                           1990)

Habermann, H. /   Abschlußbericht zum Modellversuch "Neu-
Kleinkaug, G./   organisation der Studiengänge im Bereich
Rankoff, J.,   Design" an der FH, Darmstadt 1975

Hablitzel, Chr.,   Lexikon für Haupt- und Realschüler, 6. Aufl., Grafenau
                           1978

Hammann, P. u.a.,   Die Verwertbarkeit der Marketingaus-
                           bildung an Deutschen Hochschulen in der
                           Praxis - Eine empirische Untersuchung -
                           im Auftrag der Deutschen Marketing-Vereinigung
                           e.V. und der Kommission "Marketing" im
                           Verband der Hochschullehrer für Betriebs-
                           wirtschaft mit Unterstützung der
                           Deutschen Forschungsgemeinschaft

Hancken, K./   Der Beruf des Werbefachmanns, in:
Bockstahler, K.B. (Hrsg.), Arbeitsfeld Werbung, Frankfurt 1973/1, S. 128 - 142

Hancken, K.,	Der BDW - Bund Deutscher Werbeberater e.V., in: Hirschfeld, G. (Hrsg.): Arbeitsfeld Werbung (aspekte berufsreport), Frankfurt/M. 1973/2
Hartwig, H.,	Der Werbeberater, in: Behrens, K.Chr. (Hrsg.): Handbuch der Werbung, Wiesbaden 1975, S. 333-338
Hartwig, H.,	Werbe-Journalistik - ein Kommunikationsbereich mit Zukunft, in: Technische Mitteilungen, 68. Jg., Heft 4/1975
Haseloff, O.,	Die Werbung als instrumentelle Kommunikation, in: Tietz, B. (Hrsg.): Die Werbung, Bd. 1, Landsberg 1981 S.63 - 154
Hattemeier, K.,	Black is beautiful, in: Graphik Nr. 4/1982, S. 6
Heck, F.,	Die Werbeberufe, in: Tietz, B. (Hrsg.): Die Werbung, Handbuch der Kommunikations- und Werbewirtschaft, Band 3, Landsberg am Lech 1982, S. 2620 - 2638
Heigel/Lehnstaedt/Mönch,	Berufe der Abiturienten, Alternativen zur Universität, 2. Aufl., München 1977
Heller, E.,	Wie Werbung wirkt - Theorien und Tatsachen, Frankfurt/M. 1984
Henrion, F.,	London College of Printing, in: Biesele, I. (Hrsg.): Graphik Design Education, Zürich 1981, S. 81 - 87
Heuer, G.F.,	Elemente der Werbeplanung (Absatzwirtschaft, Band 4), Köln 1968
Heuer, G.F.,	Ohne richtiges Briefing keine optimale Werbeplanung, in: Koinecke, J. (Hrsg.): Handbuch Marketing, Bd. II, Gernsbach/ Baden 1978, S. 1023 - 1031

258

Heymans, D., Poth, L.G. (Hrsg.):	Gestaltung und Produktion vom Werbemitteln, in: Praktisches Lehrbuch der Werbung, 3. Aufl., Landsberg 1982, S. 233 - 271
Hötger, H. /Pallmer, K./ Rösner, H.,(Hrsg.),	Methoden der Fotografie, in: Rösner, H. (Hrsg.) Druckvorlagen, Frankfurt 1983, S. 205 - 250
Hoffmann, R.R./ Schacht, M.,	Das Kabelfernsehen, in: Tietz, B. (Hrsg.): Handbuch der Kommunikations- und -Werbewirtschaf t, Bd. 2: Die Werbebotschaften, die Werbemittel und die Werbeträger, Landsberg am Lech 1982, S. 2094 - 2112
Holm, K. (Hrsg.),	Die Befragung, Bd. 1, München 1975
Holmholz & Cie, Werbe- agentur GmbH,	Werbekaufmann und Betriebswirt (VWA), in: Praxis der Werbung, Nr. 4/1984, S. 48
Huber, M.C.,	Die Werbung und die Zukunft ihrer Märkte, in: Verkauf und Marketing, 4/1978, S. 6 - 7
Hundhausen, C.,	Werbung - Grundlagen, Berlin 1969
	Hundhausen, C. (Hrsg.),Werbung im Wandel, Essen 1972
Huth, R./Pflaum, D.,	Einführung in die Werbelehre, Stuttgart 1980
IVW,	IVW Auflagenliste 1/1984, Bonn 1984
Jaspert, F.,	Werbung im Wandel der Berufsbilder für die Praxis, in: Hundhausen, C. (Hrsg.): Werbung im Wandel 1945-1995, Essen 1972, S. 293 - 308
Jaspert, F.,	Die werbefachliche und werbewissenschaftliche Aus- und Fortbildung, in: Hirschfeld, G. (Hrsg.): Arbeitsfeld Werbung (aspekte berufsreport), Frankfurt 1973

Kaesbach, K.H./ Wortig, K.,	Lexikon der publizistischen Berufe, München/Wien 1967
Kästing, F.,	Die Werbung in Lehre und Forschung an den Hochschulen, in: Behrens, K.-Chr. (Hrsg.): Handbuch der Werbung, Wiesbaden 1975
Kaiser, A.,	Werbung - Theorie und Praxis werblicher Beeinflussung, München 1980
Kapitzki, H.,	Erscheinungsbild für einen Büromöbelhersteller, in: Novum Nr. 5/1984, S. 14 - 16
Kartelmeyer, H.,	Der Werbefachmann in der Markenartikelindustrie, in: Lorenz, K.-J. (Hrsg.): Der Beruf des Werbefachmanns in der veränderten Welt von morgen, Köln 1971
Kath, J.,	Das Kreativ-Tief in Werbung und Marketing, München 1974
Kath, J.,	Excellente Marktkommunikation heute, FAZ 1986
Kerl, M.,	Mode-Illustration und mehr, in: Graphik Nr. 6/1985, S. 40 - 43
Kernebeck, H.,	Die Medien in der Werbung, in: Bockstahler,H.B. (Hrsg.): Arbeitsfeld Werbung, Frankfurt 1973, S. 22 - 33
Kessler, K.,	Mediaplanung, in: Ruland, J. (Hrsg.): Werbeträger, 5. Ausgabe, Bad Homburg 1979, S. 361 - 388
Keyenburg, W.,	Werbetext-Training, Landsberg 1987
Kjaer-Hansen, M.,	Heutige Bedeutung der Werbung, in: Behrens; K.-Chr. (Hrsg.): Handbuch der Werbung, Wiesbaden 1975
Köster, B.,	Werber im Lernprozeß, in: ZV + ZV, Nr. 46/1975

Koppelmann, U., — Produktwerbung, Stuttgart 1981

Kopsch, H., — Die Werbungdurchführenden, in: Behrens, K.-Chr. (Hrsg.): Handbuch der Werbung, Wiesbaden 1975, S. 319 - 324

Koschnick, W.J., — Standardwörterbuch für Werbung, Massenmedien und Marketing, Berlin 1983

Koschnick, W.J. (Hrsg.), — Stamdardlexikon für Mediaplanung und Mediaforschung, München 1988

Koschnick, W.J. (Hrsg.), — Standard-Lexikon für Marketing, Marktkommunikation, Markt- und Mediaforschung, München 1987

Kramer, R., — Die Zukunft des Berufsstandes der Werbungschaffenden und Werbungsmittler, in: Trauth, P.J. (Hrsg.): Werbeleiterhandbuch, München 1973

Kroeber, W., — Die Ausbildung für die Berufsfelder der Markt- und Marketing-Kommunikation - Das Beispiel der WAH. Akademie für angewandte Kommunikation Hamburg, in: Tietz, B. (Hrsg.): Die Werbung, Handbuch der Kommunikations- und Werbewirtschaft, Bd. 3, München 1973

Kroeber, W., — Studiengang: Kommunikationswirt WAH, in: Berufliche Qualifikation von Fachleuten im Bereich der angewandten Kommunikation, Hamburg 1981

Kroeber-Riel, W., — Bild schlägt Text in der Werbung, in: Absatzwirtschaft Nr. 4/1978, S. 50 - 54

Kroeber-Riel, W. — Konsumentenverhalten, 4. Aufl., München 1984

Kroeber-Riel, W. — Strategie und Technik der Werbung - Verhaltenswissenschaftliche Ansätze, Stuttgart 1988

261

Kroeber-Riel, W. / Meyer-Hentschel, B.,	Werbung - Steuerung des Konsumentenverhaltens, Würzburg/Wien 1982
Kröter, H.,	Berufe der Werbung, in: Trauth, P.J. (Hrsg.): Werbeleiter-Handbuch, München 1973
Kröter, H.,	Berufe in der Werbung, Düsseldorf 1977
Kröter, H.,	Werbekaufmann, Werbekauffrau, in: Blätter zur Berufskunde, 2. Aufl., 1977, redaktionell überarbeitet, Frankfurt 1982
Kruse, H.,	Qualifizierte Führungskräfte, in: Marketing-Journal, Heft 3/1982
Künzel, R.,	Der Werbefachmann, Stuttgart 1970
Künzel, R.,	Der Werbefachmann. Eine empirische Studie zur Entstehung neuer Berufspositionen, Stuttgart 1977
Landgrebe, K.-P.,	Firmenspiegel, in: Fach u. Wissen, Bd. 4, Hrsg. o.A., Spiegel-Verlagsreihe, Hamburg 1980
Lechner, H. /Pohl, E.,	Werbung mit gespitzter Feder, 8. Folge, in: Graphik Nr. 2/1982, S. 37 - 43
Leiberich, P.,	Werbung als Kommunikationssystem, in: Tietz, B. (Hrsg.): Die Werbung, Bd. I, Landsberg 1981, S. 171 - 191
Lorenz, W.,	Stellung und Aufgabe des Werbeleiters, in: Bergler/Andersen (Hrsg.): Der Werbeleiter im Management (Lebendige Wirtschaft, Veröffentlichungen der Deutschen Volkswirtschaftlichen Gesellschaft e.V., Band 19), Darmstadt 1957
Lorenz, K.-J.,	Werbung in unserer Welt von morgen, in: Lorenz, K.-J. (Hrsg.): Der Beruf des Werbefachmanns in der veränderten Welt von morgen, Köln 1971

Lortz, H.,	Der Werbegrafiker, in: Behrens, K.-Chr. (Hrsg.): Handbuch der Werbung, Wiesbaden 1975, S. 339 - 340
Lübcke, D.,	Die Gestaltung von Anzeigen in Fachzeitschriften, in: Tietz, B. (Hrsg.): Die Werbung, Bd. 2, Landsberg 1982, S. 1219 - 1242
Lürzer, W.,	Ich möchte gerne Texter werden - Das trifft sich gut, wir brauchen gerade einem grouphead, Werbeforum 2, Bonn 1980
Märtens, F.,	Wie werde ich Werbefachmann? München 1965
Mandell, M.,	Advertising, 3. Aufl., Englewood 1980
Marchal, P .P.,	Informatik-Manager. Gedanken über einen neuen Beruf, in: sysdata, 14/1983, 11. Jahrgang, S. IX - XI
Martino, D.,	Die Werbungtreibenden, in: Behrens, K.Chr. (Hrsg.): Handbuch der Werbung, Wiesbaden 1975, S. 311 - 318
Matthaei, J.M.,	Grundfragen des Grafik-Design, o.O.,1973
May, W./Rösner, H./ Thiele, P.,	Methoden der Grafik, in: Rösner, H. ,(Hrsg.): Druckvorlagen, Frankfurt 1983, S. 153 - 204
May, W./Rösner, H./ Schlaich, G.,	Methoden der Vorlagenretusche, in: Rösner, H. (Hrsg.): Druckvorlagen, Frankfurt 1983, S. 313 - 340
Mayer, H. /Däummer, U./ Rühle, H.,	Werbepsychologie, Stuttgart 1982
Mayntz, R./Holm, K./ Hübner, P.,	Einführung in die Methoden der empirischen Soziologie, 5. Aufl., Opladen 1978
Mecklenburg, W.,	Das Mediaplanungsjahr 1975, in: Der Werber, 2/1975, S. 13 - 15

263

Messing, H.W.,   Marketing Communication Agentur. Ein Vorgriff auf
                          die Zukunft, weil die Trends dazu zwingen, in:
                          Absatzwirtschaft, Nr. 11/1969, S. 37 ff.

Messing, H.W.,   Wer braucht eigentlich noch die Werbeagentur? in:
                          Marketing-Journal, Heft 6/1972

Metzger, A./Schmidt, R., Grafik-Designer/Grafik-Designerin, in: Blätter zur
                          Berufskunde, Bd. 2, 3. Aufl., Bundesanstalt für Arbeit,
                          Nürnberg 1984

Michler, G./Paesler, R.   Der Fischer Weltalmanach 85, Frankfurt a.M.
                          (Hrsg.),1984

Michligk, P.,   Geheimnisse der Werbesprache, Essen 1967

Michligk, P.,   Elementare Werbekunde, 2. Aufl., Essen 1979

Mikus, E. (Hrsg.),   Berufs in Werbeagenturen, Düsseldorf 1989

Müller, F.,   Die Werbung in Lehre und Forschung,
                          Werkkunstschulen und Werbeakademien, in:
                          Behrens, K.-Chr. (Hrsg.): Handbuch der Werbung,
                          Wiesbaden 1970, S. 381 - 396

Müller, F./Rösner, H.,   Methoden der Fotografik, in: Rösner, H. (Hrsg.):
                          Druckvorlagen, Frankfurt 1983, S. 251 - 272

Müller, H.,   Public Relations, in: Behrens, K.-Chr. (Hrsg.):
                          Handbuch der Werbung, Wiesbaden 1970,
                          S. 969 - 979

Müller-Brockmann, J.,   Gestaltungsprobleme des Grafikers,, Stuttgart 1983

Müller-Kohlenberg (Hrsg.), Lübbes Berufsbücher, Band 4: 80 künstlerische und
                          gestalterische Berufe, Bergisch Gladbach 1984

Müller-Kohlenherg (Hrsg.), Lübbes Berufsbücher, Band 8: 50 Medien- und
                          Sprachberufe, Bergisch Gladbach 1984

Mundhenke, R.,	Der Verlagskaufmann, 2. Aufl., Frankfurt 1981
Munzinger Archiv (Hrsg.),	Internationales Handbuch, Ravensburg 1983
Murken-Altrogge, Chr.,	Werbung/Mythos/Kunst, in: Werbung und Kunst, Tübingen 1977, S. 33 - 35
Neibecker, B.,	Der Ernst des Farbenspiels, in: ASW Nr. 6/1981, S. 122 - 127
Nelson, R.P.,	The Design of Advertising, 3. Aufl., Dubuque 1977
Neske, F. (Hrsg.),	Gabler Lexikon Werbung, Wiesbaden 1983
Nieschlag, R./ Dichtl, E./ Hörschgen, H.,	Marketing, 16. Aufl., Berlin 1991
Nickel, V.,	Werbung in den 8oer Jahren, in: Der Arbeitgeber, 8/1980, S. 385 - 388
Norins, H.,	Der perfekte Werbetexter, 2. Aufl., München 1969
Oeckl, A.,	Die Public-Relations im Überblick, in: Tietz, B. (Hrsg.): Handbuch der Kommunikations- und Werbewirtschaft, Bd. 11; Rahmenbedingungen, Sachgebiete und Methoden der Kommunikation und Werbung, Landsberg an Lech 1981, S. 272 - 288
Oeckl, A. (Hrsg.),	Taschenbuch des öffentlichen Lebens, Bonn 1990
Ogilvy, D.,	David Ogilvy über Werbung, Düsseldorf 1984
Pampe, D.,	Die Werbeagentur als Betriebswirtschaft, (Diss.), Köln 1968

Pflaum, D., Organisation der Werbewirtschaft, in: Poth, L. (Hrsg.): Praktisches Lehrbuch der Werbung, 3.Aufl., Landsberg 1982, S. 94 - 125

Pflaum, D., Einführung in die Handelswerbung, Stuttgart 1988

Pflaum, D./Bäuerle, F. (Hrsg.), Lexikon der Werbung, 3. Aufl.,Landsberg 1988

Pflaum, D./Kunze, G.F., Moderne Verkaufsförderung, München 1973

Pilger, J., Wie man an besten Art-Director wird, in: Der kleine Werbeweltatlas, Düsseldorf 1984

Planta, E. von, Der wirksame Werbetexter schafft Goodwill und verkauft, 2. Aufl., Zürich 1980

Plesse, K.-M., Werbeabteilung oder Agentur? in: Marketing-Journal, Heft 3/1972, S.196 - 197

Posch, W., Kommunikationsberater oder Werbeberater, in: Marketing-Journal, Heft 3/1981, S. 231

Poth, L.G., Werbung als Marketinginstrument, in: Poth, L.G. et al. (Hrsg.): Praktisches Lehrbuch der Werbung, München 1975, S. 381 - 396

Poth, L.G., Werbung im Urteil der Werber, in: Absatzwirtschaft 11/1975, S. 82 - 89

Poth, L.G., Werbung auf dem Wege zur Marketingkommunikation, in: Marketing-Journal Heft 5/1976

Poth, L.G., Der Werbefachmann, Karrieren in Marketing, Neuwied 1977

Poth, L.G./Poth, G., Marktfaktor Design: Grundlagen für die Marketingpraxis, Landsberg 1986

Poth, L.G. et al.,	Praktisches Lehrbuch der Werbung, 4. Aufl., Landsberg 1988
Rattemeyer, V.,	Foto-Designer/Foto-Designerin, Blätter zur Berufskunde, Bd. 2, 2. Aufl., Hrsg.: Bundesanstalt für Arbeit, Stuttgart 1981
Rehorn, J.,	Werbetests, Neuwied 1988, Düsseldorf 1976
Rösner, H.,	Grundprobleme der Vorlagenherstellung, in: Rösner, H. (Hrsg.): Druckvorlagen, Frankfurt 1983, S. 9 - 20
Rösner, H. /Schwarz, K.,	Planung und Anwendung von Druckvorlagen, in: Rösner, H. (Hrsg.): Druckvorlagen, Frankfurt 1983, S. 341 - 358
Rogge, H.J.,	Grundzüge der Werbung. Ein Leitfaden für Studium und Praxis, Berlin 1979
Rogge, H.J.,	Werbung, 3. Aufl, Ludwigshafen 1993
Rohrscheidt, G. von,	Werbeagenturen, in: Behrens, K.Chr. (Hrsg.): Handbuch der Werbung, Wiesbaden 1975, S. 347 - 358
Roman, K./Maas, J.,	Erfolgreiches Werben, Düsseldorf/Wien 1977
Rose, H.K.,	Werbung als Beruf, Wiesbaden 1957
Rost, D.,	Werbung im Wandel der innerbetrieblichen Bildung, in: Hundhausen, C. (Hrsg.): Werbung im Wandel, Essen 1972, S. 1945 - 1995
Seifert, H.,	Das praxisnahe Studium entscheidet über zukünftige Einstellungschancen, in: Der kleine Werbeweltatlas, Düsseldorf 1984, S. 47
Seitz, F.,	Grafik-Design als Beruf, in: Lorenz, K.J. (Hrsg.): Der Beruf des Werbefachmanns in der veränderten Welt von morgen, Köln 1971, S. 69 - 74

Seyffert, R.,   Werbelehre - Theorie und Praxis der Werbung, Bd. I
                             und Bd. II, Stuttgart 1966

Six, F.A.,   Der Werbeleiter in der Unternehmensorganisation, in:
                             Bergler/Andersen (Hrsg.): Der Werbeleiter im
                             Management (Lebendige Wirtschaft,
                             Veröffentlichungen der Deutschen
                             Volkswirtschaftlichen Gesellschaft e.V., Band 19),
                             Darmstadt 1957

Sommer, J.W.,   6 Fragen zur werbefachlichen Ausbildung, in:
                             Marketing-Journal, Heft 3/1972

Specht, K.,   Werbung heute, in: Hirschfeld, G. (Hrsg.): Arbeitsfeld
                             Werbung (aspekte berufsreport), Frankfurt 1973

Sprang, W.,   Hochschule für Gestaltung, Offenbach an Main, in:
                             Novum, Gebrauchsgrafik, Nr. 11/1982, S. 10 - 12

Scheuren, W. von,   Ritter Sport: Werbung mit einem Augenzwinkern, in:
                             Graphik Nr. 5/1981, S. 34 - 35

Schleicher, W.,   Das Berufsbild des Industrie-Werbefachmannes, in:
                             Technische Mitteilungen, 65. Jg., Heft 4/1972

Schneider, H.,   Organisationen der Werbewirtschaft, in: Zankl, H.L.
                             (Hrsg.): Werbeleiterhandbuch, München 1966

Schneider, M.,   Erfolgreiches Direct-Marketing, Gernsbach 1980

Schönert, W.,   Werbung, die ankommt, 2. Aufl., Landsberg 1982

Schweiger, G./   Werbung, Stuttgart 1986
Schrattenecker, G.,

Simon, H.K.   Wie textet man eine Anzeige, die einfach alles
                             verkauft, 6. Aufl., Bonn 1983

Schreiber, H.,   Die schönere Seite der Wahrheit, in: Merkur Extra, Rheinischer Merkur/Christ und Welt, Nr. 37/1984

Schreiber, K.,   Die Werbung in Lehre und Forschung - Werbefachschulen und Werbeakademien (Höhere Werbefachschulen), in: Behrens, K. Chr. (Hrsg.): Handbuch der Werbung, Wiesbaden 1975

Schweickhardt, D.,   Ausbildung und Fortbildung für den Werbefachmann, in: Trauth, P.J. (Hrsg.): Werbeleiter-Handbuch, München 1973

Stahl, U.,   Wie sehen sich Werbefachleute? Selbstbild und vermutetes Fremdbild, in: Marketing-Journal Heft 5/1982

Stahl, U.,   Zum Berufsbild des Werbefachmannes, Hausarbeit zur Magisterprüfung, Mainz 1983

Stahl, U.,   Zum Berufsbild des Werbefachmannes, Hamburg 1983

Starch, D.,   Anzeigenwerbung richtig planen und messen, München 1966

Statistisches Bundesamt,   Systematik der Berufe. Auf der Grundlage der Berufszählung, Stuttgart/Mainz 1961

Statistisches Bundesamt,   Berufliche Bildung, Stuttgart/Mainz 1983, S. 8 - 110

Statistisches Bundesamt,   Fachserie 4, Produzierendes Gewerbe, Reihe 4.1.1., Stuttgart/Mainz 1983

Staufenbiel, J.E. et al.,   Die wirtschaftswissenschaftlichen Fakultäten, 2. Aufl., Köln 1980

Staufenbiel, J.E.,   Berufsplanung für den Management-Nachwuchs, Köln 1977 (erscheint jährlich laufend)

Strauf, H.,

Die moderne Werbeagentur in Deutschland, Essen 1959

Strothmann, K.-H.,

Neue Aufgaben für PR. Neue Anforderungen an den PR-Fachmann, in: Marketing-Journal, Heft 5/1982, S. 474 - 477

Thiessen, H.,

Der Werbeleiter im Unternehmen, in: Markenartikel, 9/1975, S. 363 - 367

Thoma, H.,

Das Satelliten-Fernsehen. Technische Grundlagen sowie rechtliche und wirtschaftliche Auswirkungen, in: Tietz, B. (Hrsg.): Handbuch der Kommunikations- und Werbewirtschaft, Band 2: Die Werbebotschaften, die Werbemittel und die Werbeträger, Landsberg am Lech 1982, S. 2068 - 2084

Thoma, W.,

Die visuelle Umsetzung, in: Trauth, P.J. (Hrsg.): Werbeleiter-Handbuch, München 1973, S. 692 - 796

Tietz, B.,

Die Grundlagen des Marketing, Band 3: Das Marketing Management, München 1976

Tietz, B.,

Thesen zum Verhältnis zwischen Kreativität und Wissenschaft in der Werbung, in: Tietz, B. (Hrsg.): Die Werbung, Bd. 1, Landsberg / Lech 1981, S. 900 - 913

Tietz, B. /Zentes, J.,

Die Werbung der Unternehmung,Reinbek bei Hamburg 1980

Tietz, B. /Zentes, J.,

Das Werbemanagement im Unternehmen, in: Tietz, B. (Hrsg.): Handbuch der Kommunikations- und Werbewirtschaft, Band 3: Die Werbe- und Kommunikationspolitik, Landsberg am Lech 1982

Trauth, P.J. (Hrsg.),

Werbeleiter-Handbuch, München 1973

Trauth, P.J.,
Trauth, P.J. (Hrsg.):

Die Werbungschaffenden und die Werbungsmittler, in: Werbeleiter-Handbuch, München 1973

Troll, K.-H.,	Der Werbeleiter, in: Marketing-Journal, Heft 5/1972
Troost, H.,	Berufe in einer Werbeagentur, Wiesbaden 1961
Tschumper-Koprio, D.,	PR-Berater, in: PR-Revue 6/1983, S. 12
Ulonska, F.,	Fit für alle Schlösser, Merz Akademie, o.J., S. 28 - 31
Urban, D.,	Buchstabenmarke, Wortmarke, geometrische Form, in: Novum 12/1981, S. 44
Vasata, V.,	Die Gestaltung von Anzeigen in Publikumszeitschriften, in: Tietz, B. (Hrsg.): Die Werbung, Bd. 2, Landsberg an Lech 1982, S. 1184 - 1202
Vasata, V.,	Wettbewerbskonzeption der Agentur wird künftigen Anforderungen gerecht, in: ZV - ZV, Heft 3/1982
Wallmeier, W.,	Die Werbeagentur als Dienstleistungsbetrieb, Dissertation, Mannheim 1968
Weeser-Krell, L.M.,	Fachleute und ihre Funktionen, in: Handelsblatt von 29. Juni 1970
Weeser-Krell, L.M.,	Reklame oder Verbraucheraufklärung? Düsseldorf 1973
Weeser-Krell, L.M.,	Kritik an einer Untersuchung - Was die Marketing-Praxis angeblich von der Hochschulausbildung hält, in: Marketing-Journal, Heft 6/1975
Weeser-Krell, L.M.,	Praxis des Marketing, Bonn 1977

271

Weeser-Krell, L.M.,   Die Werbeagentur, in: Dornieden, U. et al.:
                         Studienhefte füroperatives Marketing, Heft 6
                         Marketing-Institutionen
                         Wiesbaden 1979, S. 174 - 197

Weeser-Krell, L.M.,   Die Möglichkeiten werbefachlicher Ausbildung in der
                         Bundesrepublik Deutschland; unveröffentlichtes
                         Manuskript eines Vortrages anläßlich der Settimana
                         Universitaria Sammarinese (SUS), San Marino (RSM)
                         1983

Weeser-Krell, L.M.,   Werbung, in: Neske, F./Wiener, M. (Hrsg.):
                         Management-Lexikon, Band IV, Gernsbach 1985, S.
                         1610 - 1630

Weeser-Krell, L.M.,   Werbung in der Praxis, in: Geisbüsch,
                         H.-G./Weeser-Krell, L.M./Geml, R. (Hrsg.): Marketing -
                         ein Handbuch, Landsberg am Lech 1987, S. 457 - 470

Weeser-Krell, L.M.,   Marketing-Kommunikation, in: Poth, L.G. (Hrsg.):
                         Marketing, 2. Aufl., Neuwied 1987, Kapitel 40

Weeser-Krell, L.M.   Marketing - Einführung, 4. Aufl., München 1994

Weger, E.R.,   Die Werbeagentur in Deutschland, Einrichtungen,
                         Wesen, Funktionen, Organisationen, Nürnberg 1966

Wieser, K.,   Ist Werbung wirklich ein Traumberuf? in: Horizont, Nr.
                         19/1985, S. 24

Winkler, W.,   Der Deutsche Werbefachverband (DWF) steht nach
                         wie vor zum Ausbildungsberuf, in: Praxis der
                         Werbung, Nr. 10/1984, S. 1, München 1988

Winterfeldt, W.,   Besser texten - mehr verkaufen, Bad Wörishofen
                         1966

Winterstein, A.,   Berufe von morgen, Düsseldorf 1987

Wohler, H. et. al.,   Die geheimen Verführerinnen - Frauen in der
                              Werbung, Berlin 1986

Wolff, F.K.,   Der Texter in der Werbeagentur. Versuch eines
                              Berufsbildes, Wirtschaft und Werbung 10/1961
Wright, J./Winter, W./   Advertising, 5. Aufl., New York 1982
Zeigler, S.,

Wünsch, B.,   Ein Berufsbild mit zähen Leben (Werbekaufmann und
                              Werbekauffrau bleiben), in: Horizont Nr. 22/1985

Wysocki, B.,   Bildung und Wettbewerbsfähigkeit, in: Schmalenbachs
                              Zeitschrift für betriebswirtschaftliche Forschung,
                              Sonderheft 12/1981

Zankl, H.L. (Hrsg.),   Werbeleiter-Handbuch, München 1966

Zankl, H.L.,   Kunst, Kitsch und Werbewirkung, Düsseldorf 1966

Zankl, H.L.,   Die Zukunft der werbefachlichen Ausbildung, in:
                              Werbung, 2/1973

ZAW,   Werbung - Stiefkind deutscher Hochschulen
                              (Tonbandabschrift der Diskussion auf dem ZAW-
                              Kongreß 1974), Bonn 1974

ZAW,   Ausbildung und Fortbildung, in: Werbung 73/74
                              (Jahrbuch der Werbung), Bonn-Bad Godesberg 1974

ZAW,   Diskussionsmaterial zum Thesenpapier
                              Nr. 2 Werbung - Stiefkind deutscher Hochschulen,
                              Kongreß der Werbung, Hamburg 1974

ZAW,   Berufsbilder und Ausbildungsordnungen, in: ZAW
                              (Hrsg.): Arbeitsmarkt Werbung, Bonn-Bad Godesberg
                              1978

ZAW,   Werbung '84, Bonn-Bad Godesberg 1984

ZAW,	Der Arbeitsmarkt Werbung 1978-1983, Bonn-Bad Godesberg 1984
ZAW,	Werbung in Zahlen, Bonn-Bad Godesberg 1984
ZAW,	Konjunktur-Signale vom Arbeitsmarkt Werbung, in: ZAW-Meldung 6/1985, Bonn-Bad Godesberg
ZAW,	Werbung '85, Bonn-Bad Godesberg 1985
ZAW,	Stellenangebotsanalyse 1985, Bonn-Bad Godesberg 1986
ZAW,	Werbung '86, Bonn-Bad Godesberg 1986
ZAW,	Arbeitsmarkt Werbung: Die Jugend drängt es in die Werbung, Bonn 1985
ZAW,	Studium Werbung 1989 - 1990, Bonn 1989
ZAW,	Studium Werbung 1994 - 1995, Bonn 1994
ZAW,	Werbung in Deutschland, Bonn 1990
ZAW,	Werbung in Deutschland, Bonn 1994
ZAW,	Werbung in Deutschland, Bonn 1995
ZAW-Service,	Bonn-Bad Godesberg, Nr. 101/1982
ZAW-Service,	Werbeagenturen - Werbung im gesamtwirtschaftlichen Umfeld, Bonn-Bad Godesberg Nr. 103/1982
ZAW-Service,	Werbeagenturen - Werbung und Gesamtwirtschaft, Bonn-Bad Godesberg Nr. 111/1983
ZAW-Service,	Bonn-Bad Godesberg Nr. 113/114/1983

ZAW-Service,	Werbetrend 1984-1985, Bonn-Bad Godesberg, Nr. 120/1984
ZAW-Service,	Bonn-Bad Godesberg Nr. 181/1994
ZAW-Service,	Bonn-Bad Godesberg Nr. 185/1995
Zielinski, J.,	Bericht zur gegenwärtigen Lage der Werbefachschulen in der Bundesrepublik Deutschland unter pädagogischen Aspekt, in: ZAW (Hrsg.): ZAW-Schriftenreihe Band 3, München 1970
Zielinski, J.,	Ausbildung - Weiterbildung; Aspekte und Perspektiven des Werbeberufs, in: Lorenz, K.J. (Hrsg.): Der Beruf des Werbefachmanns in der veränderten Welt von morgen, Köln 1971, S. 15 - 22
Zielinski, J.,	Praktische Berufsausbildung, Heidelberg 1979
Zuberbier, I.,	Langfristige Trends im Agenturgeschäft, in: ZV + ZV, 10/1981, S. 358 - 360
Zuberbier, I.,	Die Werbeagentur - Funktionen und Arbeitsweise, in: Tietz, B. (Hrsg.): Handbuch der Kommunikations- und Werbewirtschaft, Band 3: Die Werbe- und Kommunikationspolitik, Landsberg am Lech 1982, S. 2373 - 2406
o.V.,	Profis vom Staat. Die Werbefachschulen auf den Weg zur Fachhochschule, in: Der Kontakter, Nr. 18/1972
o.V.,	Was werden? Mann in der Werbung, in: Frankfurter Allgemeine Zeitung, 18.10.1974
o.V.,	Wirtschaftsingenieur, in: ZV + ZV, Nr. 29/1974

o.V.,   Marketing-Studium: Flops von der Uni, in:
Absatzwirtschaft, Nr. 10/1975, S. 54 - 64

o.V.,   Studienführer Wirtschaft, Fach- und
Gesamthochschulen, Verband deutscher Betriebswirte
e.V. (Hrsg.), Köln 1975

o.V.,   Vom Werbeleiter zum Kommunikationsdirektor? In:
Marketing-Journal, 1/1977, S. 32 - 33

o.V.,   Richtlinien für die Berufsschulen in Nordrhein-
Westfalen, Werbekaufmann, Heft 4112/77, Köln

o.V.,   Ihr Beruf '77, in: Wirtschaftswoche, Sondernummer
Berufe, Frankfurt 1977

o.V.,   Agenturen: Qualitatives Personalwachstum, in:
Absatzwirtschaft,Heft 4/1978, S. 55 - 60

o.V.,   Der Werbekaufmann, in: Wirtschaftswoche,
Nr. 23/1978

o.V.,   Deutsche Marketing-Wissenschaft ausgeleuchtet, in:
Absatzwirtschaft, Nr. 5/1979, S. 32 - 45

o.V.,   God tur, in: Format, Heft 4/Juli 1979

o.V.,   Symbolfiguren: wie sie verkaufen helfen, in:
Absatzwirtschaft Nr. 2/1980, S. 30 - 43

o.V.,   Handbuch der Lehranstalten für das Bundesgebiet
und Berlin (West), VII. Ausgabe 1980

o.V.,   Text (3), in: Novum Nr. 9/1981, S. 62 - 65

o.V.,   Revirement. ASW-Untersuchung über das neue
Agentur-Kunden-Verhältnis, in: Absatzwirtschaft 1981,
S. 34 - 47

o.V., Kommunikationsarbeit: Fortschritte in
       der Ausbildung, in: Marketing-Journal,
       Heft 1/1981

o.V., Im Trend: Btx, in: Marketing-Journal, Heft 5/1982,
       S. 489 - 490
o.V., Die traditionelle Werbung wird nicht überleben, in: Das
       Wirtschaftsstudium, 12/1983, S. 151 - 153

o.V., Die Fachpresse in Zahlen, in: Börsenblatt des
       deutschen Buchhandels (Frankfurter Ausgabe) vom
       14.11.1983

o.V., Vorsicht im Plus, im: Werben und Verkaufen, Nr. 36
       vom 9.9.1983, S. 14

o.V., PR-Assistent, ein neuer Beruf? in: PR-Revue, 6/1983,
       S. 12 - 13

o.V., Media-Plamer Kellerkinder, in: Werben und
       Verkaufen, Nr. 41 vom 14.10.1983, S. 26 - 29

o.V., Kreative Trends in der Werbung, in: Absatzwirtschaft
       Nr. 6/1983, S. 32 - 42

o.V., Anforderungsprofil für die Hochschulausbildung im
       Bereich des Marketing, im: zfbf, Nr. 10/1984,
       Sonderdruck

o.V., Der Kontakter, Vol. XXIV/Nr. 6/1984

o.V., Agenturphilosophie zwischen Substanz und
       Seifenblase, in: Absatzwirtschaft Nr.
       4/1985, S. 82 - 89

o.V., Vater der Idee. Wer Entwicklungsaufgaben in
       Marketing löst, in: Absatzwirtschaft Nr. 6/1985, S. 34 -
       42

o.V., Briefing und sonst gar nichts? in: Absatzwirtschaft Nr.
       3/1985, S. 82 - 83

o.V.,   Vollzeitstudium bei der KAH, in: Horizont Nr. 44/1985

o.V.,   Immer mehr machen eine Lehre, in: Der deutsche Volks- und Betriebswirt, Heft 4/1985, S. 30

o.V.,   Bayern hat die größte Werbeakademie, in: Horizont, Heft 6/1986

Brigitte Werner

Grundlagen der Internationalen Werbung
Mit einer empirischen Fallstudie über den Einsatz von
Werten in der Werbung am Beispiel von 'Der Spiegel'
und 'Time' 1972, 1982, 1992

Frankfurt/M., Berlin, Bern, New York, Paris, Wien, 1995. 277 S., zahlr. Tab.
Europäische Hochschulschriften: Reihe 5, Volks- und Betriebswirtschaft. Bd. 1732
ISBN 3-631-48884-X   br. DM 84.--*

Angesichts der Globalisierung der Märkte formuliert die Arbeit die
Forschungsfrage, inwieweit standardisierte, kostensparende Kampagnen in mehreren Ländern eingesetzt werden können oder ob lokali-
sierte Werbeansprachen notwendig sind. Zur Beantwortung werden
zunächst die theoretischen Grundlagen der internationalen Werbung
diskutiert. Nach Hervorhebung der Kulturdeterminiertheit der Werbung
und dem Einfluß von Werten auf kommunikatives Verhalten demon-
striert die inhaltsanalytische Untersuchung am Beispiel deutscher und
amerikanischer Anzeigenwerbung (1972-1992), daß trotz allgemein an-
genommener Globalisierungsprozesse interkulturelle Unterschiede nicht
kleiner werden. Verschärft ausgedrückt, ergibt sich die Folgerung, daß
internationale Marken wie 'Nike' nur Markengemeinden und nicht
Menschen unterschiedlicher Kulturkreise verbinden. Fazit ist, daß Dach-
kampagnen mit lokalem Kolorit unter den Aspekten Wirtschaftlichkeit
und Effektivität optimal wären.
Aus dem Inhalt: Internationale Werbung · Zusammenhang Kultur und
Werbung · Werbewirkung unter internationalen Gesichtspunkten ·
Werte in der Werbung · Vergleich deutscher und amerikanischer
Werbung · Inhaltsanalyse

Peter Lang **Europäischer Verlag der Wissenschaften**
Frankfurt a.M. • Berlin • Bern • New York • Paris • Wien
Auslieferung: Verlag Peter Lang AG, Jupiterstr. 15, CH-3000 Bern 15
Telefon (004131) 9402121, Telefax (004131) 9402131
- Preisänderungen vorbehalten - *inklusive Mehrwertsteuer